THEATER ALS INTERVENTION

Politiken ästhetischer Praxis

The research leading to these results has received funding from the European Research Council under the European Union's Seventh Framework Programme (FP7/2007-2013) / ERC grant agreement n° 295759.

Matthias Warstat, Julius Heinicke, Joy Kristin Kalu, Janina Möbius und Natascha Siouzouli
**Theater als Intervention**
Politiken ästhetischer Praxis

Recherchen 121



Verlag Theater der Zeit
Verlagsleiter Harald Müller
Winsstraße 72 | 10405 Berlin | Germany

www.theaterderzeit.de

Lektorat: Nicole Gronemeyer
Coverbild: Präsentation des Workshops von Dora Economou und Manos Tsichlis auf dem Symposium „Communi(cati)on of Crisis", Nafpaktos, GR, 2011 © Institute for Live Arts Research |Π|
Grafik: Bild1Druck, Berlin
Printed in Germany

ISBN 978-3-95749-048-3

# THEATER ALS INTERVENTION

## Politiken ästhetischer Praxis

Matthias Warstat, Julius Heinicke, Joy Kristin Kalu,
Janina Möbius und Natascha Siouzouli

**Theater der Zeit**
Recherchen 121

# APPLIED THEATRE:
# THEATER DER INTERVENTION

Unter dem Schlagwort *social turn* wird in den Geisteswissenschaften seit einigen Jahren wieder vermehrt über das Gesellschaftliche und das Politische der Künste nachgedacht. Zwei jüngere Veröffentlichungen von Shannon Jackson *(Social Works: Performing Art, Supporting Publics*, London/New York 2011) und Claire Bishop *(Artificial Hells: Participatory Art and the Politics of Spectatorship*, London 2012) stehen prägnant für diese Tendenz. Zum einen gelingt ihnen mühelos der Brückenschlag zwischen bildender Kunst, Fotografie, Performancekunst und Theater, d. h., politische Kunst wird nicht mehr strikt nach Gattungen differenziert, sondern in ihrer Interdisziplinarität erfasst.[1] Zum anderen ergeben sich politische Wirkungen für beide Autorinnen gerade daraus, dass Kunstwerke bzw. Aufführungen eine Reflexion über ihre materiellen und institutionellen Voraussetzungen in Gang setzen. Bevorzugt besprochen werden von Jackson und Bishop solche Arbeiten, die ihre eigene Infrastruktur, Produktionsbedingungen und Finanzierungsformen zum Thema machen. Und schließlich gewinnt man in beiden Büchern den Eindruck, dass eher integrative als konfrontative Strategien zur Debatte stehen. Das Zauberwort, vor allem in Bishops Argumentation, lautet ‚Partizipation' – und zwar in dem Sinne, dass soziale Gruppen, die in der Öffentlichkeit sonst wenig wahrgenommen werden, eine Bühne, einen Ausstellungsraum oder ein anderes sichtbares Forum geboten bekommen sollen.[2]

Im Kontext dieser Art sozial engagierter Kunst gilt es, den Blick auf ein Theater zu richten, das meist außerhalb der Kunstsphäre situiert wird und das sich in Deutschland – anders als in Großbritannien und den USA – bisher weitgehend jenseits des Interesses der Theaterwissenschaft entwickelt hat. Im Englischen dient der Begriff applied theatre als Sammelbezeichnung für Theaterprojekte mit expliziter politischer, pädagogischer oder therapeutischer Intention.[3] Es handelt sich um Projekte, die sich an klar definierte Zielgruppen richten: Dorfgemeinschaften, Stadtteilgruppen, Patienten, Klientinnen, Häftlinge, Betriebsbelegschaften, Angehörige genau eingegrenzter sozialer Milieus, jedenfalls Gruppen, die explizit benannte soziale Merkmale teilen. Da diese Art von funktional bestimmtem Theater in verschiedenen Formen existiert – vom Dokumentarstück über das

Improvisationstheater bis hin zum Psychodrama –, fällt es schwer, anhand eines einzelnen Beispiels die Besonderheiten solcher Projekte zu verdeutlichen. Auf Schwierigkeiten stoßen auch Versuche einer Übertragung des englischen Begriffs ins Deutsche. Wörtlich müsste man applied theatre mit ‚angewandtes Theater' übersetzen, aber dieser Begriff kann zwei falsche Assoziationen wecken: Einerseits ist im Deutschen ‚Angewandte Theaterwissenschaft' eine etablierte Bezeichnung; sie steht für das an der Universität Gießen entwickelte Modell eines zugleich wissenschaftlich-theoretisch und künstlerisch-praktisch ausgerichteten Studiums, in dessen Zentrum jedoch nicht die Beschäftigung mit applied theatre steht.[4] Andererseits klingt ‚angewandtes Theater' ähnlich wie ‚angewandte Kunst', aber auch diese Assoziation trifft das Phänomen nicht optimal – zumindest nicht bei einem Verständnis von angewandter Kunst, das diese mit Design oder kunstgewerblichen Produkten gleichsetzt. Zwar teilen beide Felder eine manifeste Zweckgebundenheit, doch ist angewandtes Theater kein Designphänomen; es verschreibt sich nicht der Gestaltung von Objekten oder der Inszenierung von Oberflächen, sondern zielt auf Intervention, die gezielte Unterbrechung und Veränderung gesellschaftlicher Prozesse – diese Beobachtung ist Ausgangspunkt des vorliegenden Buches.[5]

Auf den folgenden Seiten soll applied theatre als eine weltweit an Bedeutung gewinnende Art von Theater genauer vorgestellt werden. Ein Grundzug dieses Theaters wird dabei im Mittelpunkt stehen: Die Wirkungsversprechen von applied theatre richten sich in der Regel eher an Mitwirkende als an Zuschauer. Anders als manchmal unterstellt wird, hegen die Praktikerinnen und Praktiker dieses Theaters kaum den idealistischen Glauben, schon das einmalige Anschauen einer Aufführung könnte das Leben tief greifend verändern. Ihre Hoffnungen gelten vielmehr dem aktiven Mitwirken und Mitspielen, idealiter über längere Zeiträume. Als Mitwirkender einer Theaterproduktion, so die Annahme, muss man sich mit anderen austauschen, gerät in affektive Relationen, trifft Entscheidungen, erhält Anlass zur Reflexion – und wird in jedem Fall intensive Erfahrungen machen. Solche aktiven Erfahrungen – im Sinne von ‚in der Aktion zu gewinnende Erfahrungen' – können Veränderungen initiieren.[6] Die meisten Anbieter oder Anleiter von applied theatre meinen nicht im engeren Sinne Aufführungserlebnisse, wenn sie von den Möglichkeiten ihres Theaters berichten. Sie denken an längerfristige Lernprozesse, die die Akteure durchlaufen sollen. Wenn etwa Kinder oder Jugendliche in den Probenprozessen zu einer Theateraufführung Stimm- und Sprechtechniken, mimetische Kompetenzen und Improvisation erlernen, können sie von diesen Fähigkeiten, so die Hoffnung, anschließend auch in anderen Lebensbereichen profitieren.[7] Eine scharfe Trennung zwischen Zuschauern und Akteuren bietet sich in der Beschäftigung mit applied theatre nicht an, denn Theaterformen, die auf die eine oder andere Weise Zuschauer zu Akteuren machen, erfreuen sich auf diesem Gebiet größter Beliebtheit. Es kommt also darauf an, theatrale Relationen zu verstehen, die sich nicht säuberlich in eine Zuschauer- und eine Akteurseite aufgliedern lassen.

In unserer Erkundung dieser Relationen gehen wir von einer Typologie aus, die die gesamte Bandbreite von applied theatre zumindest andeuten soll.

Die wichtigsten Untergruppen sind:

- Theater in der sozialen und sozialtherapeutischen Arbeit
- Theater in Bildung, Erziehung und Schule
- Theaterpädagogische Projekte und Jugendklubs von Theatern
- Dramatherapie, Psychodrama, weitere theatrale Therapieformen
- Gefängnistheater
- Unternehmenstheater
- Theater in der Bearbeitung politischer Krisen und gewaltsamer Konflikte

Diese vorläufige Liste ist noch unsystematisch, weil sie auf einer Mischung von funktionalen und institutionellen Kriterien beruht. Eine befriedigendere Lösung scheitert daran, dass beide Kriterientypen je für sich das Feld nicht hinreichend sortieren: Eine rein institutionelle Typologie (Theater in Schule, Klinik, Gefängnis, Unternehmen etc.) würde die vielen Projekte nicht erfassen, die jenseits traditioneller Institutionengrenzen in eigens für sie entwickelten Strukturen arbeiten. Eine rein funktionale Typologie brächte wiederum das Problem mit sich, dass viele der implizierten Funktionen (kulturelle Bildung, Konfliktbearbeitung, soziale Integration) auch vom sogenannten Kunsttheater im engeren Sinne übernommen werden können, sodass die Differenz des applied theatre nicht hervortreten würde.

Trotz oder gerade wegen seiner diffusen Kontur bedarf das Phänomen gründlicher Untersuchung. International sind Theaterformen auf dem Vormarsch, die unter Begriffen wie social theatre, community theatre oder eben applied theatre einer sozialen, pädagogischen oder therapeutischen Agenda folgen. Projekte, die sich diesen wechselnden Etiketten zuordnen lassen, verändern in ihrer Massierung die globale Theaterlandschaft: Dort, wo vorher kommerzielle Theatersysteme dominiert haben, schaffen sie einen beträchtlichen Non-Profit-Sektor. Wo hingegen – wie in Deutschland – ein kunstaffines Stadt- und Staatstheater vorherrschend war oder noch ist, bedeuten die neuen Formen eine Herausforderung für das angestammte Autonomie-Ideal, weil sie von explizit definierten Zwecken ausgehen. Den Mitwirkenden sollen Erfahrungen ermöglicht werden, die in direkter, unmittelbarer Weise zu einer Veränderung ihrer Situation beitragen.

## Definition

Applied theatre ist keine einzelne Theaterform und kein ausformuliertes Genre, denn ganz unterschiedliche Formen, von der Kontaktimprovisation über das Rollenspiel bis zur Stand-up-Comedy, können als applied theatre praktiziert werden. Der Begriff verweist vielmehr auf verschiedene Anwendungskontexte. Er antwortet auf die Frage, in welchem Rahmen und zu welchem Zweck Theater gespielt wird. Von Theaterspiel soll hier in einem sehr weiten Sinne die Rede sein. Viele einschlägige Projekte setzen auf Formen, die man eher der Performancekunst oder postdramatischen, experimentellen Genres als dem traditionellen dramatischen Theater zurechnen würde. Den Rahmen bildet in der Regel nicht jene Institution, die wir Theater zu nennen gewohnt sind, obwohl auch Stadt- und Staatstheater in gewissem Umfang applied-theatre-Projekte durchführen. Häufiger ist applied theatre aber in andere Institutionen der Gesellschaft eingebettet, etwa in Schulen, Kliniken oder Gefängnisse, oder es wird von nichtstaatlichen Organisationen (NGOs) mit sozialer, pädagogischer, politischer oder therapeutischer Agenda getragen. Applied theatre möchte nicht selten gezielt in gesellschaftliche Kontexte intervenieren. Was das bedeutet und wie insbesondere die Begriffe Gesellschaft und Intervention hier zu verstehen sind, muss im Folgenden noch erläutert werden. Das zweite Kapitel wird sich dem Interventionsbegriff widmen, und noch im weiteren Verlauf dieser Einleitung soll eine Idee von Gesellschaft angedeutet werden, die das Problem der Kontextualität von applied theatre genauer konturieren kann.

Eine Besonderheit von applied theatre liegt darin, dass Zwecke im Voraus explizit formuliert werden. Im Kunstbetrieb vermeiden es die meisten Regisseurinnen, Theatermacher und Performancegruppen tunlichst, vor einer Premiere öffentlich zu erklären, welche Wirkungen sie bei einzelnen Zielgruppen erreichen möchten. Eine explizite Darlegung der eigenen Intentionen ist unüblich, das Werk soll für sich selbst sprechen, zumal eine lautstarke Verkündung von Absichten traditionelle Ideen von Autorschaft über Gebühr betonen würde. Sie wäre auch ungeschickt, denn warum sollte man selbst die Messlatte hochhängen, an der die Inszenierung später gemessen würde? Anders die Anleiterinnen und Anleiter von applied-theatre-Projekten: Für sie ist es selbstverständlich, sich schon in den vorab zu schreibenden Förderanträgen auf konkrete Wirkungen zu verpflichten. Diese Differenz verflüchtigt sich allerdings schleichend, da Legitimationszwänge überall in den Künsten auf dem Vormarsch sind. Je weniger Verständnis in Zeiten schrumpfender öffentlicher Haushalte für die Kunstförderung aufgebracht wird, desto mehr geraten Künstler unter Druck, ihrer Arbeit einen Nutzen für die Gesellschaft zuzuschreiben. Vertreter der Freien Szene, die vor jedem neuen Projekt Förderanträge schreiben müssen, haben mit diesem Druck Erfahrung und kennen die einschlägigen Formulierungen, die einen Förderantrag mit gesellschaftlicher Relevanz ausstatten.

Die Wirkungen, die vom applied theatre versprochen werden, gehen häufig über das hinaus, was traditionell unter ‚ästhetischer Erfahrung' verstanden wurde. Der Interventionsbegriff erscheint angemessen, weil mit diesem Theater nicht allein Individuen bestimmte Erfahrungen ermöglicht, sondern komplexe Prozesse und Konstellationen unterbrochen und umgelenkt werden sollen. Mit ‚Intervention' sollen hier also *Praktiken der Unterbrechung* bezeichnet werden, die ein bestehendes politisches, soziales oder kulturelles System anhalten, suspendieren oder sogar vollständig außer Kraft setzen können. Mit Ernesto Laclau und Chantal Mouffe ließe sich von ‚gegenhegemonialen' Praktiken sprechen, wenn man davon ausginge, dass das betreffende System von bestimmten dominanten Normen bzw. Diskursregeln zusammengehalten wird.[8] Die Suche nach dem Weg ins Offene, der geringen Chance des Gegenhegemonialen, dem plötzlichen Ausbruch aus dem System, treibt viele Praktiker um (auch solche, die realiter unter überaus repressiven Rahmenbedingungen arbeiten), und sie schwebt als eher vage, ins Utopische spielende Perspektive über nicht wenigen der Fallbeispiele, die in diesem Buch diskutiert werden.

Der Systembegriff ist hier jedoch nicht auf einer Makro-Ebene anzusetzen, d. h., es geht nicht zwangsläufig um ganze Gesellschaften, Klassen oder gar ‚politische Systeme'. Gemeint sind eher konkrete Mikrokosmen bzw. Kontexte, denen sich die Macher von applied theatre zuwenden: ein Dorf, ein Stadtteil, eine Familie, ein Gefängnis, ein Unternehmen, eine Therapiegruppe, eine Abteilung, eine Schulklasse, eine Clique. Im englischsprachigen applied-theatre-Diskurs findet man für solche systemischen Einheiten den Begriff ‚community', der nicht mit dem deutschen Gemeinschaftsbegriff verwechselt werden darf. Community meint in diesem Sinne nämlich keine homogene, traditionelle, affektiv gestützte Einheit (à la Tönnies)[9], sondern ein spezifisches Milieu von Menschen, die tagtäglich aufeinandertreffen und Aspekte ihres Alltags (gewollt oder ungewollt) gemeinsam zu bewältigen haben. In solche Alltagsstrukturen interveniert applied theatre – mal mit (erwarteten oder unerwarteten) Folgen, mal ganz folgenlos und vergeblich, hier akribisch kalkuliert, dort völlig erratisch und nicht selten auf fast tragische Weise kontraproduktiv. Unser Buch möchte das Schicksal solcher Interventionen beleuchten.

Aus theaterwissenschaftlicher Perspektive verbindet der Interventionsbegriff das Forschungsfeld applied theatre zum einen mit älteren Debatten um politisches Theater, zum anderen mit einer zentralen Denkfigur der Avantgarden. In der Diskussion um das Politische im Theater wurde verschiedentlich reklamiert, dass vom Politischen nur dort die Rede sein könne, wo es dem Theater gelinge, die dominanten medialen Diskurse der Politik nicht einfach fortzusetzen und um weitere Positionen zu ergänzen, sondern mit ästhetischen Mitteln zu unterbrechen. Dabei spielt auch der Gedanke der Selbstunterbrechung eine Rolle: Wenn das politische Leben in einer Mediendemokratie bereits in sich durch und durch theatral konstituiert ist, kann das Theater die dominanten Diskurse eigentlich nur dann unterbrechen, wenn es auch seine eigene Theatralität in Frage zu stellen bereit ist. Aus einem solchen Blickwinkel sind heute vor allem metatheatrale Theaterformen politisch, also solche Inszenierungen, die sich reflexiv und distanziert zu ihrem eigenen Inszenierungscharakter verhalten. Unterbrechung wird zur Selbstunterbrechung: Das Theater unterbricht sich selbst in seinen theatralen und inszenatorischen Prinzipien, um die Theatralität der dominanten politischen Diskurse selbstbewusst reflektieren zu können.[10] In Forschungen zur historischen Theater- und Tanzavantgarde hat der Gedanke der Unterbrechung bzw. der Zäsur ebenfalls einen hohen Stellenwert; hier kann Unterbrechung auch in einem rhythmischen Sinne gemeint sein und zum Beispiel die moderne, künsteübergreifende Form der Synkope oder die kontrastiven Zäsuren zwischen Bildern in einschlägigen Montagetechniken bezeichnen.[11]

Gegenüber solchen vorhandenen Lesarten des Interventionsbegriffs in der Theaterwissenschaft fällt im Hinblick auf applied theatre auf, dass die hier zu beschreibenden Interventionen eine besondere Richtung nehmen: Sie verlassen in entschiedener, unerschrockener Weise den Kunst- bzw. Theaterrahmen. Was das im Einzelnen bedeutet, wird in den nachfolgenden Kapiteln genauer betrachtet. Gefängnistheater – eine weltweit erstaunlich breit etablierte Praxis – setzt zum Beispiel voraus, dass sich Theatermacher in einen durch und durch kunstfernen Raum begeben, der auch mit der im 18. und 19. Jahrhundert entstandenen Institution des modernen Theaters trotz eines ähnlichen Entstehungskontextes nur wenig gemeinsam hat. Das Verlassen des Kunstrahmens kann aber auch dadurch zustande kommen, dass europäische Theateraktivisten, beauftragt von global operierenden NGOs, in Länder und Regionen aufbrechen, in denen sich kein Kunstsystem nach den Prinzipien des europäischen ästhetischen Narrativs entwickelt hat, sondern andere Rahmungen von Theater dominieren. So finden sich in vielen afrikanischen Ländern Theaterkulturen, die trotz lang anhaltender kolonialer Einflüsse ästhetische Programme und Kunstideologeme des europäischen Idealismus nicht (oder nur teilweise) übernommen haben.

Das im letzten Beispiel aufscheinende Motiv der Reise bzw. der Überbrückung geografischer Distanzen ist häufig mit den Interventionen des applied theatre verknüpft. Applied theatre hat eine globale Struktur, sodass globalisierungstheoretische Fragen und Positionen der Postcolonial Theory von erheblicher Relevanz für ein tieferes Verständnis des Phänomens sind. Um die hier aufscheinenden Problemstellungen anzudeuten, lässt sich der Zusammenhang von Intervention und Reise folgendermaßen zuspitzen: In vielen Fällen reisen europäische und nordamerikanische Theatermacher in Regionen, in denen sie sich (zumindest anfangs) nicht wirklich auskennen. So sind für applied theatre Interventionen charakteristisch, die eine entschiedene Bewegung über gravierende Distanzen hinweg vollziehen, ohne dass im Verlauf der Bewegung schon klar wäre, in welche Struktur interveniert wird bzw. welche Strukturen eigentlich unterbrochen werden. Solche ‚Interventionen ins Unbekannte' werfen einerseits schwierige politische und ethische Fragen auf, entsprechen aber andererseits einem experimentellen, explorativen Gestus, der sich in vielen Bereichen des Gegenwartstheaters etabliert hat.

Um den politischen Ort von applied theatre genauer zu bestimmen, ist eine weitere Ambivalenz in Betracht zu ziehen: Auf der einen Seite handelt es sich bei vielen einschlägigen Projekten im Kern um Programme zur kreativen Selbstoptimierung. Die wesentlichen Wirkungsversprechen von applied theatre beziehen sich auf das handelnde Subjekt als schöpferisches Individuum. Diesem wird in Aussicht gestellt, sein Ausdrucksvermögen zu erweitern, ein besseres Körpergefühl zu entwickeln, Empathiefähigkeit zu stärken, sinnliche Potenziale auszuleben – und vieles mehr.[12] Mit solchen Versprechungen stellt sich applied theatre (gewollt oder ungewollt) neoliberalen gesellschaftspolitischen Rezepten an die Seite, die sich eine Verbesserung der gesellschaftlichen Lage dadurch erhoffen, dass der Einzelne seine individuellen Fähigkeiten steigert und sein Verhalten effektiver steuert. Auf der anderen Seite ist applied theatre aber eine kollektive Praxis. Die meisten applied-theatre-Projekte sind als Gruppenarbeit angelegt. Gerade im Vergleich zu anderen künstlerischen Therapieformen wie etwa der Kunst- oder der Musiktherapie steckt in theaternahen Therapieformen wie Drama Therapy oder Psychodrama, aber auch in anderen Anwendungskontexten des applied theatre ein Element kollektivistischer Kulturtradition, das politisierbar sein könnte. Immerhin kommt es in theatralen Prozessen zu Kooperationen unterschiedlicher Art, und aus Kooperationen können politische Energien entstehen. Das Nebeneinander von individualisierender Selbstoptimierungslogik und kollektivistischer Kulturpraxis macht es schwierig, applied theatre im politischen Spektrum eindeutig zu situieren. Man muss aber feststellen: Es finden sich nur wenig applied-theatre-Projekte, die auf fundamentale Systemkritik und radikale gesellschaftliche Veränderung abzielen. Verbreiteter sind Projekte, die sich mit Institutionen der bestehenden Gesellschaftsordnung arrangieren, systemimmanente Veränderungen anstreben und ihrem Selbstverständnis nach eher sozialtechnisch bzw. sozialtherapeutisch als politisch ausgerichtet sind.[13]

## Geschichte

Es gibt zwei recht konträre Möglichkeiten, die Geschichte des applied theatre zu erzählen. Die gängige Erzählung setzt in den siebziger Jahren ein, die in Bezug auf die alte, westdeutsche Bundesrepublik als ‚Post-68er-Zeit' firmieren und mit Blick auf die Regierungen Brandt und Schmidt überdies als ‚sozialdemokratisches Jahrzehnt' bezeichnet werden.[14] In dieser Zeit häuften sich Theaterprojekte mit sozialpädagogischen, therapeutischen oder entwicklungspolitischen Zielsetzungen – nicht nur in der Bundesrepublik. Eine regionale Eingrenzung des Trends hin zu anwendungsorientiertem Theater fällt ohnehin schwer. Für England, die USA, die skandinavischen Länder und die Niederlande ist der Aufstieg von applied theatre gut belegt, aber auch aus Deutschland ist für die siebziger Jahre von einem Aufschwung sozial engagierter oder therapeutischer Ansätze in den Künsten zu berichten.[15] Zugleich war dieses Jahrzehnt eine Blütezeit des so genannten ‚theatre for development'[16], das sich auf Projekte in ‚Entwicklungsländern' spezialisierte und auf diese Weise dazu beitrug, dass applied theatre keineswegs auf die nördliche Hemisphäre oder gar auf Europa beschränkt blieb. Wobei die Idee eines Nord-Süd-Transfers eigentlich in die Irre führt, denn die europäischen und US-amerikanischen Aktivisten eines ‚theatre for development' stießen – teilweise ohne es zu merken oder hinreichend zu reflektieren – in afrikanischen Gesellschaften auf Theaterkulturen, in denen applied theatre längst etabliert war. Eine aus präkolonialer Zeit überdauernde Tradition afrikanischen Theaters bestand gerade darin, komplexe theatrale Darbietungen in soziale, politische und kulturelle Anwendungskontexte verschiedener Art (Feste, Rituale, politische und religiöse Zeremonien) zu integrieren. Darauf wird weiter unten noch genauer einzugehen sein.

Einige Forscher, darunter Guglielmo Schininà, haben applied theatre als eine Spätform der Theateravantgarden des 20. Jahrhunderts beschrieben.[17] In den sechziger Jahren hatte sich im Rückenwind der neuen sozialen Bewegungen, der Anti-Vietnam-Demonstrationen, der Bürgerrechtsbewegung, des Feminismus und der Studierendenproteste ein politisches Theater entfaltet, das die globalen Konflikte der Zeit aufgriff und unmissverständliche Forderungen erhob; man denke an den entschiedenen Pazifismus des Living Theatre oder die offensive Wendung der feministischen Performancekunst gegen heteronormative Geschlechtermodelle.[18] In der Bundesrepublik hatte sich eine aktive Straßentheater-Szene etabliert, die mit kurzen, plakativen Aufführungen am Rande von Studierendendemonstrationen und Arbeiterstreiks in Erscheinung trat. Mit ihrer unverhohlenen Zweckorientierung und ihren der politischen Revue entlehnten ästhetischen Mitteln knüpfte sie an die Agitproptruppen der jungen Sowjetunion und der Weimarer Republik an.[19] Nach Auffassung von Schininà und anderen endeten diese späten Avantgardeprojekte um 1970 in Ernüchterung, weil viele der erhofften gesellschaftlichen Veränderungen ausblieben und zwischen den künstlerischen Avantgarden und den politischen Aktivisten der 68er-Zeit eine gewisse kulturelle Kluft nie überwunden werden konnte. Wer in den siebziger Jahren weiterhin ein gesellschaftlich engagiertes Theater anstrebte, so die Auffassung, suchte nach pragmatischeren Ansätzen – das war die Stunde des applied theatre.[20]

In der ersten Hälfte der Siebziger wurde in Westdeutschland die kommunale Sozialarbeit ausgebaut, vielerorts entstanden Stadtteilzentren und Kulturbüros.[21] Es war aber auch eine Blütezeit der Selbsthilfebewegung, und humanistische und körperbetonte Psychotherapieverfahren lagen im Trend.[22] In diesem gesellschaftlichen Umfeld konnte sich das Psychodrama im klinischen Bereich etablieren, wurden Jugend- und Laientheatergruppen finanziert und fanden sich in Deutschland erste Aktivisten, die mit Boals ‚Theater der Unterdrückten' experimentierten.[23] Bildungseinrichtungen unterschiedlichster Art, darunter auch gewerkschaftliche, kirchliche und parteinahe Institute, stellten Gelder zur Verfügung, um neben anderen basisnahen Kulturaktivitäten wie Erzählkreisen, Chören und Diavorträgen auch Theaterspiel zu finanzieren. Vielen Projekten des angewandten Theaters in Deutschland sind diese sozialdemokratischen Wurzeln bis heute anzumerken. Sie passen in das Bild eines *social turn* und präsentieren sich im Grunde noch ‚sozialer' als vergleichbare Arbeiten aus der bildenden Kunst, weil sie sich tatsächlich als sozialtherapeutische Angebote für Mitwirkende verstehen. Sie entspringen dem Glauben an die Kraft einer staatlich geförderten Sozialpolitik, die sich jenseits des kommerziellen Kunstmarktes, aber auch fernab des etablierten Theaterbetriebs abspielt.

Eine Auffälligkeit des so entstandenen applied theatre, die durchaus auch als Hypothek empfunden werden kann, ist seine Staatsnähe. In der internationalen Szene, die sich fest in der Hand von NGOs befindet, fällt das weniger auf als in Deutschland, wo die Finanzierung oft von Kultus- und Sozialministerien, städtischen Dezernaten oder staatsnahen Stiftungen wie der Bundeskulturstiftung übernommen wird. Die enge Zusammenarbeit mit staatlichen Stellen sorgt dafür, dass dem applied theatre Militanz und Radikalität weitgehend abgehen. Dominant ist eine klare Ablehnung von Gewalt, die in historischer Perspektive mit den Erfahrungen des ‚Deutschen Herbstes' und der Spaltung der Linken in den siebziger Jahren zu erklären sein könnte.

Jedoch darf die Geschichte des applied theatre nicht vornehmlich aus bundesdeutschen Verhältnissen erklärt werden, da entscheidende Impulse aus anderen Ländern kamen, insbesondere aus Großbritannien. Die britische Gesellschaft litt in den siebziger Jahren mehr als andere europäische Nationen unter einer weltweit grassierenden ökonomischen Flaute. Unter diesen schwierigen Voraussetzungen entwickelten sich vielerorts kommunale Kulturinitiativen, die einen ‚Hilfe-zur-Selbsthilfe'-Ansatz verfolgten. Community Arts Center wurden gegründet, und in Verbindung mit ihnen nicht selten auch nachbarschaftliche Laientheatergruppen. Britische Initiativen spielten überdies eine entscheidende Rolle in der Entwicklungshilfe, besonders in den ehemaligen Kolonien, deren Weg in die Unabhängigkeit progressive, kritische Aktivistinnen und Aktivisten auf eigene Weise unterstützen wollten. Zwar war in den siebziger Jahren im englischsprachigen Raum der Begriff applied theatre noch nicht gebräuchlich, aber mit ‚community theatre', ‚theatre of the oppressed', ‚theatre in education' oder ‚theatre for development' wurden diejenigen Formen entwickelt, die das Gesicht von applied theatre bis heute prägen.[24]

Eine ganz andere Möglichkeit, die Geschichte dieses Theaters zu erzählen, besteht darin, Anwendungsbezug und Zweckorientierung nicht als besondere Entwicklung, sondern als historischen ‚Normalfall' von Theater zu betrachten. Eine solche Sichtweise könnte etwa die afrikanischen Traditionen einer Einbettung von Theater in rituelle und festliche Aktionsformen von großer gesellschaftlicher Relevanz berücksichtigen, aber auch an das europäische Theater des Mittelalters und der frühen Neuzeit erinnern, das unübersehbar in religiöse, politische oder soziale Funktionen eingebunden war. Wer sich mit dem Theater dieser Jahrhunderte näher beschäftigt, findet es völlig selbstverständlich, dass Theaterdarbietungen auf höfischen Festen oder politischen Zeremonien der Herrschaftsrepräsentation dienten oder in kirchlichen Riten eine Veranschaulichung der Heilsbotschaft gewährleisteten. Die Theaterhistoriografie der frühen Neuzeit hat nicht zuletzt auf die untrennbare Verschränkung von Theater- und Medizingeschichte für diesen Zeitraum hingewiesen. Dieselbe Gruppe von Akteuren agierte innerhalb des ‚fahrenden Volkes' im frühneuzeitlichen Europa als Heiler und *Comici* – und dies mit kaum voneinander differenzierbaren, magisch anmutenden Praxisformen.[25] Die Vorstellung von Kunst oder Theater als einem autonomen Bereich ästhetischer Erfahrung ist im Kern eine idealistische Denkfigur des späten 18. Jahrhunderts, über deren Gültigkeit für das 20. Jahrhundert oder gar die Gegenwart man streiten kann.

Aus dieser Perspektive erscheint applied theatre als Rückkehr zur Normalität: Theater war immer Teil der alltäglichen Kommunikation und wurde von sozialen Akteuren mit unterschiedlichsten pragmatischen Interessen beherrscht, genossen und angewendet. So gesehen ist es erklärungsbedürftig, warum sich die Idee von Theater als autonome Kunst überhaupt so lange halten konnte. Theater, ließe sich argumentieren, war in den Jahrhunderten vor der Moderne immer applied theatre, wurde zu religiösen, politischen oder sozialen Zwecken genutzt, diente als Lebenselixier im Alltag der Menschen – bis im philosophischen Idealismus des 18. Jahrhunderts die eigenartige Idee aufkam, die darstellenden Künste müssten von gesellschaftlichen Vereinnahmungen freigehalten werden. Wenn heute pragmatische Nutzanwendungen von Theater wieder stärker gesehen und affirmiert werden, bedeutet das auch, die jahrtausendealte Geschichte von Theater als Medium alltäglicher Kommunikation anzuerkennen.

Auch die erweiterte historische Perspektive, die den pragmatischen Zug des Theaters vor 1750 berücksichtigt, bedarf dringend einer Überwindung eurozentrischer Sichtweisen. Forschungen zu afrikanischen Theater- und Performancegattungen betonen seit Langem, wie wenig sich europäische Vorstellungen eines ‚Kunsttheaters' auf die reichen Theatertraditionen anderer Weltregionen übertragen lassen. Der Versuch, den Theaterbegriff auch hinsichtlich afrikanischer Kulturen auf dramatische Formen mit literarischer Textgrundlage zu reduzieren, wird von den meisten einschlägig spezialisierten Forscherinnen und Forschern scharf kritisiert. Zwar finden sich in älteren Überblicksdarstellungen noch Versuche einer kategorialen Trennung zwischen (dramatischem) Theater, religiösen Ritualen, politischen Zeremonien und performativen Heilungsprozeduren. Heute wird dagegen durchweg betont, dass afrikanisches Theater in seiner historischen Vielfalt, semantischen Tiefe und formalen Komplexität gerade dann hervortritt, wenn es in seiner rituellen, politischen und therapeutischen Relevanz betrachtet wird.[26] Auf die Idee, Theater einseitig dem Bereich der Kunst zuzuordnen und es von seinen Verbindungen zu anderen Praxisbereichen zu trennen, konnte wohl nur ein europäisch geprägter Blick während einer theatergeschichtlich kurzen, nicht eben repräsentativen Phase kommen. Applied theatre ist auf dem gegenwärtigen Diskussionsstand also beides: ein vergleichsweise neuer, sich ausdifferenzierender Spezialdiskurs und Hinweis auf eine theatergeschichtliche Tatsache, die von der Theaterwissenschaft gerade in Deutschland zu lange ignoriert wurde: Theater ist weit mehr als eine Kunstform.

## Ästhetik

Mit Blick auf seine oben skizzierte historische Entwicklung legt es der Gegenstand applied theatre nicht unbedingt nahe, mit klassischen Kategorien ästhetischer Erfahrung analysiert zu werden. Bis heute ist der ästhetische

Diskurs in erheblichem Maße von Denkfiguren und Kriterien geprägt, die auf europäische philosophische Traditionen der letzten drei Jahrhunderte zurückgehen. Warum soll man weltweit praktizierte Theaterformen, deren Geschichte bis in die Antike zurückreicht, an Vorstellungen des Schönen oder des Erhabenen messen, die auf philosophische Topoi aus dem Europa des 18. Jahrhunderts rekurrieren? Wie wäre es zu rechtfertigen, Ideen von künstlerischer Freiheit und ästhetischer Autonomie auf Theaterkulturen zu beziehen, die sich selbst nie diesen Ideen verpflichtet haben, sondern durch komplexe Formen einer rituellen, religiösen und politischen Instrumentalisierung von Theater geprägt sind? Wenn man ernst nimmt, dass heute besonders Afrika und Lateinamerika Hochburgen von applied theatre sind, drängt sich die Frage auf, warum ausgerechnet europäische Kategorien ästhetischer Erfahrung maßgeblich für eine Diskussion über dieses Theater sein sollen. Für das ERC-Forschungsprojekt „The Aesthetics of Applied Theatre", in dessen Zusammenhang dieses Buch steht, ist es deshalb ein offenes Problem, mit welchen Begriffen die ästhetische Dimension von applied theatre zu beschreiben wäre.[27]

Zugleich erweist es sich in Forschungsdebatten über applied theatre zweifellos als Defizit, dass ästhetische Aspekte bislang wenig berücksichtigt wurden. Zu einseitig hat sich die applied-theatre-Forschung auf sozial- und kulturpädagogische Fragen fokussiert. Immer wieder gleitet sie in die normative Erörterung von *best-practice*-Modellen ab oder verausgabt sich in politischen Auseinandersetzungen darüber, wie die vernachlässigten Belange bestimmter Gruppen oder die übersehenen Hintergründe einzelner Konflikte durch Theater öffentlich gemacht werden könnten. Diese Ausrichtung der Debatte ist mit Blick auf die Interessen der betroffenen Akteure völlig verständlich, hat aber dazu beigetragen, dass die formale, auch künstlerisch-technische Seite von applied theatre bislang wenig erschlossen ist. Viele Überlegungen und Statements über applied theatre sind ‚inhaltistisch' geprägt, was gerade *wegen* der politischen Ambitionen der Praktiker unzureichend wirkt, hat die politische Theorie der letzten Dekade doch unterstrichen, wie sehr das Ästhetische und das Politische miteinander verschränkt und voneinander abhängig sind.[28] Will man applied theatre zu aktuellen Reflexionen über eine Ästhetik des Politischen in Beziehung setzen, so kommt man nicht umhin, ästhetische Zugänge zu diesen Theaterpraktiken zu suchen und zu beschreiben.

Ein Ausgangspunkt für diese Suche sollte der Vorsatz sein, sich nicht in müßige Streitereien um die Grenze zwischen Kunst und Nicht-Kunst verstricken zu lassen. Jedenfalls fällt auf, wie sehr die Annäherung mancher Praktiker an ästhetische Fragen dadurch blockiert ist, dass hinter der Rede vom Ästhetischen immer gleich ein Urteil darüber vermutet wird, ob die eigene Praxis als Kunst gelten darf oder nicht. Viel diskursive Energie wird darauf verschwendet, das ‚eigene' Theater als Kunst legitimieren zu wollen. Einerseits gilt es zu verstehen, warum eine Adaption des Kunstbegriffs für viele Praktiker – trotz oder gerade wegen ihres therapeutischen oder pädagogischen Hintergrunds – derart wichtig und attraktiv ist. Eine Selbstverortung im Feld der Kunst scheint für viele applied-theatre-Projekte von strategischem Interesse – vermutlich weil damit Prestigegewinne, Ressourcen und im besten Fall sogar politische Freiräume verbunden sind. Andererseits möchte man den Praktikern aus theaterhistorischer Perspektive gerne in Erinnerung rufen, dass Theater über viele Jahrhunderte ganz ohne den Kunstbegriff (mit seinen heutigen Implikationen) ausgekommen ist. Es ist möglich und fruchtbar, professionelles Theater zu machen, ohne sich dabei ständig auf die Kunst zu berufen.

Tatsächlich gibt es Eigenheiten von applied theatre, die dieses vom modernen Kunstsystem eher abheben. So zahlt das Publikum von applied-theatre-Aufführungen in der Regel kein (oder nur ein sehr geringes) Eintrittsgeld. Wenn die Aufführung einer Dramatherapiegruppe vor Angehörigen, Freunden und Bekannten der Gruppenmitglieder stattfindet, dann werden diese Zuschauer als Gäste eingeladen und sind entsprechend kein zahlendes Publikum.[29] Diese Tatsache mag banal erscheinen, betrifft aber immerhin die materiellen Ein- und Ausschlussprinzipien des Theaterereignisses, die in der Kunstsphäre einer anderen Ökonomie folgen als im applied theatre. Der Verzicht auf Eintrittsgeld trägt zur Entstehung einer besonderen Art von Theateröffentlichkeit bei und ist mit spezifischen Rezeptions- und Beurteilungsweisen verbunden: Wer sich eine applied-theatre-Inszenierung anschaut, ist tendenziell bereit, über technische Schwächen hinwegzusehen. Es wird nach der Aufführung keine Buhrufe hageln, wenn es Texthänger gab oder ein Scheinwerfer ausfiel. Das heißt nicht, dass applied-theatre-Produktionen nicht kritisch betrachtet werden, aber die Bewertungskriterien sind offenbar andere. So wird die Qualität einschlägiger Aufführungen etwa daran gemessen, ob sie den Eindruck vermitteln können, Ergebnisse eines für die Beteiligten gewinnbringenden Gruppenprozesses zu sein. Als Kriterium dafür mag gelten, ob die Akteure bei ihren Auftritten ‚ferngesteuert' oder selbstbestimmt wirken. Auch die Anleiter beurteilen die Praxis ‚ihrer' Gruppenmitglieder nach Kriterien, die man nicht unbedingt als ästhetisch charakterisieren würde: Mitwirkende müssen damit rechnen, dass nicht nur darstellerische Leistungen, sondern auch Sozialverhalten und psychische Einstellungen in den Blick genommen und kommentiert werden.

Wir befinden uns also in einem Bereich, in dem herkömmliche Kriterien des Ästhetischen nicht automatisch greifen. Daraus ergibt sich die

Frage, ob und – wenn ja – wie eine ästhetische Perspektive zu formulieren wäre, die das Phänomen applied theatre genauer zu verstehen hilft und zugleich eine gewisse Distanz wahrt zu den im 18. Jahrhundert vor allem im deutschsprachigen Raum aufgekommenen Kategorien idealistischer Ästhetik.

Ein erster Schritt könnte darin bestehen, schlichte wirkungsästhetische Behauptungen, wie sie über applied theatre stets und ständig angeboten werden, konsequent zu vermeiden. Von der Frage nach der Wirkung ausgehend verstrickt man sich nahezu zwangsläufig in die unübersichtlichen und letztlich auch unüberprüfbaren programmatischen Diskurse von applied theatre: Die Praktiker dieses Theaters geben sich fast immer überzeugt, mit ihrer Praxis einiges bewirken zu können – und sie gießen diese erhofften Wirkungen durchaus auch in Begriffe und Konzepte. Wer sich dem Feld aus theoretischer oder wissenschaftlicher Perspektive annähert, muss aufpassen, diese programmatischen Begriffe und Konzepte nicht einfach zu reproduzieren. Ihr Wirklichkeitsgehalt ist nämlich durch nichts bewiesen, und er ist – um es gleich unumwunden zuzugeben – mit den vorhandenen Methoden der Theaterwissenschaft auch nicht beweisbar. Wer keine empirische Wirkungsforschung betreiben kann oder will, sollte mit wirkungsästhetischen Behauptungen vorsichtig sein.[30] Sicher: Die großen wirkungsästhetischen Konzepte der letzten Jahrzehnte – Irritation, Transgression, Liminalität[31] – haben in die Diskussion um applied theatre Eingang gefunden, und dies nicht zu Unrecht. Es ist durchaus anzunehmen, dass gelungene applied-theatre-Projekte Erwartungen konterkarieren, Konventionen überschreiten und alltägliche Orientierungen außer Kraft setzen können, aber ein Nachweis solcher Wirkungen lässt sich mit theaterwissenschaftlichen Verfahren nicht erbringen.

Ein zweiter wichtiger Schritt wäre getan, wenn theaterästhetische Aussagen nicht allein auf das Geschehen in der Aufführung bezogen werden würden. Viele applied-theatre-Projekte münden zwar in Aufführungen, aber schon ein oberflächlicher Blick auf die Projekte zeigt, dass die Aufführung am Ende oftmals nicht der wichtigste Teil des Prozesses ist. Dramatherapiegruppen können über Wochen gemeinsam Szenen erarbeiten und Handlungen improvisieren, ohne dass entfernt an eine öffentliche Aufführung gedacht werden müsste. Ein Großteil der therapeutischen Effekte, die sich Dramatherapeuten für ihre Klienten erhoffen, resultiert eher aus dem Probenprozess als aus der Aufführung. Der abgedroschene, oft banalisierte Slogan ‚Der Weg ist das Ziel' – hier hat er einmal wirklich seine Berechtigung: Applied theatre ist ein durch und durch prozessuales Geschehen; wichtig ist immer der gesamte Planungs-, Arbeits- und Reflexionsvorgang, einschließlich der Präsentationen und der ihnen folgenden Auswertungsgespräche. Fast alle Versprechungen des applied theatre richten sich an Mitwirkende, nicht an Zuschauende, und entsprechend müssen *alle* Prozesse, in die die Mitwirkenden involviert sind, auch zum Gegenstand der ästhetischen Reflexion werden. Erforderlich ist ein ästhetischer Zugang, der die noch verbliebenen Differenzen zwischen Produktions-, Rezeptions- und Werkästhetik überwindet. *Alle* Handlungsvollzüge, die ein applied-theatre-Projekt ausmachen, sind von Interesse; *alle* sind einzubeziehen, wenn der ästhetische Gehalt eines Projektes diskutiert werden soll.

Aus diesen Überlegungen ergibt sich, dass eine Ästhetik des applied theatre über einen erweiterten Formbegriff entwickelt werden muss. Eine Reflexion der Form bietet nach wie vor die entscheidende Alternative zu einer Untersuchung von Wirkung. Erforderlich wäre allerdings ein Formbegriff, der *alle* Handlungsvollzüge eines Projektes umfassen könnte, d. h., zur Form würde genauso eine bestimmte Art des Probens wie ein spezifischer Modus des Darstellens gehören. Die infrastrukturellen Grundlagen eines Projektes (institutionelle Einbindung, Rekrutierung, Finanzierung, Ressourcen)[32] müssten ebenso einkalkuliert werden wie die diskursiven Weiterungen, die ein Projekt im Zuge seiner Rezeption und öffentlichen Beurteilung erfährt. Alle Handlungen eines Projektes zusammengenommen, im Grunde ein gigantisches Akteur-Netzwerk, würden erst dessen Form konstituieren.[33] Form wird also – ähnlich wie in aktuellen Diskussionen über so genannte ‚generische Formen' – nicht in Opposition zu Dynamik konzipiert. Ein generischer Formbegriff, der nicht die ‚fertigen' Einzelformen, sondern die bewegte Vorstufe von deren Hervorbringung betrifft, wäre das Bezugssystem, an dem sich eine Ästhetik des applied theatre auszurichten hätte.[34]

Der Begriff der ‚generischen Form' vermeidet den noch in Luhmanns klassischer Unterscheidung zwischen Medium und Form angelegten Gegensatz von Dynamik und Stabilität:[35] Weder sind Medien ausschließlich fluid, noch sind Formen durch und durch stabil. Gibt man die Vorstellung von einer Stabilität ästhetischer Formen auf, so wird eine ganze Reihe weiterer dichotomischer Setzungen fragwürdig, darunter auch die in applied-theatre-Diskursen so häufig beschworene Gegenüberstellung von Form und Kontext. Stereotyp findet sich in Publikationen über applied theatre der Appell, bei der Analyse und Beurteilung einschlägiger Projekte stets deren ‚sozialen' oder ‚gesellschaftlichen' Kontext einzubeziehen. Dieses Postulat klingt unmittelbar einleuchtend, geht allerdings leichthin darüber hinweg, dass zeitgenössische Sozialtheorien die scheinbar gehaltvollen Kategorien der ‚Gesellschaft' und des ‚sozialen Kontexts' längst aufgegeben oder zumindest eingeklammert haben.[36] Ernesto Laclau pflegte in seinen Texten von Gesellschaft als einem „leeren Signifikanten" zu sprechen: Der Begriff steht bei ihm für eine diskursiv nie wirklich zu begründende Totalität, die nur durch Signifikanten repräsentiert werden kann, die sich von jeglicher (partikularer) Bedeutung entleert haben.[37] Ohne Laclaus diskurstheoretisches Argument hier im Einzelnen nachzeichnen zu können, soll sein Modell als Hinweis darauf verstanden werden, dass Gesellschaft und sozialer Kontext nicht etwas sind, das der ästhetischen Form bzw. dem theatralen Ereignis schlicht vorausginge. In konstruktivistischer Diktion ließe sich diese Einsicht folgendermaßen zuspitzen: Applied-theatre-Projekte bringen die Gesellschaft und den sozialen Kontext, in den sie sich einzufügen glauben, letztlich höchstselbst hervor. Sie produzieren jene leeren Signifikanten, in denen Gesellschaft erkennbar wird, selbst und auf eigene Weise. Anstatt Form und Kontext als getrennte Einheiten zu konzeptualisieren, müssten generische Formen daraufhin untersucht werden, wie sie ihre eigenen Kontexte erzeugen.

Was würde diese Perspektive für ein Theater der Intervention, wie es in diesem Buch entfaltet werden soll, bedeuten? Sie liefe wohl auf den Versuch hinaus, die *Intervention als ganze* als ästhetische Form zu begreifen. Insofern man Interventionen als relationale und dynamische Bewegungen beschreiben kann, die etwas hervorbringen oder etwas bereits Hervorgebrachtes aktiv unterbrechen – und insofern auch Interventionen nicht auf eine einzelne Aufführung oder ein einzelnes künstlerisches Verfahren reduzierbar sind, erscheinen sie als geradezu paradigmatisches Beispiel für das, was der noch relativ junge Begriff der generischen Form bedeuten kann. Sie müssten nur auch, und das ist ein Anliegen des vorliegenden Buches, als dynamische und produktive Formen beschrieben werden: Welche einzelnen Handlungsvollzüge konstituieren die Intervention? In welchem Gestus werden diese Handlungsvollzüge durchgeführt? Welche Tönung erhält dadurch die Intervention als ganze? Wie lässt sich die Art und Weise der Hervorbringung oder der Unterbrechung charakterisieren, die durch die spezifische Intervention initiiert wird? Wie verhält sich die Intervention zu dem, was vor ihr war und zu dem, was nach ihr kommt? Entstehen an diesen Anschlussstellen – nach hinten, nach vorne – womöglich Brüche oder Antagonismen, die im emphatischen Sinne als politisch zu kennzeichnen wären? An welcher Stelle überhaupt wird aus der gegebenen Intervention etwas Anderes, Neues, das wiederum Vernetzungen und Aktionen generiert?

Unter einer Ästhetik der Intervention soll hier also nicht die Frage verstanden werden, wie ästhetische Formen (Werke, Aufführungen) als Interventionen funktionieren können. Unser Anliegen geht vielmehr in die umgekehrte Richtung: Wir wollen herausfinden, wie sich Interventionen als ästhetische Formen entfalten. Eine Intervention mit Mitteln der theatralen bzw. performativen Künste zu gestalten, bedeutet immer weit mehr, als ‚nur' eine Aufführung zu organisieren. Die Intervention umfasst Konzepte, Vorbereitungen, Proben, Diskussionen, diverse Aufführungen, nachträgliche Reflexionen, begleitende Diskurse, Dokumente, Protokolle, Evaluationen; sie ist beschreibbar als ein vielphasiger, mehrdimensionaler, multimedialer und dezentraler Prozess, und sie erlaubt in der Regel keine klare analytische Trennung politischer, sozialer und ästhetischer Implikationen. Daraus folgt, dass es eine die ästhetische Komponente in ihrer Bedeutung unterschätzende Reduktion wäre, ästhetische Reflexionen lediglich auf die in den Prozess einbezogenen Aufführungen zu beziehen. Für einen auf das Ästhetische zielenden Forschungsansatz kommt es vielmehr darauf an, die Intervention in all ihren einzelnen Akten, Schritten und Zäsuren als ästhetisches Geschehen zu begreifen. Dafür bedarf es theatertheoretischer Begriffe, die eine integrale Sicht auf komplex zusammengesetzte Prozesse ermöglichen, denn zum einen droht die Gefahr, sich in Detailfragen zu verzetteln, wenn man jeden einzelnen der zahllosen Akte einer Intervention – sozusagen von der Formatierung des Förderantrags bis zur Beleuchtung der Abschiedsaufführung – als ästhetisches Ereignis eigener Art verstehen möchte, zum anderen darf die Konzentration auf ästhetische Fragen keineswegs zu einer nachträglichen Entpolitisierung der Intervention führen. Gesucht wird entsprechend ein Konzept, das einerseits auf den integrierenden Kern einer mehrstufigen Intervention verweist und das andererseits ästhetische Fragen konsequent mit politischen und sozialen Diskursen in Beziehung setzt.

In den nachfolgenden Kapiteln wird verschiedentlich der von Brecht initiierte Begriff des Gestus herangezogen, um die Grundhaltung einer Intervention zu beschreiben. Wir verwenden ihn in freier, variierender und experimenteller Form, dabei allerdings zwei eindeutig auf Brecht zurückgehende Setzungen aufgreifend: Gestus ist erstens ein integrativer Begriff, der zum Beispiel in schauspieltheoretischen Diskursen deutlich über die einzelne Geste hinausweist. Es geht darum, eine Art Grundhaltung zu erfassen, die sich in vielen einzelnen Akten, Aussagen und Bewegungen manifestieren kann – im Sprechen genauso wie im Schweigen, im Handeln genauso wie im Innehalten. Gestus ist zweitens ein konnektiver Begriff, der ein sinnliches bzw. aisthetisches Geschehen mit sozialen Entwicklungen und Konstellationen in Verbindung bringt. So kann etwa eine Körperhaltung einerseits als ein aisthetisches Geschehen von sinnlicher Eindruckskraft beschrieben werden, andererseits ist sie aus den sozialen Relationen erklärbar, die der betreffende Körper in der Vergangenheit eingegangen ist und in denen sich der Körper auch gegenwärtig, in der konkret gegebenen Situation befindet. Die Relationalität des Gestus ist insofern eine doppelte, als ein Gestus von sozialen und politischen Beziehungen bestimmt ist *und zugleich* situativ neue soziale und politische Beziehungen hervorbringt.

Dass dieses Buch in kollektiver Autorschaft entstanden ist, zeigt sich womöglich gerade darin, dass der Gestus von Interventionen in den einzelnen Abschnitten und Kapiteln auf immer wieder unterschiedliche Weise aufgesucht wird. Auch haben alle, die am Schreibprozess beteiligt waren, ihre Spuren im Sinne heterogener Gesten des Schreibens und Denkens im gemeinsamen Text hinterlassen. Wir hoffen und glauben, dass diese Art des pluralen Schreibens einem Gegenstand angemessen ist, der seinen Wert und seine Hoffnungen aus den Emergenzen kollektiver Prozesse schöpft. Argumentative und stilistische Dissonanzen sind von daher nicht nur unvermeidlich, sondern auch beabsichtigt.

1 Dies hat sich in theoretischer Hinsicht als überaus produktiv erwiesen, weil dadurch eine jahrzehntelang wirksame, missliche Diskursschranke überwunden werden konnte: Über viele Jahrzehnte hinweg hat die theaterwissenschaftliche Forschung zum politischen Theater kaum wahrgenommen, wie in kunsthistorischen und kunsttheoretischen Texten über politische Kunst nachgedacht wurde. Diese Ignoranz besteht tendenziell auch in umgekehrter Richtung. So hat sich bis heute nicht in allen Bereichen der Kunstgeschichte herumgesprochen, dass auch in der Theaterwissenschaft über Performance- und Installationskunst geforscht wird.

2 Für eine kritische Sicht auf Partizipationstendenzen in den Künsten: Rogoff, Irit: „Looking Away: Participations in Visual Culture“, in: Butt, Gavin (Hg.): *After Criticism. New Responses to Art and Performance*, Malden/Oxford 2005, S. 117–134; Pfaller, Robert: „Against Participation“, in: Ders.: *Ästhetik der Interpassivität*, Hamburg 2008, S. 308–322.

3 Vgl. etwa die Begriffsverwendung in dem Überblickskapitel bei Balme, Christopher: *The Cambridge Introduction to Theatre Studies*, Cambridge 2008, S. 179–194. Viel beachtet auch Thompson, James: *Applied Theatre. Bewilderment and Beyond*, Oxford 2003; Taylor, Philip: *Applied Theatre: Creating Transformative Encounters in the Community*, Portsmouth, NH 2003; Nicholson, Helen: *Applied Drama. The Gift of Theatre*, Basingstoke/New York 2005.

4 Vgl. zum Gießener Konzept von Theaterwissenschaft: Matzke, Annemarie/Weiler, Christel/Wortelkamp, Isa (Hg.): *Das Buch von der Angewandten Theaterwissenschaft*, Berlin 2012.

5 Mit Blick auf die skizzierten Übersetzungsprobleme wird in diesem Aufsatz die englische Bezeichnung applied theatre beibehalten.

6 Vgl. Landy, Robert J./Montgomery, David T.: *Theatre for Change. Education, Social Action and Therapy*, Basingstoke/New York 2012; Jones, Phil: *Drama as Therapy: Theatre as Living*, London/New York 1996; siehe darin bes. die einleitenden programmatischen Setzungen, S. 1–6.

7 Diese Hoffnung ist grundlegend für programmatische und theoretische Diskurse zum Theater in der Schule, vgl. etwa Liebau, Eckart/Klepacki, Leopold/Zirfas, Jörg: *Theatrale Bildung. Theaterpädagogische Grundlagen und kulturpädagogische Perspektiven für die Schule,* Weinheim/München 2009. Siehe im selben Sinne Klepacki, Leopold/Zirfas, Jörg: *Theatrale Didaktik. Ein pädagogischer Grundriss des schulischen Theaterunterrichts,* Weinheim/Basel 2013, bes. S. 166–180.

8 Vgl. Laclau, Ernesto/Mouffe, Chantal: *Hegemonie und radikale Demokratie. Zur Dekonstruktion des Marxismus,* aus dem Engl. von Michael Hintz und Gerd Vorwallner, Wien 1991, bes. S. 54–57.

9 Vgl. die klassische, besonders die deutschsprachigen Gemeinschaftsdiskurse über Jahrzehnte hinweg prägende Schrift von Tönnies, Ferdinand: *Gemeinschaft und Gesellschaft. Abhandlung des Communismus und des Socialismus als empirischer Culturformen,* Leipzig 1887.

10 Besonders entschieden wird diese Position von Hans-Thies Lehmann vertreten, vgl. etwa Ders.: *Das Politische Schreiben. Essays zu Theatertexten,* Berlin 2002; darin zur Kategorie der Unterbrechung bes. S. 11–37.

11 Zu einer solchen medientheoretisch inspirierten Lesart von Unterbrechung vgl. Brandstetter, Gabriele: *Bild-Sprung. TanzTheaterBewegung im Wechsel der Medien,* Berlin 2005.

12 Die politischen Implikationen des gegenwärtigen Kreativitätsdispositivs werden derzeit in verschiedenen Fachdisziplinen kritisch reflektiert. Vgl. u. a. Bröckling, Ulrich: *Das unternehmerische Selbst. Soziologie einer Subjektivierungsform*, Frankfurt a. M. 2007; Menke, Christoph/Rebentisch, Juliane (Hg.): *Kreation und Depression. Freiheit im gegenwärtigen Kapitalismus*, Berlin 2010; Reckwitz, Andreas: *Die Erfindung der Kreativität. Zum Prozess gesellschaftlicher Ästhetisierung*, Frankfurt a. M. 2012.

13 Wir beziehen uns mit dieser Einschätzung auf ein Politikverständnis, das mit Theoretikern wie Agamben, Badiou, Rancière oder Žižek zwischen dem Administrativen (als der stetig zu verbessernden Verwaltung des Ist-Zustands: *la politique*) und dem Politischen (als der radikalen Infragestellung des Ist-Zustands: *le politique*) zu unterscheiden weiß. Von einer ähnlichen Sicht, die das Wesen des Politischen in einem fundamentalen Antagonismus situiert, gelangen Chantal Mouffe und Ernesto Laclau in *Hegemonie und radikale Demokratie* (siehe Endnote 8) zu einem voraussetzungsreichen Interventionsbegriff: Eine Intervention ist für sie eine wirkliche „Unterbrechung" diskursiver Prozesse. Es gehe dann nicht mehr um Interpretation, sondern um Intervention: „Mit einer Intervention werden neue diskursive Objekte konstruiert." (Marchart, Oliver: *Das unmögliche Objekt. Eine postfundamentalistische Theorie der Gesellschaft*, Berlin 2013, S. 301.)

14 Als kultureller Nährboden für alternative Theaterprojekte treten die siebziger Jahre prägnant hervor in dem breiten sozialgeschichtlichen Panorama von Reichardt, Sven: *Authentizität und Gemeinschaft. Linksalternatives Leben in den siebziger und frühen achtziger Jahren*, Berlin 2014. Vgl. auch Müller, Wolfgang: *Subkultur Westberlin 1979–1989. Freizeit*, 4. überarbeitete Auflage, Hamburg 2014.

15 Herausragend innerhalb der vielen therapeutisch und sozial akzentuierten künstlerischen Positionen dieser Zeit war zweifellos das Werk von Joseph Beuys. Vgl. zusammenfassend zu dessen Nähe zur Heilkunst: von Graevenitz, Antje: „Heilen", in: Szeemann, Harald (Hg.): *Beuysnobiscum*, Dresden 1997, S. 185–189.

16 Nachdem sich sein paternalistischer Gestus herumgesprochen hatte, verschwand der zuvor weit verbreitete Begriff ‚theatre for development' in den neunziger Jahren nahezu vollständig aus den einschlägigen Praxis-Diskursen.

17 Vgl. die theaterhistorische Skizze in Schininà, Guglielmo: „Here We Are. Social Theatre and Some Open Questions about Its Developments", in: *The Drama Review* (2004), 48 (3), S. 17–31.

18 Einen Überblick mit Fokus auf Deutschland und Frankreich bietet der Sammelband von Kreuder, Friedemann/Bachmann, Michael (Hg.): *Politik mit dem Körper. Performative Praktiken in Theater, Medien und Alltagskultur seit 1968*, Bielefeld 2009.

19 Vgl. Hüfner, Agnes (Hg.): *Straßentheater*, Frankfurt a. M. 1970; sowie Kraus, Dorothea: „Straßentheater als politische Protestform", in: Klimke, Martin/Scharloth, Joachim (Hg.): *1968. Handbuch zur Kultur- und Mediengeschichte der Studentenbewegung*, Bonn 2008, S. 89–100.

20 Vgl. auch hierzu Schininà: „Here We Are", S. 17–31.

21 Diese koexistierten als aufgeschlossene Stützpunkte der städtischen Administration im alternativen Milieu neben den vielfältigen Orten geselliger Solidarisierung einer linken Subkultur. Vgl. zu städtischen „Vergemeinschaftungsorten" der siebziger Jahre, von der

linken Szenekneipe und Buchläden bis zu Frauenräumen: Reichardt: *Authentizität und Gemeinschaft*, S. 572–625.

22 Vgl. dazu Maasen, Sabine/Elberfeld, Jens/Eitler, Pascal/Tändler, Maik (Hg.): *Das beratene Selbst. Zur Genealogie der Therapeutisierung in den „langen" Siebzigern*, Bielefeld 2011. In diesem Sammelband findet sich der instruktive Aufsatz von Tändler, Maik: „'Psychoboom'. Therapeutisierungsprozesse in Westdeutschland in den späten 1960er und 1970er Jahren", S. 59–94. Vgl. auch Hennig, Christoph: *Die Entfesselung der Seele. Romantischer Individualismus in den deutschen Alternativkulturen*, Frankfurt a. M. 1989.

23 Für einen spannenden Rückblick auf Jahrzehnte der Arbeit mit Boals Theatertechniken vgl. Thorau, Henry: *Unsichtbares Theater*, Berlin 2013.

24 Die britische Entwicklung reflektiert in ihren globalen Aspekten: Vgl. Thompson, James: *Digging up stories. Applied theatre, performance and war*, Manchester 2006.

25 Vgl. bes. Baumbach, Gerda (Hg.): *Theaterkunst & Heilkunst. Studien zu Theater und Anthropologie*, Köln/Weimar/Wien 2002.

26 Entschieden in diese Richtung argumentiert Okagbue, Osita: *African Theatres and Performances*, London/New York 2007. Siehe etwa programmatisch S. 12: „African performances constantly engage with, modify, and are, in turn, modified by their socio-cultural contexts. This dialectical view sees theatre and performance as constitutive social practices, which are part of the very complex social processes that make up African histories and contemporary realities." Vgl. auch S. 180: „Like all art forms in Africa, performances satisfy a variety of social needs, ranging from being used to socialize the young as in *Mmwonwu* and *Koteba*, cure the sick as in *Bori*, to acting as collective memory of history as *Jaliya* does for the Mandinka." (Herv. i. O.).

27 Eine ähnliche Problemstellung bearbeiten die Beiträge in dem Sammelband von White, Gareth (Hg.): *Applied Theatre: Aesthetics*, London u. a. 2015. Der Herausgeber empfiehlt multiple Zugänge zu einem von ihm als extrem heterogen beschriebenen Feld theatraler Praktiken und plädiert selbst für ein an Dewey angelehntes, pragmatisches Konzept von ästhetischer Erfahrung.

28 Besonders deutlich ist dieser Konnex in gegenwärtigen politischen Theorien französischer Provenienz, so etwa bei Rancière, Nancy und Badiou. Auch Chantal Mouffe neigt in ihren neueren Büchern dazu, Verbindungen zwischen dem Ästhetischen und dem Politischen aufzusuchen. Siehe etwa das Kunst-Kapitel in: Dies.: *Agonistics. Thinking the World Politically*, London/New York 2013, S. 85–105. Mehr dazu im folgenden Kapitel.

29 Allerdings gibt es unterdessen auch Formen eines dezidiert öffentlichen therapeutischen Theaters; vgl. dazu das von Joy Kristin Kalu beschriebene Beispiel im Kapitel Fallbeispiele.

30 Allgemeiner zu Geschichte und Problematik von Wirkungsästhetiken: Vgl. Warstat, Matthias: *Krise und Heilung. Wirkungsästhetiken des Theaters*, München 2011.

31 Einen guten Überblick bietet der Sammelband von Küpper, Joachim/Menke, Christoph (Hg.): *Dimensionen ästhetischer Erfahrung*, Frankfurt a. M. 2003.

32 Zur systematischen Einbeziehung dieser Dimension in die Analyse ästhetischer Prozesse: Jackson, Shannon: *Social Works. Performing Art, Supporting Publics*, London/New York 2011.

33 Ästhetische Formen sind, selbst wenn sie konsequent als relational konzeptualisiert werden, nicht ohne Weiteres mit Akteur-Netzwerken im Sinne Latours gleichzusetzen. Allerdings kann der Versuch, komplex zusammengesetzte Handlungsformen und -modi in ästhetischen Kategorien zu beschreiben, von Latours sorgfältigen „rapports", die gleichermaßen ohne Subjekt-Objekt-Dichotomien und ohne starke Akteursbegriffe auskommen, durchaus profitieren. Vgl. dazu Latour, Bruno: *Existenzweisen. Eine Anthropologie der Modernen*, aus dem Franz. von Gustav Roßler, Berlin 2014. Darin besonders das im weitesten Sinne mit ästhetischen und künstlerischen Problemen beschäftigte Kapitel 9 unter dem Titel „Das Wesen der Fiktion situieren", S. 331–363.

34 Der Begriff der generischen Form in der hier umrissenen Definition wurde im Sfb 626 „Ästhetische Erfahrung im Zeichen der Entgrenzung der Künste" an der Freien Universität Berlin entwickelt, so etwa auf der Tagung „Generische Formen. Dynamische Konstellationen zwischen den Künsten" im Mai 2014 im ICI Berlin.

35 Vgl. Luhmann, Niklas: „Die Paradoxie der Form", in: Baecker, Dirk (Hg.): *Kalkül der Form*, Frankfurt a. M. 1993, S. 197–212. Die Luhmann'sche Medium-Form-Differenz wird instruktiv entfaltet in Mersch, Dieter: *Medientheorien*, Hamburg 2006, S. 207–218.

36 Eine erschöpfende Zusammenstellung von Argumenten, die einen gesicherten Gesellschaftsbegriff bzw. eine Realisierung von Gesellschaft unterminieren, bietet Oliver Marchart in seiner Monografie *Das unmögliche Objekt* (siehe Endnote 13). Während er

philosophisch argumentiert, gibt es auch schlagende sozialwissenschaftlich-empirische Einwände gegen die Rede von einer ‚Gesellschaft'. Vgl. etwa Urry, John: *Sociology beyond Societies. Mobilities for the twenty-first century*, London/New York 2000. Ein scharfer Gegner der Rede von ‚sozialen Kontexten' ist Bruno Latour, vgl. Ders.: *Eine neue Soziologie für eine neue Gesellschaft*, aus dem Franz. von Gustav Roßler, Frankfurt a. M. 2010. Programmatisch erklärt er auf S. 10: „Im vorliegenden Werk will ich zeigen, warum das Soziale nicht als eine Art Material oder Sphäre aufgefasst werden kann, und bestreiten, dass sich eine ‚soziale Erklärung' irgendeines anderen Sachverhalts liefern lässt."

37 Vgl. Laclau, Ernesto: „Was haben leere Signifikanten mit Politik zu tun?", in: Ders.: *Emanzipation und Differenz*, aus dem Engl. von Oliver Marchart, Wien 2002, S. 65–78.

# INTERVENTIONEN

Die Intervention ist zweifellos eines der zentralen Anliegen des applied theatre, selbst wenn sie nicht allen seinen Formen eignet. Dabei wird häufig die theatrale Aktion an sich als Eingriff in bestehende Zusammenhänge konzipiert, um Veränderung herbeizuführen. In anderen Fällen ereignen sich Interventionen im Verlauf des theatralen Geschehens. Ästhetische Verfahren der Intervention werden in der Regel insbesondere den Genres Kunst und Performance im öffentlichen Raum zugeschrieben, die sich durch eine Manipulation der vorgefundenen räumlichen und sozialen Ordnung auszeichnen. Für jene Formen von Theater hingegen, die eine in sich geschlossene Narration zu entfalten suchen und sich durch eine klare räumliche Trennung von Zuschauerraum und Bühne auszeichnen, spielen interventionistische Ästhetiken eine untergeordnete Rolle.

Applied theatre kombiniert allerdings häufig theatrale Elemente der Repräsentation, die seine explizite Funktion und Zielsetzung klar herausstellen, mit einem performativen Akt des Einschreitens, der einer Steigerung der Kontingenz des Aufführungsgeschehens gleichkommt, da er augenblicklich einen Verhandlungsraum öffnet. Der Grund für diese spezifische Verschränkung von festgeschriebener Narration und deren plötzlicher Öffnung liegt auf der Hand: Applied theatre zeichnet sich dadurch aus, dass es aufgrund seiner konkreten Zielsetzung in der Regel über die Sichtbarmachung gegebener Strukturen und die Hervorbringung von Freiräumen hinausgeht, die oftmals jene Interventionen der Kunst und Performance im öffentlichen Raum auszeichnen.[1] Charakteristisch für die Interventionen von applied theatre ist eine ambivalente Struktur, die – in jeweils ganz unterschiedlichen Gewichtungen – auf der Kombination einer Narration und deren Unterbrechung beruht. So ergibt sich mittels der Aufführung (oder in ihrem Rahmen) ein spezifisches Spannungsfeld zwischen der angestrebten Vermittlung konkreter Inhalte, die dem explizit formulierten Zweck folgen, und dem öffnenden Akt des Dazwischentretens, der einen Freiraum zur Neupositionierung schafft. Mit anderen Worten: Der angestrebte Richtungswechsel, also die Veränderung, findet zwar im Modus der Kontingenz eines Aufführungsprozesses statt, sie ist aber in eine Dramaturgie eingebunden, die ihre Richtung vorzugeben sucht.

Die in diesem Band erfolgende theaterwissenschaftliche Theoretisierung und Analyse der Interventionen des applied theatre stellt ein Desiderat in der bisherigen Auseinandersetzung mit diesen so zielgerichteten wie unverfügbaren theatralen Aktionsformen dar. Zwar wurde die Intervention bereits im Rahmen der Genres bildende Kunst und Performance im öffentlichen Raum theoretisch aufgearbeitet und ausgiebig auf ihre sozialen und politischen Potentiale hin überprüft, der Brückenschlag zu den angewandten Theaterformen hingegen blieb bislang aus.

Diese längst überfällige Auseinandersetzung wird in diesem Kapitel mit Fokus auf das besondere Spannungsverhältnis vorgenommen, das sich zwischen ortsspezifischer Materialität sowie aufführungsbezogener Kontingenz auf der einen Seite und einer komplexen Struktur von unterschiedlichen Interessen folgenden Zielsetzungen und Vereinnahmungen auf der anderen Seite ergibt. Dabei gilt es, die internationale applied-theatre-Praxis, die sich mit Fokus auf eine Ästhetik der Intervention in ihrem Facettenreichtum entfalten lässt, genauer zu betrachten, indem Beispiele dieser außerhalb der Zielgruppen wenig bekannten Theaterarbeit vorgestellt und Wege zu deren theaterwissenschaftlicher Analyse aufgezeigt werden.

Darüber hinaus aber hat unsere Arbeit ergeben, dass die von uns entwickelten Methoden zur Untersuchung von Verfahren im applied theatre auch für die Auseinandersetzung mit dem ‚Kunsttheater' zuzuordnenden interventionistischen Praktiken gewinnbringend sind. So zeichnet sich eine dominante Strömung im experimentellen deutschen Gegenwartstheater sowohl in der Freien Szene als auch an den Stadt- und Staatstheatern durch ästhetische Strategien aus, die ganz offensichtlich den angewandten Theaterformen entliehen sind: Ebenjene oben beschriebene Verschränkung von konkreter Zielsetzung und unverfügbarer Emergenz kennzeichnet zunehmend Theaterprojekte, die sich aufgrund von Förderrichtlinien oder thematischen Ausrichtungen der Institutionen, die sie einladen und finanzieren, in vergleichbare Spannungsverhältnisse begeben und diese im besten Falle fruchtbar machen, indem sie ihre Widersprüche in den Mittelpunkt stellen.[2]

## Begriffe der Intervention

Der Begriff ‚Intervention' (lat. intervenire für dazwischenkommen, dazwischentreten, einschreiten), der in den Künsten seit deren *social turn* eine große Verbreitung erfährt,[3] ist nicht zuletzt aus den Feldern der Politik, der Wirtschaft und des Militärs, aber auch der Medizin, der Psychologie, der Pädagogik und der Sozialen Arbeit bekannt. Das politische und wirtschaftliche Intervenieren kann dabei Maßnahmen bezeichnen, die *innerhalb* eines Staates oder einer Staatengemeinschaft realisiert werden. Beispiele hierfür wären das Einschreiten der Polizei im Rahmen einer Konfrontation von Demonstrantinnen und Gegendemonstranten, oder aber der regulierende Eingriff der Europäischen Zentralbank in die Wirtschaft, wie ihn die aktuelle Senkung des Leitzinses darstellt, die darauf abzielt, die Wirtschaftskraft in der Eurozone anzukurbeln. Gemeint sind aber auch wirtschaftliche oder militärische Eingriffe in die Konfliktfelder *anderer* Staaten, wie sie Boykottmaßnahmen, die Bewaffnung einzelner Konfliktparteien und insbesondere der direkte militärische Einsatz von Drittstaaten bedeuten.

Zudem ist die Intervention als Krisenintervention in sozialer Arbeit, Pädagogik oder klinischer Psychologie bekannt: Der krisenhafte Zustand eines Subjekts, einer Familie, eines Klassenverbands oder einer anderen Gemeinschaft soll im Rahmen einer Intervention unterbrochen werden, um eine Neuorientierung und möglichst eine Besserung herbeizuführen. Auf Besserung, gar Heilung, zielen auch medizinische Interventionen ab: Hier gilt es in der Regel, mittels der Gabe von Arzneimitteln oder der Durchführung operativer Eingriffe einen Krankheitsprozess aufzuhalten oder zu beenden.

Was all diese Einsätze auf den ersten Blick zu einen scheint, ist ihre Richtung von außen nach innen. So geht man von einem Konflikt aus, sei er körperlicher, psychischer, familiärer, gesellschaftlicher, inner- oder interstaatlicher Natur, der in sich so festgefahren zu sein scheint, dass eine bis dato unbeteiligte Partei einschreitet, um zu Überwindung oder Schlichtung zu verhelfen. Bei genauerem Hinsehen wird allerdings schnell deutlich, dass die Gegenüberstellung von ‚außen' und ‚innen' eine Vereinfachung darstellt, die der Komplexität konflikthafter Dynamiken und deren Lösungsansätzen nur in seltenen Fällen gerecht wird: So wird zum Beispiel die Intervention zur Konfrontation von Suchtkranken mit dem Ziel der Einwilligung in eine Behandlung zwar in der Regel von therapeutisch geschulten Vermittlern begleitet, die die Beteiligten nicht persönlich kennen. Die Intervention wurde aber von Freunden und Verwandten initiiert, die dann auch an der Umsetzung des Eingriffs beteiligt sind und den bis dato ‚Uneinsichtigen' gemeinsam begegnen. Hier sind es also von den Auswirkungen des Suchtverhaltens Betroffene, die die Intervention umsetzen, und ob der Anleitung eines Unbeteiligten von einer Richtung von außen (unbeteiligt) nach innen (involviert) auszugehen, würde die Bewegung der Intervention simplifizieren.

Mindestens ebenso komplex gestaltet sich die Betrachtung einer militärischen Einmischung in den kriegerischen Konflikt zweier Staaten, der eine völkerrechtswidrige Aggression zum Anlass hatte und somit die Intervention von Drittstaaten legitimiert. So offenbaren die konfligierenden Abwägungen zu einem militärischen Einschreiten wie der Bewaffnung einer der

Konfliktparteien regelmäßig, dass die einzelnen Länder des eingreifenden Staatenbundes keineswegs unbeteiligt, geschweige denn neutral sind, sondern, von ganz unterschiedlichen und teilweise gegensätzlichen politischen, wirtschaftlichen und kulturellen Interessen gelenkt, nicht außerhalb des Konflikts verortet werden können. Die Dynamik einer Intervention zu betrachten heißt somit immer, die komplexen Wechselwirkungen zu untersuchen, die sich aus den Interessen, den Vorstößen, den Rückzügen wie dem innehaltenden Zögern aller Beteiligten ergeben.

Im Rahmen künstlerischer Praxis, die im Folgenden im Mittelpunkt stehen soll, eint die Interventionen ohne Zweifel ihre Performativität. Selbst wenn sich das Einschreiten als artefaktischer Eingriff im institutionellen oder öffentlichen Raum materialisiert, wird sich die Einflussnahme zudem in der Reaktion auf die Irritation manifestieren und als performativer Prozess vollziehen, der sich als Modus der Bewegung untersuchen lässt. Dies gilt dabei sowohl für Skulpturen oder Graffitis, die in den öffentlichen Raum eingreifen, als auch und umso mehr für an sich verkörperte Vorstöße wie Flashmobs, die zeitgenössisch exemplarisch für eine interventionistische Kunst stehen. All diese Verfahren eint, dass sie Einfluss auf die Rezipientinnen nehmen, die entsprechend der Form der auftretenden Irritationen zu einer Reaktion herausgefordert sind und gegebenenfalls ihre Haltung reflektieren und sich neu positionieren müssen.

Um im Folgenden den Begriff einer interventionistischen Ästhetik von applied theatre zu konturieren und von verwandten interaktiv ausgerichteten Kunstformen abzusetzen, soll deutlich gemacht werden, dass es sich bei diesen zielgerichteten Interventionen um Eingriffe handelt, die in der Regel nicht auf die Teilnahme zufällig Versammelter abzielen und deren Mitmachen in den Mittelpunkt stellen. Vielmehr wird in die Dynamik einer klar definierten Zielgruppe interveniert. Es geht also selten um einen Prozess der Neugestaltung, der sich aus dem unvorhersehbaren Zusammentreffen bisher Unbeteiligter ergibt, wie er zahlreiche Projekte der partizipatorischen Kunst kennzeichnet.

Zudem muss die angestrebte Veränderung keineswegs gegenhegemonial ausgerichtet sein, ein Kriterium, das der *socially engaged art* zugeschrieben wird, die auf nachhaltige soziale Veränderung abzielt und sich häufig aktivistischer Strategien bedient.[4] Die für applied theatre typischen Verflechtungen der Interessen von Geldgebern, umsetzenden Institutionen und Verantwortlichen, die direkt am Interventionsprozess beteiligt sind, stehen einer gegenhegemonialen, also dominante Hierarchien unterlaufenden Praxis auf den ersten Blick vielmehr entgegen. In Anlehnung an Chantal Mouffes Begriff der gegenhegemonialen Intervention allerdings, der bereits im ersten Kapitel eingeführt wurde,[5] soll hier von einem politischen Potential ausgegangen werden, das der künstlerischen Interventionspraxis inhäriert und dem die institutionelle Anbindung keineswegs entgegenstehen muss.

Um Mouffes Begriff der gegenhegemonialen Intervention zu erklären, ist es notwendig, zuerst kurz ihr Konzept einer agonistischen Politik vorzustellen. Mouffe unterscheidet dabei zwischen dem Politischen als „Dimension des Antagonismus, der viele Formen annehmen und in unterschiedlichen sozialen Beziehungen zutage treten kann",[6] und der Politik als einem „Ensemble von Praktiken, Diskursen und Institutionen, das eine bestimmte Ordnung zu etablieren und das menschliche Zusammenleben unter Bedingungen zu organisieren versucht, die von der Dimension des ‚Politischen' beeinflusst und deshalb immerzu potenziell konfliktträchtig sind."[7] Auf dieser Basis einer omnipräsenten Möglichkeit des Antagonismus entwickelt Mouffe ihr Modell einer agonistischen Demokratie: Sie geht davon aus, dass eine funktionierende Demokratie des Widerstreits politischer Positionen bedarf, die Konflikte allerdings „nicht die Form eines ‚Antagonismus' (eines Kampfes zwischen Feinden), sondern die eines ‚Agonismus' annehmen (einer Auseinandersetzung zwischen Kontrahenten)."[8] Ihrem agonistischen Politikverständnis nach ist dabei der Antagonismus immer gegenwärtig, geht es doch schließlich um das Konkurrieren zwischen unversöhnlichen, da jeweils auf Hegemonie zielenden Projekten.[9]

Dieser ‚weiche' Hegemoniebegriff, der im Gegensatz zu Antonio Gramscis Hegemonie-Theorie, aber auch entgegen den Konzepten Slavoj Žižeks und Alain Badious von der Notwendigkeit eines Klassenkampfes absieht, erlaubt es Mouffe, bezüglich des politischen Potentials ästhetischer Verfahren davon auszugehen, „dass künstlerische und kulturelle Praktiken Räume des Widerstands schaffen können, die das gesellschaftliche Imaginäre untergraben, das für die Reproduktion des Kapitalismus notwendig ist."[10] Ihr zufolge ist es also durchaus möglich, der Vereinnahmung des Ästhetischen durch den Kapitalismus zu entgehen.

Mouffes Ansatz lässt sich also ob seiner Offenheit bezüglich des Auslotens eines Widerstandspotentials kreativer Praxis im Neoliberalismus offensichtlich auch für Interventionen des applied theatre fruchtbar machen. Während es auf den ersten Blick naheliegt, aufgrund der zielorientierten Funktionalisierung dieser Theaterpraxis im Sinne ihrer geldgebenden Initiatoren von einer Vereinnahmung des Ästhetischen auszugehen, die gegebene Machtverhältnisse lediglich verschleiert und stabilisiert, so erlauben Mouffes Überlegungen zum Verhältnis von kritischer Kunst und Institution eine neue Perspektive:

> Wer glaubt, dass die bestehenden Institutionen als Kampfplatz nicht geeignet sind, blendet die Spannungen aus, die innerhalb einer beste-

> henden Konfiguration von Kräften immer existieren, und damit auch die Möglichkeit, durch das eigene Handeln ihre Artikulationsform zu untergraben.[11]

Sie betont, dass Kunst- und Kultureinrichtungen sich keinesfalls in der Aufrechterhaltung und Reproduktion bestehender Machtverhältnisse erschöpfen, sondern dass in und mit ihnen vielmehr eine gegenhegemoniale Praxis realisiert werden kann, „ja, dass man sie in agonistische öffentliche Räume verwandeln könnte, in denen diese Hegemonie offen angegriffen wird".[12] In diesem Sinne schreibt Mouffe den staatlich oder privat finanzierten Kulturinstitutionen das Potential zu, sich jener Hegemonie, die sie repräsentieren, mittels der künstlerischen Praxis, die sie fördern und vollziehen, entgegenstellen zu können. Es lassen sich, so könnte man behaupten, dominante Narrative irritieren und umschreiben, indem die künstlerische Praxis – und dabei insbesondere die Intervention – Antagonismen ausstellt, anstatt sie (in neoliberaler Manier) als Pluralismus zu verschleiern. Künstlerinnen und Kulturschaffende kommen, so Mouffe, heute ohne Gesten der Grenzüberschreitung und der radikalen Kritik aus, wie sie Praktiken der Avantgarden kennzeichneten.[13] Sie tragen vielmehr zur Schaffung von Orten bei, an denen Subjektivitäten hervorgebracht werden, die hegemoniale Ordnungen hinterfragen und unterminieren können.

Zweifellos zeugt Mouffes Ausrichtung dabei von einer ausgesprochen optimistischen Vision, der aus der Perspektive der Institutional Critique hinzuzufügen wäre, dass jede künstlerische Arbeit – sei sie artefaktischer oder performativer Natur – immer schon von dem Ort ihrer Präsentation geprägt ist. Die präsentierende oder fördernde Institution schreibt sich in diesem Sinne unweigerlich in die Kunst ein.[14] Zwar ist es gerade das Ziel institutionskritischer Kunstpraktiken, institutionelle Strukturen und mit diesen verbundene Ideologien offenzulegen und zu reflektieren. Die Umsetzung gestaltet sich aber keinesfalls automatisch erfolgreich, vielmehr läuft sie immer auch Gefahr, von der Institution vereinnahmt zu werden. [15]

Während es aber der ‚freien' Kunst, also den im Vergleich zum applied-Bereich offensichtlich weniger zielgerichteten künstlerischen Praktiken, noch manches Mal gelingen mag, ihre Institutionen in deren Widersprüchlichkeit zu thematisieren, zu kritisieren und gar gegebene Ordnungen umzubilden, lässt sich applied theatre selten eine institutionskritische Ausrichtung zuschreiben. Zwar ist es regelmäßig in institutionelle Förderstrukturen eingebunden, die ob ihrer häufig zweischneidigen Zielsetzungen – jene Krisen, in die interveniert wird, sichern gleichzeitig das Fortbestehen der eigenen Praxis – ein außergewöhnliches Potential zur Kritik böten.

Gleichzeitig aber ist die Impact-Forderung innerhalb der Anwendungskontexte so dominant, dass jene Kulturschaffenden, die sich auf dieses Maß an Funktionalisierung eingelassen haben, selten daran interessiert zu sein scheinen, die Strukturen, Bedingungen und Aporien der theatralen Krisenbewältigung im Rahmen ihrer Interventionspraxis zu verhandeln.

So ist es also gerade Mouffes ambivalente Abkehr von revolutionären und grenzüberschreitenden Kunstpraktiken, welche sich der institutionellen Anbindung verweigern, die einen Anschluss an die Praxis von zielgerichtetem applied theatre bietet. Lassen sich doch die Kunst- und Kulturinstitutionen, denen sie sich zuwendet, mit NGOs vergleichen, aber auch mit staatlichen Förderprogrammen, die Interventionen im Rahmen dominanter Vorstellungen von Integration, Resozialisierung oder Heilung in Auftrag geben. Mit Mouffe ließe sich also hoffen, dass auch diese Interventionen kritische Subjektivität zu generieren vermögen, die sich jenem Narrativ, dem sie entspringt, entgegenstellen kann. Mit anderen Worten: Die Zielsetzungen von applied theatre, in denen sich zweifellos jene hegemoniale Ordnung materialisiert, auf der sie basieren, wären aufgrund der *Form* der Intervention nicht davor gefeit, irritiert zu werden. Bedingung für die Infragestellung und gegebenenfalls gar Umschreibung des dominanten Narrativs wäre die agonistische Verfasstheit der Intervention. So liegt deren politisches Potential im Aushalten von Widersprüchen, in deren Verkörperung und Aufführung, die sich momenthaft ihrer ursprünglichen Funktionalisierung zu entziehen vermögen.

Mouffes Konzept eignet sich somit dazu, ebenjene Verschiebungen und Subversionen in den Blick zu nehmen, die sich trotz institutioneller Anbindung und finanzieller Abhängigkeit von applied-theatre-Projekten ob der Unverfügbarkeit theatraler Aufführungsprozesse ereignen mögen und den ursprünglichen Zielsetzungen entgegenstehen können. Der Begriff der gegenhegemonialen Intervention wird im dritten Teil dieses Kapitels insbesondere für die Theaterpraxis in ihren interventionistischen Erscheinungsformen fruchtbar gemacht und ausdifferenziert werden. Zuvor aber folgt im zweiten Teil ein Abriss ästhetischer Interventionspraktiken der bildenden Kunst, um die Themen der Ortsspezifik, der Theatralität und der Vereinnahmung, die kunsthistorische Diskurse um Interventionen der Kunst seit den sechziger Jahren des letzten Jahrhunderts bestimmen, abschließend auf die Praxis des applied theatre zu beziehen.[16]

## Intervention in der bildenden Kunst

Im Folgenden soll die im ersten Kapitel vorgenommene Betrachtung von applied theatre als politisches Theater um die Einordnung dessen zeitgenössischer Praktiken in eine Genealogie von Interventionen ergänzt werden, die sich aus der ästhetischen Praxis und ihrer Diskursivierung in den Bereichen bildende Kunst und Performance im öffentlichen Raum ableitet.

Es bietet sich an, diesen Überblick mit den Installationen der US-amerikanischen Minimal Art der sechziger Jahre zu beginnen. Diese wurde zwar anfangs überwiegend innerhalb institutionalisierter Settings wie Galerien und bald Museen präsentiert, mittels ihrer unkonventionellen Situierung im Raum allerdings wurden die meist geometrischen Kombinationen der maschinell gefertigten Objekte von Anbeginn als *Eingriffe* in die vorhandenen räumlichen Strukturen wahrgenommen und thematisiert. So wurden viele der Objekte von Donald Judd oder Robert Morris direkt auf dem Fußboden der Ausstellungsräume präsentiert, im Falle von Morris' Skulpturen aus aneinandergereihten, flachen Metallplatten zudem so, dass deren Begehung erwünscht war und herausgefordert wurde. Andere Objekte Judds, aber auch Dan Flavins Leuchtröhren wurden unkonventionell an der Wand installiert und griffen weit in den Raum, sodass sie sich zwischen Bildhaftigkeit und Skulptur bewegten.

Die Objekte der Minimal Art traten also auf damals ungekannte Weise in den Weg der Betrachtenden und luden diese ein, die Reihungen, Felder und Kreisformationen aus unterschiedlichen Perspektiven in den Blick zu nehmen, abzuschreiten, sich auf den Rhythmus ihres Arrangements einzulassen und einzelne der sich in Variation wiederholenden Elemente zu vergleichen. Die Galerie- und Museumsräume, bis dato primär als neutrale Schauräume wahrgenommen, und mit ihnen die rahmengebenden Institutionen wurden mittels des außergewöhnlichen Raumbezugs thematisch. Die Installationen der Minimal Art bezogen die Betrachterinnen, aber auch ihre Umgebung in die Arbeit ein.

Die Aktivierung der Rezipienten, die sich in Bewegung setzen mussten, um sich die Installationen im Raum erschließen zu können, führte zu einer Diskussion um Theatralität, die nicht zuletzt aufgrund des 1967 im *Artforum* erschienenen Artikels „Art and Objecthood" des einflussreichen Kunstkritikers Michael Fried entbrannte. Fried klassifizierte die Minimal Art als theatral und meinte damit zum einen, dass sie sich erst in Abhängigkeit von den Betrachterinnen und der Dauer ihrer Wahrnehmung konstituiere und somit ihren Status der Autonomie verliere. Zum anderen sah Fried in den menschenähnlichen Qualitäten der Minimal Art (von ihm als *literalist art* bezeichnet) und insbesondere in deren Verschleierung ein theatrales So-tun-als-ob am Werke: „[W]hat is wrong with literalist work is not that it is anthropomorphic but that the meaning and, equally, the hiddenness of its anthropomorphism are incurably theatrical."[17] Für ihn wies die Inszenierung der Objekte im Raum anscheinend Parallelen zu einem

Schauspiel auf, bei dem ein Schauspieler seinen physischen Leib hinter dem Rollenkörper einer Figur zu verbergen sucht.

So gerät in den Blick, dass die intervenierenden Objekte der Minimal Art sich durch ein Spannungsfeld von Präsenz und Repräsentation auszeichnen. Jener von Fried monierte Verschleierungsversuch einer Maskerade verweist auf einen Widerstreit zwischen der Wahrnehmung der Objekte in ihrer Materialität und einer Wahrnehmung als Zeichen für etwas anderes, hier für eine menschliche Figur. Diese ‚Unklarheit', von der Philosophin Juliane Rebentisch mit dem Begriff der „doppelten Lesbarkeit"[18] als Objekt und Zeichen beschrieben, lässt sich dabei nicht von dem Interventionscharakter des In-Erscheinung-Tretens der Objekte der Minimal Art trennen. So scheint es nicht zuletzt die Irritation zu sein, die sie ob der geforderten Neupositionierung der Betrachtenden stiften, die zu jener *„Doppelpräsenz* als Ding und als Zeichen"[19] führt.

Ohne an dieser Stelle weiter auf Frieds Argumente einzugehen, ist doch herauszustellen, dass es die spezifische Involvierung der Rezipienten ist, die Fried hier als theatral klassifiziert und die letztlich als Resultat einer interventionistischen, da in den Raum eingreifenden und zu neuen Bewegungsmustern führenden Ästhetik zu verstehen ist.[20] Die ungekannten Eingriffe in den Ausstellungsraum führten zu einer anderen Einbindung und Rhythmisierung der Wahrnehmungsprozesse. Sie führten aber auch zu einer Reflexion des Ausstellungsraums und seiner Präsentationslogiken. Schließlich wurden die Schauräume mittels der aufgeführten Gesten der Überschreitung als restriktive Räume erfahrbar.

Dieser Ortsspezifik, also dem Bezug auf die gegenwärtigen räumlichen Gegebenheiten, schreibt die Kunsthistorikerin Erika Suderburg in Bezug auf die Minimal Art eine kritische Funktion zu: „The site of installation becomes a primary part of the content of the work itself, but it also posits a critique of the practice of art-making within the institution by examining the ideological and institutional frameworks that support and exhibit the work of art."[21] Der Ortsspezifik lässt sich also ihrer Meinung nach in institutioneller Rahmung das Potential zusprechen, die (Macht-)Strukturen der Institution mittels der Intervention und somit der Irritation ihres Ortes erfahrbar zu machen.

Was Suderburg hier bereits für die Minimal Art konstatiert, gilt umso mehr für eine Kunstpraxis, die sich in den späten sechziger Jahren in den USA und in Europa entwickelte, und die sich seither ganz offensichtlich der Auseinandersetzung mit den Institutionen des Kunstbetriebs widmet. So werden die interventionistischen Arbeiten Hans Haackes, Michael Ashers, Daniel Burens und Marcel Broodthaers', später auch Andrea Frasers, Renée Greens und anderer, so unterschiedlich sie in Materialität und Medialität gestaltet sind, allesamt unter dem Sammelbegriff der Institutional Critique verhandelt. Paradigmatisch für die Richtung dieser künstlerischen Praxis sei hier Ashers Ausstellung *Untitled* (1974) genannt, bei der er in die Räume der Claire S. Copley Gallery in Los Angeles intervenierte. Hier entfernte Asher die Wand zu dem Büro der Galerie und verlegte somit den ‚Hintergrund' und mit ihm die Materialisierung des Kunstmarktes als Exponat in den Ausstellungsraum.

Ein institutionskritischer Impetus lässt sich zweifellos auch der Entwicklung der Land Art in den späten sechziger und den siebziger Jahren zusprechen. Künstler wie Walter De Maria oder Dennis Oppenheim entschieden sich, Institutionen und den Stadtraum zu verlassen und häufig großformatige Arbeiten zu entwickeln, die in die Natur eingriffen und sich somit in direktem Bezug auf sie realisierten. Die meist flüchtigen Arbeiten wurden dabei aus organischen Materialien realisiert und entzogen sich der kommerziellen Vermarktung. Dabei zeigt die Hinwendung zur Natur eine klare Abwendung von den Kunstinstitutionen, und die ortsspezifischen Installationen wurden als Kritik an der Logik und den Mechanismen des Kunstmarktes verstanden und kontextualisiert.[22]

Die sich parallel entwickelnde Public Art bzw. Kunst im öffentlichen Raum lässt sich hingegen aufgrund ihrer Ortsspezifik und Öffentlichkeit keineswegs automatisch als institutionskritisch klassifizieren. Vielmehr gilt es bei deren Kontextualisierung staatlich finanzierte Programme zur Förderung von Kunst im öffentlichen Raum mitzudenken. So ging es infolge des staatlich finanzierten *Art-in-Public-Places*-Programms, wie der Kulturwissenschaftler Uwe Lewitzky herausgearbeitet hat, etwa Mitte der sechziger bis Mitte der siebziger Jahre in den USA größtenteils um eine primär dekorative Funktion modernistischer Skulpturen im Stadtraum, deren Präsentationen sich häufig an konventionellen Ausstellungsformen orientierten und sich in diesem Sinne einem schwachen Konzept von Intervention zuordnen lassen. Hier, so Lewitzky, bezieht sich der Begriff ‚Öffentlichkeit' „lediglich auf den nichtinstitutionellen Standort und der [sic] Möglichkeit des freien Zugangs zum jeweiligen Werk."[23] Die öffentliche Präsentation garantiert also keinesfalls, dass, wie im Falle der Minimal und Land Art sowie insbesondere der Institutional Critique aufgezeigt, der umgebende Raum Teil und Gegenstand der Kunst wird.

Im Laufe der siebziger Jahre kam es in den USA bezüglich der Kunst im öffentlichen Stadtraum zu einer Veränderung. So wurde die Umgebung in ihren Besonderheiten zunehmend in das Kunstschaffen einbezogen. Nach einer Phase zunehmender Stärkung sozialer und kommunikativer Aspekte der Kunst – nicht zuletzt aufgrund entsprechender Förderrichtlinien wie z. B. dem *Liveable-Cities*-Programm der NEA[24] – folgte in den späten siebziger Jahren eine weitere Entwicklung, der das Genre New Public Art zugeschrieben wird: „Ziel dieser künstlerischen Praxis der sog. *New Public Art* [...] ist dabei weniger das vom Künstler geschaffene Werk oder das nachträgliche Hinzufügen von Kunst zum Gebäude bzw. Ort, sondern das direkte Einbringen künstlerischer Ideen in Prozesse der Stadtentwicklung.“[25]

Die New Public Art zeichnete sich in diesem Sinne anfangs durch das Bestreben aus, die Lebensqualität der Bürgerinnen und Bürger zu verbessern, indem auf Ortsspezifität gesetzt wurde. Dem Kulturbereich wurden also in Bezug auf aktuelle kommunale Bedürfnisse pädagogische und politische Funktionen zugeschrieben, Spielräume und Kommunikationsfelder sollten geschaffen werden, durch partizipative Projekte wie die Bemalung von Häuserwänden sollte die Identifikation mit dem städtischen Lebensraum gestärkt werden.[26]

Während der achtziger Jahre allerdings gerieten die sozialen Intentionen zunehmend in Vergessenheit.

> Die Idee einer Ästhetisierung der Gesellschaft beschränkt sich zunehmend auf die künstlerisch-dekorative Gestaltung innerstädtischer Räume des Konsums und einer Ästhetisierung der Warenwelt zugunsten des Profits, bei der der Aspekt der Ortsspezifität zur Produktion von singulären Orten im Interesse des Stadtmarketings funktionalisiert wird.[27]

Die anfangs zur Stärkung städtischer Gemeinschaften initiierten und häufig partizipatorischen Projekte wurden schließlich vereinnahmt und zum Standortfaktor umfunktioniert. Die Kunsthistorikerin Rosalyn Deutsche forderte Ende der achtziger Jahre von den Kunstschaffenden im öffentlichen Raum, sich nicht im Rahmen marktorientierter Stadtentwicklung instrumentalisieren zu lassen, sondern vielmehr die gesellschaftlichen Folgen der Neugestaltung des städtischen Raums zu thematisieren:

> An oppositional practice, however, must possess an adequate knowledge of the dominant constructions within which it works. In the case of public art, it depends, therefore, on a critical perception of the city's metamorphosis and of the role public art is playing within it.[28]

Um ihre kritische und soziale Ausrichtung zurückzugewinnen, müsse die Kunst im öffentlichen Raum also thematisieren und verarbeiten, dass und wie sie hinsichtlich zunehmender Gentrifizierung eingespannt werde.

Als Beispiel eines ihrer Meinung nach gelungenen oppositionellen Projekts beschreibt Deutsche mit Krysztof Wodiczkos *Homeless Vehicle Project* (1987–1989) eine Arbeit, die sich den Politiken des öffentlichen Raumes widmet, ihre Präsentation aber dem öffentlichen Raum entzieht. Dabei handelte es sich um die Ausstellung des Prototypen eines multifunktionalen Nutzfahrzeuges, der gemeinsam mit Entwürfen und Werbematerial sowie Diaprojektionen von Skizzen seiner möglichen Nutzung im Stadtraum in der Clocktower Gallery in New York gezeigt wurde. Das Fahrzeug ist darauf ausgerichtet, Obdachlosen, die ihren Lebensunterhalt mit dem Sammeln und Einlösen von Leergut verdienen, ein Werkzeug an die Hand zu geben, das auf Aufgaben wie das Sammeln und Aufbewahren ausgerichtet ist, zudem aber Schutz vor Regen und eine Wasch- und Schlafstätte bereitstellen kann. Die Präsentation des Prototypen wurde zudem durch Toneinspielungen von Gesprächen mit dem ‚Testpublikum' – Obdachlosen, die an der Entwicklung beteiligt waren – begleitet.[29] Auch wurde im Rahmen der Ausstellung Informationsmaterial zu dem Fahrzeug bereitgestellt, das sich an der Sprache profitorientierter Stadtentwicklung und deren Vorstellungen optimaler Raumnutzung orientierte.

Letztlich bleibt Deutsches Befund der New Public Art Ende der achtziger Jahre allerdings ein negativer: „This is the real social function of the new public art: to reify as natural the conditions of the late capitalist city into which they hope to integrate us."[30] Hier wird deutlich, dass die Konzepte der Ortsspezifität und der Öffentlichkeit keinesfalls als Garant einer gegenhegemonialen Praxis gelten, sondern sich vielmehr gerade aufgrund ihrer ursprünglichen sozial-politischen und institutionskritischen Ausrichtung hervorragend zur hegemonialen Aneignung anbieten. Es gilt in diesem Sinne, das Verhältnis von Kunst und Öffentlichkeit genauer auszuloten. Schließlich, so konstatiert Lewitzky, folgt die New Public Art

> nicht der Idee von Öffentlichkeit im Sinne einer heterogenen Nutzungsmischung, sondern schafft funktionelle und kommunikationsfördernde Aufenthalts- und Erlebnisräume für privilegierte Nutzergruppen in privatisierten nach-öffentlichen Räumen, während anderen Nutzergruppen mit Hilfe dieser symbolischen Schwellen der Zugang erschwert wird.[31]

Als Wendepunkt hin zu einer künstlerischen Praxis, die sich nicht mehr in den Dienst kommerzieller Interessen stellen lässt, sondern die Autonomie der Kunst im öffentlichen Raum zu behaupten sucht, gilt zweifellos die Arbeit *Tilted Arc* von Richard Serra, die dieser 1981 mitten auf dem New Yorker Federal Plaza aufstellen ließ, die allerdings nach zahlreichen Klagen auf richterlichen Beschluss hin 1989 wieder abgebaut wurde. Serras monumentale Skulptur, eine leicht geneigte und in sich gebogene Stahlplatte von gigantischen Ausmaßen (36 x 3,7 x 0,06 Meter), stellte vor allem ein ‚Hindernis' und damit eine Verweigerung der Funktionalisierung von Kunst im öffentlichen Raum dar, die Serra selbst wie folgt in Worte fasste: „I am interested in sculpture which is non-utilitarian, non-functional ... any use is a misuse."[32] Serra formulierte hier einen modernistischen Autonomieanspruch der Kunst, dem im Stadtraum jegliche Interessen der ‚Rezipienten' unterzuordnen seien.

Als die Künstlerin und Kunstwissenschaftlerin Suzanne Lacy 1995 in dem von ihr herausgegebenen Band *Mapping the Terrain* den Begriff New Genre Public Art einführte, mit dem sie ein Genre dezidiert interventionistischer Kunst im öffentlichen Raum zu charakterisieren suchte, setzte auch sie auf die Abgrenzung von einer Kunst, die sich ‚vor den Karren' stadtplanerischer Interessen spannen lässt. Ihr ging es dabei allerdings vor allem darum, Projekte zu kontextualisieren, die einem konkreten politischen oder sozialen Anliegen der Kunstschaffenden folgen und in der Regel intermedial ausgerichtet sind. So beschreibt Lacy:

> This construction of a history of the new genre public art is not built on the typology of materials, spaces, or artistic media, but rather on concepts of audience, relationship, communication, and political intention. It is my premise that the real heritage of the current moment in public art came from the discourses of largely marginalized artists.[33]

Der von ihr geprägte Gattungsbegriff bezieht sich also nicht nur auf zeitgenössische öffentliche Kunst, sondern per se auf Kunst im öffentlichen Raum, die politische Aushandlungsprozesse unter Einbezug unterschiedlicher Medien, nicht zuletzt der Performance, in ihren Mittelpunkt stellt.

Obwohl sich das Konzept der New Genre Public Art gegen die institutionelle Anbindung und wirtschaftliche Vereinnahmung der (New) Public Art richtete, begegnete ihr ob des von Lacy formulierten Differenzkriteriums einer explizit sozialen Intention der Interventionen[34] bald die Kritik einer Vereinheitlichung, die letztlich die hegemoniale Ordnung stütze: So war die New Genre Public Art, wie die Theaterwissenschaftlerin Frauke Surmann in ihrer Monografie *Ästhetische In(ter)ventionen im öffentlichen Raum* herausstellt, aufgrund ihrer „Konzentration [...] auf Fragen der ortsspezifischen Produktion von Gemeinschaft [...] untrennbar an das Mandat eines gesellschaftlichen Nützlichkeitsprinzips geknüpft. Ihr Bestreben war es demzufolge, der größtmöglichen Allgemeinheit dienliche Erfahrungsräume zu schaffen".[35] Die von Lacy unter dem neuen Genre klassifizierten Arbeiten mochten zwar auf eine soziale Funktion der Kunst abzielen und gemeinschaftsstiftende Prozesse in den Mittelpunkt stellen, aus ihrer Konzentration auf identitätspolitische Themen ergibt sich aber, wie Surmann in Anlehnung an Deutsche und Bishop herausarbeitet, dass sie der „Hegemonie des Öffentlichen unmittelbar in die Hände spielt und deren systemimmanente Machtdynamiken affirmiert“[36], indem Gemeinschaftsbildung, Konsensbildung und Integration als primäre Zielsetzungen formuliert werden.

Surmann geht davon aus, dass gerade performativen Interventionen, die keine konkrete Zielsetzung erkennen lassen, das Potential eignet, jenseits hegemonialer Vereinnahmung ein politisches Potential zu entfalten. Diese Annahme entwickelt sie u. a. am Beispiel des Flashmobs *Frozen Grand Central,* der sich 2009 in der New Yorker Grand Central Station ereignete. Hierbei handelt es sich um eine Aktion, bei der sich 207 Akteure vereinzelt und unauffällig in das alltägliche Gedränge der New Yorker Bahnhofshalle mischten und plötzlich zu einem verabredeten Zeitpunkt für fünf Minuten innehielten, in ihrer Pose verharrten und die Unbeteiligten zu Zuschauenden machten. Surmann, die sich in ihrer Studie insbesondere jenen Interventionsformen widmet, die sich außerhalb institutioneller Strukturen und Anbindungen realisieren, sieht deren politisches Potential dabei gerade nicht in der Repräsentation einer konkreten Botschaft, vielmehr eigne den flüchtigen Ereignissen ohne formulierte Zielsetzung die Möglichkeit, die Ordnung der Repräsentation momenthaft zu überschreiten. So

> bedingt die ästhetische In(ter)vention als Aufführung eines räumlichen, körperlichen und ereignishaften Grenzgangs weniger die Wiederherstellung einer auf Dauerhaftigkeit angelegten Neuaufteilung dieser Machtverhältnisse, sondern vielmehr eine nicht zielgerichtete Dynamisierung der soziopolitischen Ordnung, innerhalb derer sie statthat. Das den öffentlichen Raum konstituierende, relationale Sozialgefüge stellt demnach nicht das anzustrebende Endprodukt, sondern vielmehr das Projekt einer gemeinschaftlichen, die Grenzen alltäglicher Konventionen überschreitenden (Ver)Handlung im Sinne eines kollektiven Grenzgangs dar.[37]

*Frozen Grand Central* und vergleichbare verkörperte Interventionen im öffentlichen Raum, zu denen über die sozialen Medien aufgerufen wird und die sich für die Unbeteiligten überraschend ereignen, haben, nicht zuletzt aufgrund der Verbreitung von Filmaufnahmen im Internet, popkulturellen Kultstatus erreicht. Dass ihre Strategien inzwischen sowohl von der Werbung als auch von dezidiert politischem Aktivismus vereinnahmt und an eine konkrete Aussage gebunden werden, ist somit nicht verwunderlich.

Wie dieser kurze Abriss gezeigt hat, lässt sich auch die ästhetische Interventionspraxis in der bildenden Kunst seit den sechziger Jahren in den Spannungsfeldern von Selbstreferenz und Bedeutungszuschreibung sowie von Autonomie und Vereinnahmung verorten. Zwar macht ein systematischer Vergleich mit Interventionen von applied theatre wenig Sinn, sind doch beide Felder in sich zu disparat, als dass sich überhaupt zentrale Merkmale zum Vergleich ergeben würden. Dennoch fallen Parallelen insbesondere zwischen den Entwicklungen von Public Art in den USA und von applied theatre in Deutschland in den siebziger Jahren auf. Dies nimmt insofern wenig wunder, als dass in dieser bereits im ersten Kapitel charakterisierten Dekade der Sozialdemokratie die Kunst im öffentlichen Raum ähnlich wie applied theatre mit konkreten sozialen Zielsetzungen verbunden wurde.[38] So ging es in den ganz unterschiedlichen staatlich oder kommunal geförderten Kunstprogrammen immer wieder darum, eine konkrete Funktion im Stadtraum zu erfüllen. Dies konnte von rein dekorativen Aufgaben über die Schaffung von öffentlichen Erlebnis- und Entspannungsräumen bis hin zur Konstitution von Orten zur Zusammenkunft und Integration verschiedener Bevölkerungsschichten reichen. Dabei wurden die geschaffenen Orte und Strukturen immer wieder auch in stadtplanerischem Interesse zur Aufwertung sozialer Brennpunkte im Rahmen von Gentrifizierungsbestrebungen genutzt.

In diesem Sinne hat die Skizze der Entwicklung von Interventionen der Kunst im öffentlichen Raum gezeigt, dass das Irritiationsmoment des Dazwischentretens, besonders anschaulich exemplifiziert von Serras *Tilted Arc*, in vielen Fällen domestiziert oder umfunktioniert wurde. So musste auch Serras Arbeit, die sich konsequent jeglicher Funktionalisierung verweigerte und denkbar unbequem mit dem Gestus intervenierte, dass manchen Hindernissen nur im Modus des Ausweichens zu begegnen ist, letztlich den Platz räumen. Die einzelnen Entwicklungen und Kontextualisierungen von Public Art über New Public Art hin zu New Genre Public Art wurden häufig von Bestrebungen begleitet, die interventionistische Kunst im öffentlichen Raum von ihrer Vereinnahmung im Rahmen ökonomischer Interessen zu befreien. In Anlehnung an Lacys Aufruf, die öffentliche Kunst müsse sich als New Genre Public Art endlich ihrer institutionellen Abhängigkeit entziehen und (wieder) von außen – hier von Künstlern, die aufgrund ihrer Queerness, politischen Ausrichtung oder Ethnizität an den Rändern der Gesellschaft verortet seien – durchgeführt werden.

Dabei ist die institutionskritische Richtung, die Lacy der interventionistischen Kunst im öffentlichen Raum abverlangt, immer nur als Geste von innen denkbar. Die Institutional Critique, darauf weist Andrea Fraser in ihrem Essay „From the Critique of an Institution to an Institution of Critique" hin, hat immer schon ausschließlich als Bewegung *innerhalb* der Institution funktioniert.

> Has institutional critique been institutionalized? Institutional Critique has *always* been institutionalized. It could only have emerged *within* and, like all art, can only function *within* the institution of art. The insistence of institutional critique on the inescapability of institutional determination may, in fact, be what distinguishes it most precisely from other legacies of the historical avant-garde.[39]

Ihr Aufruf, sich selbst als Teil der Institutionen zu begreifen und hinsichtlich der Fortschreibung institutioneller Ideologien zu verorten, ist zwar explizit in Bezug auf das Verhältnis von Rezipientinnen und Kunstschaffenden zu den Institutionen der bildenden Kunst verfasst, und der Kunstmarkt mit seinen spezifischen Regeln lässt sich mit dem Theaterwesen kaum vergleichen. Aber gerade für die Praxis des applied theatre bietet sich die Perspektive der Institutional Critique wie für keine andere Spielart des Theaters an, ist sie doch besonders deutlich in ökonomische Zusammenhänge eingebunden und mit milliardenschweren Industrien der Krisenbewältigung, ‚Entwicklungshilfe' und wirtschaftlichen Optimierung verknüpft.

> Every time we speak of the „institution" as other than „us," we disavow our role in the creation and perpetuation of its conditions. We avoid responsibility for, or action against, the everyday complicities, compromises, and censorship – above all, self-censorship – which are driven by our own interests in the field and the benefits we derive from it.[40]

So sind jene staatlichen wie nicht-staatlichen Institutionen, die den Einsatz von Theater zur (politischen, humanitären, pädagogischen, psychologischen, ökonomischen) Krisenbewältigung initiieren und fördern, Organe jener Gesellschaft, die sie als solche hervorgebracht hat. Mouffes Konzeption einer gegenhegemonialen Intervention im Rahmen einer hegemonialen Institution macht also in dem Moment Sinn, in dem die Institutionen des applied theatre ihrerseits als Produkte jenes Gestus betrachtet werden, der die von ihnen hervorgebrachten Interventionen kennzeichnet. So ist zu bedenken, dass die eigene kritische Verortung außerhalb der Institution insofern schwer möglich ist, als dass die Institutionen und ihre Interventionen lediglich eine Zuspitzung dominanter gesellschaftlicher Dynamiken darstellen, denen sich bisher nicht erfolgreich widersetzt wurde und die im Rahmen interventionistischer Praxis lediglich eine größere Angriffsfläche bieten.

Die Fragestellungen, die im Institutional-Critique-Diskurs bereits etabliert sind – nämlich jene nach der eigenen Positionierung in Bezug auf die Grenzen des Institutionellen – lassen sich im Sinne der aufgezeigten Parallelen auch besonders fruchtbar auf das Theater in seinen konkreten Funktionszusammenhängen übertragen. Letztlich zeigt der Exkurs in die bildende Kunst vor allem, dass die Gefahr ungewollter Vereinnahmung interventionistischer Strategien in direktem Zusammenhang mit deren ursprünglicher Funktionalisierung zu stehen scheint. Dabei ergibt sich ein überraschender Befund: Je konkreter die formulierte Zielsetzung, desto wahrscheinlicher, dass diese umgelenkt und reformuliert werden kann. In diesem Sinne scheinen sich überraschenderweise gerade Formen, die eindeutig lesbar sind, aufgrund ihrer Intelligibilität problemlos resignifizieren zu lassen, während jene Formen, die vornehmlich auf Unterbrechung zielen, sich für die Aneignung anscheinend weniger anbieten.

### Der Gestus von applied theatre

Wie sich gezeigt hat, erschließen sich ästhetische Interventionen nie allein in der Betrachtung ihres performativen Vollzugs des Einschreitens, sondern ihre Analyse muss immer deren Rahmenbedingungen und Begleitmaterialien bedenken. Erst aus dem Ensemble diverser Praktiken ergibt sich jene Struktur der Intervention, die als generische Form die Krise, in die sie einschreitet, den Konflikt, den sie kritisiert, die Wunde, die sie diagnostiziert, das Ungleichgewicht, das sie zu balancieren sucht, in deren spezifischer Gestalt erst hervorbringt. Es bietet sich in diesem Sinne an, unter Bezugnahme auf die konkreten theatralen Materialisierungen der Intervention, die sie begleitenden Diskurse und die Formen der Rezeption und Reflexion, die in ihrem Vollzug Raum haben, den Gestus der jeweiligen Formierung zu untersuchen, um diese in ihren ästhetischen wie ideologischen Komponenten genauer zu bestimmen.

Die Kategorie des Gestus, die hier relevant wird, geht dabei von Bertolt Brechts Interpretation des Begriffs im Rahmen seines epischen Theaters aus. Brecht meint mit dem Gestus eben nicht die Darstellung individueller Ausdrucksformen (Gesten), sondern ihm geht es ganz im Gegenteil um typisierende Darstellungen, die auf sozialhistorische Zusammenhänge verweisen. Als Gestus definiert er einen

> Komplex einzelner Gesten der verschiedensten Art, zusammen mit Äußerungen, welcher einem absonderbaren Vorgang unter Menschen zugrunde liegt und die Gesamthaltung aller an diesem Vorgang Betei-

> ligten betrifft (Verurteilung eines Menschen durch andere Menschen, eine Beratung, ein Kampf usw.)[41]

Hier geht es also vornehmlich um ein Ensemble schauspieltheoretischer Merkmale, das auf die Auseinandersetzung mit gesellschaftlichen Zusammenhängen abzielt.

Ein weiteres Zitat von Brecht zeigt den Gestus dabei als eine Kategorie, die ästhetische Vorgänge in ihrer sozialen und politischen Bedingtheit fasst, zugleich aber auch in ihrer sozialen und politischen Produktivität beschreibt:

> Zu Herrn K. kam ein Philosophieprofessor und erzählte ihm von seiner Weisheit. Nach einer Weile sagte Herr K. zu ihm: „Du sitzt unbequem, du redest unbequem, du denkst unbequem." Der Philosophieprofessor wurde zornig und sagte: „Nicht über mich wollte ich etwas wissen, sondern über den Inhalt dessen, was ich sagte." „Es hat keinen Inhalt", sagte Herr K. „Ich sehe dich täppisch gehen, und es ist kein Ziel, das du, während ich dich gehen sehe, erreichst. Du redest dunkel, und es ist keine Helle, die du während des Redens schaffst. Sehend deine Haltung, interessiert mich dein Ziel nicht."[42]

Diese Verknüpfung ästhetischer und gesellschaftlicher Merkmale beschreibt Form und Inhalt als aufeinander bezogene und einander wechselseitig hervorbringende Größen. Auch zeigt das Zitat, dass der Gestus schon bei Brecht nicht an den gestischen Körperausdruck gebunden ist, sondern mit der Tönung der Stimme eine weitere Medialität einbezieht.

In Hinblick auf die Beschreibung und Analyse der Interventionen von applied theatre bietet es sich nun an, die bereits bei Brecht medienübergreifend angelegte Kategorie des Gestus in ihrem Zusammenspiel gesellschaftlicher und ästhetischer Merkmale auf eine abstrakte, die theatrale Aktion überschreitende Form zu erweitern. Dabei ist im Gegensatz zum epischen Theater davon auszugehen, dass sich auch bei anscheinend klar formulierter Zielsetzung einer Intervention deren Gestus nicht ohne Weiteres entschlüsseln lässt. Während die Erkenntnis und Reflexion eines sozialen Gestus Ziel des epischen Theaters ist und die theatralen Zeichen auf die eindeutige Rezeption angelegt sind, gestaltet sich die Situation in theatralen Interventionen des applied theatre komplexer: So mag die Haltung der Initiatoren und der Ausführenden der Intervention nicht unbedingt der formulierten Zielsetzung der Intervention entsprechen und sich somit erst unter Berücksichtigung von Widersprüchen ergeben, die in den unterschiedlichen Stufen der Intervention zutage treten mögen.

Dabei macht es Sinn, das Augenmerk einerseits auf die theatrale Aktion zu lenken und hier zu untersuchen, wie die Möglichkeiten der Teilnahme gestaltet sind, welche Spannungen sich im Verlauf des theatralen Geschehens manifestieren, wie Bewegungen initiiert, gelenkt oder verhindert werden. Neben der Analyse der Dynamik, Richtung und Bewegung einer Intervention bietet es sich an, ihren Ortsbezug in den Blick zu nehmen und darüber hinaus den spezifischen Umgang mit den räumlichen Gegebenheiten zu überprüfen. Wie gestaltet sich das Spannungsfeld zwischen ortsspezifischen, selbstbezüglichen Elementen der Intervention und einer Ebene der Repräsentation, die aus der Lenkung und Narrativierung der Aktion resultiert? Nicht zuletzt sollte analysiert werden, welche Möglichkeiten der Reflexion den Teilnehmenden geboten oder gelassen, ob und wie vorbereitende oder anschließende Diskussionen moderiert und gelenkt werden.

Neben diesen Analysen des theatralen Geschehens sind aber auch weitere Auftritte im Rahmen der Intervention Gegenstand der Analyse, um einen Gestus zu ermitteln: Dazu mag der Internetauftritt genauso wie die Selbstinszenierung eines Projektleiters zählen, die Ansagen des Regisseurs vor einer öffentlichen Aufführung wie die Projektbeschreibung im Rahmen eines Abschlussberichts.

Während es unzählige Haltungen gibt, die sich einer Intervention zuschreiben lassen, stellt sich bezüglich Interventionen von applied theatre die Frage, ob sich eine sinnvolle grobe Unterteilung von Grundhaltungen vornehmen lässt. In Anlehnung an Mouffes Konzeption einer gegenhegemonialen Intervention sei hier vorgeschlagen, diese von einer hegemonialen (stabilisierenden) Intervention und einer paradoxen Intervention zu unterscheiden: Der von Mouffe geprägte Begriff der gegenhegemonialen Intervention steht für Eingriffe in Institutionen mit dem Ziel, die systemstützenden Diskurse und Praxen zu irritieren und die vorherrschende Ordnung zu desartikulieren. Indem Hegemonie nach Mouffe weit gefasst und als dominantes Ordnungsprinzip definiert wird, sei hier vorgeschlagen, den Begriff so weit zu öffnen, dass er auch auf Beispiele jenseits offensichtlich politischer Praxis anwendbar wird bzw. Beispiele jenseits der Sphäre der Politik als politische betrachtbar werden. In Bezug auf die Analyse von Interventionen von applied theatre lässt sich also untersuchen, wie sie eine gegebene Ordnung stören (sollen) und in welcher Weise diese Störung die Neuartikulation einer differenten Ordnung initiieren kann. Welche Bewegungen werden im performativen Prozess der Intervention initiiert und vollzogen, um eine Ordnung zu irritieren? Wie verhalten sich die interventionistischen Strategien, die auf anderen Medien beruhen und die theatrale Praxis rahmen, zu den Aufführungsprozessen?

Ziel einer Intervention kann es ebenfalls sein, ein dominantes, doch krisenhaftes Ordnungsprinzip zu stärken, um dessen Fortbestehen zu sichern. Eine in diesem Sinne hegemoniale Intervention erfüllt also die Funktion, Ordnung beizubehalten oder Unordnung zu beseitigen. Wie gestalten sich die ästhetischen Verfahren, die im Zuge eines auf Stabilisierung abzielenden Eingriffs initiiert und vollzogen werden? Wie gestaltet tritt diese Praxis in den unterschiedlichen an der Intervention beteiligten Medien in Erscheinung? Welche Rolle kommt den am theatralen Interventionsprozess Beteiligten in der Aufführung zu, wenn es gilt, eine prekäre Ordnung zu stabilisieren?

Die paradoxe Intervention hingegen, bekannt vor allem aus der therapeutischen Praxis, geht von einem produktiven Widerspruch aus: Um eine Ordnung zu irritieren oder zu stabilisieren, wird das Gegenteil des logischen Weges dorthin vollzogen. So gilt es eingangs jene Richtung fortzusetzen, die letztlich gewechselt werden soll. Welche Bewegungen werden also initiiert und vollzogen, um einen ungewünschten Zustand zu verschlimmern? Welche Bewegungen setzen als Reaktion ein, um dagegenzuhalten und letztlich doch zur Lösung beizutragen? Welche Strategien kommen zum Tragen, um sicherzustellen, dass die gewünschte Umkehrung vollzogen wird?

Die vorgeschlagene Klassifizierung erlaubt eine erste Einteilung in die dominanten Haltungen von Interventionen des applied theatre – direkt störend, direkt stützend oder eines von beiden mittels der paradoxen Praxis der Behauptung des Gegenteils. Diese Ordnung allerdings kann lediglich den Ausgangspunkt bilden, um die komplexen Dynamiken des Einschreitens, des Verwirrens und des Ordnens unterschiedlicher ästhetischer Strategien differenziert zu analysieren.

1 Frauke Surmann beschreibt es als typisch für eine Ästhetik performativer Interventionen im öffentlichen Raum, dass es in ihrem Rahmen nicht zur Formulierung oder gar Festlegung einer neuen sozialen Ordnung kommt, sondern lediglich eine kurzzeitige Phase der Destabilisierung eingeleitet wird. Vgl. Surmann, Frauke: *Ästhetische In(ter)ventionen im öffentlichen Raum: Grundzüge einer politischen Ästhetik*, Bielefeld 2014, S. 23.

2 So zeichnen sich zeitgenössische Produktionen von andcompany&Co., Milo Rau, Rimini Protokoll, Gob Squad u. a. durch ästhetische Verfahren aus, die offensichtlich dem applied theatre, insbesondere der Theaterpädagogik und der theatertherapeutischen und psychodramatischen Aufstellungsarbeit verwandt oder entliehen sind.

3 Wir beziehen uns hier auf die zunehmende Ausrichtung der Künste auf soziale Prozesse, die insbesondere in Europa, aber auch in Nord- und Südamerika, Südostasien und Russland seit den frühen neunziger Jahren auszumachen ist. Letztlich ergibt es aber Sinn, mit Claire Bishop von einem „return to the social" auszugehen. Bishop, Claire: *Artificial Hells: Participatory Art and the Politics of Spectatorship*, London/New York 2012, S. 3.

4 Die erstmals im April 2015 erschienene Online-Zeitschrift *FIELD: A Journal of Socially-Engaged Art Criticism* beschreibt das Genre als „new artistic practices devoted to forms of political, social and cultural transformation. [...] While otherwise quite diverse, it is driven by a common desire to establish new relationships between artistic practice and other fields of knowledge production, from urbanism to environmentalism, from experimental education to participatory design. In many cases it has been inspired by, or affiliated with, new movements for social and economic justice around the globe. Throughout this field of practice we see a persistent engagement with sites of resistance and activism, and a desire to move beyond existing definitions of both art and the political." http://field-journal.com/about, Zugriff: 01. November 2015. Dabei darf allerdings nicht vergessen werden, dass sich das künstlerische soziale Engagement, selbst wenn es ohne institutionelle Anbindung verwirklicht wird, häufig ganz im Sinne neoliberaler Impact-Forderungen an die Künste realisiert. Die Rolle, die die Kunstpraxis hier über- und somit der Sphäre des Politischen abnimmt, ist in diesem Sinne durchaus zu problematisieren.

5 Vgl. Kapitel Applied Theatre: Theater der Intervention

6 Mouffe, Chantal: *Agonistik: Die Welt politisch denken*, aus dem Engl. von Richard Barth, Berlin 2014, S. 22–23.

7 Ebd., S. 23.

8 Ebd., S. 28.

9 Vgl. ebd., S. 31.

10 Ebd., S. 136.

11 Ebd., S. 153.

12 Ebd.

13 Vgl. Kapitel Applied Theatre: Theater der Intervention

14 Vgl. Rebentisch, Juliane: *Theorien der Gegenwartskunst zur Einführung*, Hamburg 2013, S. 172–173.

15 Vgl. ebd., S. 169–170.

16 Hier liegt der Fokus auf der US-amerikanischen Kunstpraxis seit den sechziger Jahren, da es sich besonders anbietet, die Entwicklung von der Minimal Art über die Land Art, Institutional Critique und (New Genre) Public Art bis hin zum Flashmob als Geschichte interventionistischer Strategien zu erzählen. Vertreter der genannten Strömungen sowie verwandter Strömungen, die sich vergleichbarer Verfahren bedienen, gibt es zweifellos in der Kunst anderer Länder; die USA allerdings eignen sich hier aufgrund der Dominanz interventionistischer Praktiken und der fortgeschrittenen begleitenden Diskurse während der Periode, in der sich applied theatre entwickelte, zum Vergleich.

17 Fried, Michael: „Art and Objecthood" [1967], in: Battcock, Gregory (Hg.): *Minimal Art: A Critical Anthology*, Berkeley/Los Angeles/London 1995, S. 130.

18 Rebentisch, Juliane: *Ästhetik der Installation,* Frankfurt a. M. 2003, S. 55.

19 Ebd. (Herv. i. O.).

20 So schreibt Fried der konkreten Begegnung zwischen Rezipierenden und Minimal Art eine theatrale Qualität zu: „Literalist sensibility is theatrical because, to begin with, it is concerned with the actual circumstances in which the beholder encounters literalist work." Fried: „Art and Objecthood", S. 125.

21 Suderburg, Erika: „Introduction: On Installation and Site Specifity", in: Dies. (Hg.): *Space, Site, Intervention: Situating Installation Art*, Minneapolis/London 2000, S. 5.

22 Rückblickend war die Abkehr von den Kunstinstitutionen nur temporär und die Dokumentationen der Arbeiten fanden in einem zweiten Schritt Eingang in den Kunstmarkt.

23 Lewitzky, Uwe: *Kunst für alle? Kunst im öffentlichen Raum zwischen Partizipation, Intervention und Neuer Urbanität*, Bielefeld 2005, S. 78.

24 Die Abkürzung ‚NEA' steht für das National Endowment for the Arts – eine US-amerikanische staatlich finanzierte Organisation zur Förderung von Kunst und Kultur sowie insbesondere der Teilhabe daran, die 1965 von der US-amerikanischen Regierung gegründet wurde.

25 Ebd., S. 82.

26 Auch in Deutschland kommt es während der siebziger Jahre zu einer vergleichbaren Entwicklung und das bisherige Kunst-am-Bau-Programm wird ob der geringen Möglichkeiten der Einflussnahme kritisiert und schließlich erweitert. Vgl. ebd., S. 83.

27 Ebd., S. 84.

28 Deutsche, Rosalyn: „Uneven Development: Public Art in New York City", in: *October 47*, Winter 1988, S. 16.

29 Vgl. Projektbeschreibung auf der Homepage des Walker Art Center: http://www.walkerart.org/magazine/2012/krzysztof-wodiczkos-homeless-vehicle-project, Zugriff: 1. November 2015.

30 Deutsche: *Uneven Development*, S. 19.

31 Lewitzky: *Kunst für alle?*, S. 93.

32 Serra, Richard: „Rigging", in: Ders./Weyergraf-Serra, Clara (Hg.): *Interviews, Etc. 1970-1980*, Yonkers 1980, S. 128.

33 Lacy, Suzanne (Hg.): „Introduction: Cultural Pilgrimages and Metaphoric Journeys", in: Dies.: *Mapping the Terrain: New Genre Public Art*, Seattle/Washington 1995, S. 28.

34 Vgl. ebd., S. 28–30.

35 Surmann: *Ästhetische In(ter)ventionen im öffentlichen Raum*, S. 40–41.

36 Ebd., S. 42.

37 Ebd., S. 23.

38 Vgl. Kapitel Applied Theatre: Theater der Intervention, S. 14–16.

39 Fraser, Andrea: „From the Critique of an Institution to an Institution of Critique" [2005], in: Alberro, Alexander/Stimson, Blake (Hg.): *Institutional Critique: An Anthology of Artists' Writings*, Cambridge, Mass. 2009, S. 414 (Herv. i. O.).

40 Ebd., S. 416.

41 Brecht, Bertolt: [*Gestik*], in: Ders.: *Werke. Große kommentierte Berliner und Frankfurter Ausgabe*, Bd. 23, hrsg. v. Hecht, Werner/Knopf, Jan/Mittenzwei, Werner/Müller, Klaus-Detlef, Berlin/Frankfurt a. M. 1989–1998, S. 188.

42 Brecht: [*Geschichten vom Herrn Keuner: Weise am Weisen ist die Haltung*], in: *GBA*, Bd. 18, S. 13.

# FALLBEISPIELE

# IF YOU DIE THEN WE WILL HAVE NO PLAY. THERAPEUTISCHES THEATER ALS INTERVENTION

Joy Kristin Kalu

> *The show must go on.*
> *The show, it must go on and on and on,*
> *In play we trust, and it just goes on.*[1]

Die Aufführungen von *Borderline* sind öffentlich. Um sie zu sehen, muss man eine Eintrittskarte erwerben. Sie finden an vier aufeinanderfolgenden Tagen Mitte November 2013 im Provincetown Playhouse statt, einem kleinen Theater im New Yorker Greenwich Village. Das Haus, das ab 1918 zunächst den Provincetown Players unter der Leitung von George Cram Cook als Produktionsstätte diente, gehört inzwischen der New York University und beherbergt vornehmlich Theaterproduktionen und Konzerte, die im Rahmen der Steinhardt School of Culture, Education and Human Development erarbeitet werden. Auch *Borderline* ist als Projekt des Studiengangs Drama Therapy der Steinhardt School eine Produktion, in die Lehrende und Studierende sowie in diesem Fall eine Klientin eingebunden sind. Dabei handelt es sich um *therapeutic theater*, therapeutisches Theater, eine Spielart der Theatertherapie, bei der Proben, Aufführungen und nachbereitende Publikumsgespräche als ein therapeutischer Prozess konzipiert werden, in den alle Anwesenden involviert sind.

Auf dem Gehsteig außerhalb des Theaters bildet sich am Premierenabend eine Schlange. Die Aufführung ist bereits seit Tagen ausverkauft. In der *New York Times* war Anfang November ein Artikel über die Produktion erschienen, der da titelte „Therapist and Patient Share a Theater of Hurt“. Nachdem ein Journalist eine Probe besucht und sich mit den Beteiligten unterhalten hatte, beschrieb er die Motivationen für das therapeutische Experiment, die Beziehung einer Therapeutin und ihrer Klientin auf die Theaterbühne zu bringen, wie folgt:

> Dr. Dintino said that her behavioral approach to Ms. Powell's condition allows for a more personal relationship with the patient than conventional psychotherapy, and for looser guidelines when it comes to patient-therapist relations. Ms. Powell was willing to bare all as a patient, and both women felt the risks were outweighed by the potential

> therapeutic value, as well as the attention that the show could bring to the disorder.[2]

Fröhlich setzt sich die Schlange vor dem Theater in Bewegung. Es gibt noch Restkarten.

In der Garderobe im Kellergeschoss ist es still vor der Premiere. Cecilia Dintino und Jill Powell konzentrieren sich. Seit über zehn Jahren ist Cecilia Jills Therapeutin. Sie behandelt Jill aufgrund deren Borderline-Persönlichkeitsstörung. Jill, ehemals erfolgreiche Broadway- und Fernsehschauspielerin, hat infolge ihrer psychischen Disposition alles verloren: ihre Karriere, ihren Wohnsitz, ihre Familie. Im Rahmen der Produktion sind die beiden Frauen nun Kolleginnen. Sie spielen Figuren mit den Namen Tina und Mell. Tina ist seit über zehn Jahren Mells Therapeutin. Sie behandelt Mell aufgrund deren Borderline-Persönlichkeitsstörung. Mell, ehemals erfolgreiche Theater- und Fernsehschauspielerin, hat infolge ihrer psychischen Disposition alles verloren: ihre Karriere, ihren Wohnsitz, ihre Familie. Tina ist erschöpft. Mell nimmt seit Jahren zu viel Raum in ihrem Leben ein. Sie belastet Tinas Privatleben, ruft regelmäßig nachts an, wenn sie den Drang verspürt, sich das Leben zu nehmen. Tina ist auf der Suche nach einem Weg, den therapeutischen Prozess zu beenden. Jill trägt Cecilias Make-up auf, als Dave Mowers eintritt, um eine kleine Ansprache zu halten. Als Regisseur und Therapeut in Verantwortung ist er sowohl Cecilias Kollege, der nun im Rahmen der theatertherapeutischen Intervention Seite an Seite mit ihr Jill betreut. Er ist aber auch Cecilias Therapeut, denn alle spielend auf der Bühne Beteiligten sind seine Klientinnen.

Dave spricht darüber, dass der gemeinsame therapeutische Weg mit Eintritt in die Aufführungsphase nicht zu Ende ist, sondern vielmehr eine neue Form annehmen wird. Anwesend sind neben den beiden Darstellerinnen die Regieassistentin, ihrerseits Dramatherapeutin in Ausbildung, die Inspizientin, ebenfalls Dramatherapeutin in Ausbildung, die Pianistin, seit Monaten am therapeutischen Probenprozess beteiligt, und ich, Theaterwissenschaftlerin und seit zwei Wochen in jede Probe involviert. Bevor der Einlass beginnt, finden wir uns auf der Bühne in einem Kreis zusammen. Wie an jedem Probentag während der vergangenen zwei Wochen sind wir angehalten, das eigene Befinden in Bezug auf den Probenprozess in Sprache und Bewegung auszudrücken, uns aber auch der Gruppe zu öffnen, indem wir eine Botschaft an ein anderes Mitglied der Gruppe adressieren. Wie immer wird die Struktur des inzwischen ritualisierten Kreises durch die Vorgaben von Dave bestimmt. Diesmal allerdings nehmen seine Weisungen direkt Bezug auf die bevorstehende Öffnung hin zu einem Publikum. So sind wir dazu aufgerufen, auszudrücken, was wir uns heute für uns selbst von der Aufführung erhoffen. In einer weiteren Runde geht es darum, eine Form für das zu finden, was wir uns bezüglich der Aufführung für das Publikum wünschen.

Nun also gilt es, einen Prozess, der bisher in einem geschlossenen, therapeutisch gesicherten Raum stattfand und in einer minutiös durchgetakteten Musicalinszenierung mündete, der Unverfügbarkeit einer Aufführungssituation auszusetzen. In diesem Fall – der theatralen Auseinandersetzung mit der Borderline-Persönlichkeitsstörung – werden dabei zwei besonders kontingente Prozesse miteinander konfrontiert. Die Borderline-Störung, auch als emotional instabile Persönlichkeitsstörung definiert, zeichnet sich durch mangelnde Impulskontrolle und unberechenbare Handlungen der Betroffenen aus und wird von Instabilität in zwischenmenschlichen Beziehungen, Stimmung und Selbstbild begleitet. Diese im Rahmen der Aufführung real wie fiktional durch die Darstellerin und Klientin Jill verkörperte Instabilität trifft nun auf jene Unkontrollierbarkeit der Aufführungssituation, die gleichermaßen von allen Anwesenden auf und vor der Bühne hervorgebracht wird. Der ohnehin ergebnisoffene Aufführungsprozess, der in vielerlei Hinsicht irritiert, gestört und unterbrochen werden kann, erweist sich in diesem Sinne hier als besonders unkontrollierbarer Prozess.

Abgesehen von einem Konzertflügel, an dem die Pianistin bereits bei Einlass sitzt und spielt, und vier kleinen Bistrotischen mit wenigen Stühlen ist die Bühne leer. Als einzige Dekoration verdeckt ein roter Bühnenvorhang die Rückwand der Bühne. Erst nachträglich schreibend wird mir nun dessen doch so offensichtliche Implikation klar: Das Publikum befindet sich hier nicht auf der ‚anderen Seite' des Vorhangs. Es ist dem Vorhang gar ferner als die Darstellerinnen. Die andere Seite der Bühne entpuppt sich als Illusion: hinter dem Vorhang die Wand. Es gibt keinen Ort, der sich grundsätzlich von der Bühne unterscheidet. Jedenfalls nicht im therapeutischen Theater.

*Vor* dem Vorhang also befinden sich vier kleine Tische und wenige Stühle. Dave wählt während des Einlasses einzelne Menschen aus dem Publikum aus und bittet sie, auf der Bühne Platz zu nehmen. Zwischen ihnen wird sich die Handlung entfalten. Sie bilden den Rahmen des Bühnengeschehens, sind den Darstellerinnen ganz nahe. Stellvertretend für das gesamte Publikum teilen sie mit ihnen die Bühne. Ob als Zeugen, als Spielpartnerinnen, als Solidargemeinschaft oder als kontrollierende und kritische Instanz, wird sich an jedem Abend anders zeigen.

Als alle ihre Plätze eingenommen haben, wird der Zuschauerraum verdunkelt und ein Spotlight trifft Jill als Mell, die aus dem Foyer in den Zuschauerraum tritt und die Aufführung mit einem Gang in Richtung Bühne beginnt. Sie nutzt die zentrale Treppe inmitten des Publikums als

Showtreppe, tanzt sie hinab, von gleißendem Licht verfolgt. Nachdem sie auf der Bühne gelandet ist, entfaltet sich ein Theaterstück, in dem sich kurze dialogische Szenen, Monologe, Songs und Tanzeinlagen in Broadway-Manier abwechseln. Dabei handeln die Szenen von den Herausforderungen, die die Borderline-Persönlichkeitsstörung an Mell stellt, von zahlreichen Situationen in ihrer Vergangenheit, die sie bereut, von Beziehungen, die sie aufs Spiel gesetzt hat. Weitere Szenen, allesamt in der Jetztzeit der Inszenierung verortet, betreffen den therapeutischen Prozess zwischen Mell und Tina. Hier geht es um Beziehungsmuster, die sich eingeschlichen haben, um Vorwürfe, die sie einander regelmäßig machen, um Begehren, um Liebe, um Prozesse von Übertragung und Gegenübertragung, aber auch und vor allem um die Überforderung, die sich ob Mells Grenzüberschreitungen für Tina aus der Situation ergeben. Es geht um den Weg hin zum Ende einer therapeutischen Beziehung, die nicht mehr funktioniert, einen Weg, der sich für Therapeutin wie Klientin gleichermaßen als schmerzhaft erweist.

In einer Szene, die während des Probenprozesses zu zahlreichen Konflikten führte, spielt Jill einen Wutanfall von Mell, der sich in autoaggressives Verhalten steigert und schließlich in einem Selbstmordversuch endet. Jill als Mell steht an einer Bühnenwand, die zugleich als reale Steinwand den architektonischen Raum begrenzt. Sie lässt sich über die Verlogenheit einer ehemaligen Partnerin aus, redet sich in Rage, beginnt, sich gegen die Wand zu werfen und gegen die Wand zu treten. Daraufhin flüchtet sie sich in eine andere Ecke des Bühnenraums, setzt sich auf den Flügel und stellt schreiend, heulend, stotternd und spuckend einen Anfall von Wut und Trauer, Lebensmüdigkeit und konkreter Suizidplanung dar. Kurz vor Einnahme der tödlich portionierten Pillen allerdings greift sie zum Hörer und ruft ihre Therapeutin an.

Am Beispiel dieser Szene zeigten sich im Laufe der Proben mehrfach die unterschiedlichen und letztlich unvereinbaren Zielsetzungen, die die verschiedenen Beteiligten mit der Intervention verbinden. So ging die Darstellerin Jill davon aus, dass es in dieser Sequenz vor allem darum gehe, dem Publikum im Zuge der Aufklärung über die Borderline-Störung eine möglichst realistische Version eines Anfalls zu bieten. Der Regisseur und Therapeut hingegen plädierte dafür, eine Form zu finden, die dem Publikum als solche auffällig wird, sodass eindeutig zu erkennen ist, dass hier ‚gespielt' wird und die Darstellerin Kontrolle über sich und die Situation hat. In den Momenten, in denen sich die Darstellerin an der Wand offensichtlich tatsächlich verletzte, zu hart gegen die Steine warf, die Füße blutig schlug, bestand seiner Meinung nach kein Unterschied mehr zu einem echten Anfall und damit zu einem Verhalten, das zu unterbinden Ziel der

Therapie sei. Sobald die Szene nach seiner Einschätzung in eine ‚authentische' Episode von Autoaggression kippte, unterbrach er die Handlung.

In den der Unterbrechung folgenden Diskussionen hielt Jill regelmäßig dagegen, ihr Ziel sei es, die Brutalität ihrer Krankheit realistisch zu zeigen, und sie habe kein Interesse daran, für ein Publikum zu spielen, das nicht bereit sei, sich dem Schmerz und dem Exzess der Situation auszusetzen. Cecilia hingegen stimmte zwar grundsätzlich Daves Wunsch nach einer Form, die den fiktionalen Charakter der Szene transportiert, zu. Als langjährige Therapeutin von Jill hatte sie aber offensichtlich eine andere Toleranzschwelle als er. Nach jahrelanger Konfrontation mit Jills Aggressionen empfand sie zuweilen als wenig bedenklich, was Dave als unerträglich und gefährlich einstufte. Ihre Einschätzungen führten nun zu einer weiteren Komplikation: So hielt es der Regisseur für bedenklich, dass sie, die auf der Bühne zwar als Therapeutin agieren, nicht aber als solche fungieren, sondern selbst therapeutischen Nutzen aus dem Prozess ziehen sollte, in die Pflicht genommen wurde, zwischen Grenzwertigkeit und Grenzüberschreitung in Jills Darstellung und Verkörperung ihrer Autoaggression zu entscheiden.

Die besagte Szene wird jäh gebrochen, wenn Mell zum Hörer greift, um Tina anzurufen. Das Klavier setzt ein, und die Handlung wandelt sich in ein heiter gestimmtes Duett der beiden Figuren. Auf Mells gesungenes Geständnis „I want to die" folgt als Replik von Tina: „If you die then we will have no play, And all these people sitting here today: Some came with comps, some had to pay, They all will feel that we destroyed their day."[3] Der zynisch anmutende harte Bruch, der auf die ethisch fragwürdige Inszenierung der Intervention in die Behandlung einer suizidalen Klientin als Unterhaltungsstück Bezug nimmt, steht dabei paradigmatisch für die Dramaturgie der Inszenierung: Der theatertherapeutische Prozess in seinen Potentialen, Grenzen, Gefahren und Ambivalenzen wird immer wieder thematisiert und zuweilen, aus der Rolle fallend, von Cecilia und Jill problematisiert. Die Inszenierung, die mit dem Abschied von Tina und Mell endet, wird dabei zu einem Parcours, den Therapeutin und Klientin Abend für Abend gemeinsam zu bewältigen suchen, in dem sich aber – abhängig insbesondere von Jills Verfassung – vier Aufführungen ereignen, wie sie unterschiedlicher nicht sein könnten. So entfaltet sich die nicht zuletzt aufgrund der zahlreichen Musikeinlagen präzise getimte Inszenierung auf ungeahnte Weise. Die letzte Aufführung dauert ganze zwanzig Minuten länger als die erste und so nicht fünfzig, sondern siebzig Minuten.

Aufführungen von therapeutischem Theater, wie es im Rahmen des Studiengangs Drama Therapy an der New York University entwickelt, unterrichtet und zur Aufführung gebracht wird, sind gleichermaßen in der

Sphäre des Therapeutischen wie der Sphäre des Theaters verortet. Therapeutisches Theater folgt dabei weder einer spezifischen Theaterästhetik noch bezieht es sich auf eine spezifische Schauspieltheorie. Vielmehr orientiert sich jede Inszenierung sowohl an den Bedürfnissen der teilhabenden Klientinnen und Klienten als auch an der Herausforderung, eine persönliche Inszenierung zu erarbeiten, die den Blicken eines Publikums standhält, dieses erreicht, berührt, involviert, informiert und nicht zuletzt unterhält. Die Musicalproduktion *Borderline* lässt sich dabei von den ersten Gesprächen zur Konzeption, über die monatelange Probenzeit, die vier Aufführungen und die jeder Aufführung folgenden Publikumsgespräche insgesamt als therapeutische Intervention in einen bestehenden einzeltherapeutischen Prozess fassen. Der therapeutische Theaterprozess wurde als Weg konzipiert, die therapeutische Dynamik zu unterbrechen, in einem Gruppenprozess zu öffnen und einen Abschied einzuleiten.

Während sich alle Beteiligten auf die primäre Funktion der Produktion, den therapeutischen Prozess zu transformieren, einigen können, äußern die einzelnen Involvierten zudem weitere Zielsetzungen, die, wie sich im Laufe der Produktion zeigt, miteinander in Konflikt geraten. Jill geht es zum einen darum, eine breite Öffentlichkeit über die Borderline-Persönlichkeitsstörung zu informieren und diese realistisch zu repräsentieren. Zum anderen aber ist die Produktion von ihrem Wunsch bestimmt, sich nach jahrelanger Pause wieder einem Publikum als Schauspielerin und Sängerin zu präsentieren und so eine verloren geglaubte Karriere neu zu beleben. Für Cecilia hingegen zielt die theatrale Intervention insbesondere darauf ab, den Behandlungsprozess einer suizidalen Borderline-Patientin in einem Behandlungsteam zu gestalten und so die Verantwortung zu teilen, aber auch alternative therapeutische Strategien zur Steuerung dieser schwer therapierbaren Störung in einem Gruppenprozess zu erarbeiten. Zudem erhofft sie sich, dass der theatrale Vollzug der Terminierung ihrer therapeutischen Beziehung mit Jill sein performatives Potential entfalten und Wirklichkeit werden möge. Dave hingegen sieht sich in der Pflicht, zwischen den zuweilen konfligierenden Zielsetzungen seiner Klientinnen zu vermitteln, Jill zu stabilisieren und gleichzeitig eine Inszenierung zu entwickeln, deren Struktur so robust und verlässlich ist, dass sie den für die Darstellerinnen hoch emotionalen Prozess zusammenhalten und zudem ein Publikum sinnvoll einbeziehen und unterhalten kann.

Es erweist sich nicht als überraschend, dass nicht alle Ziele erfüllt werden können. Die Intervention basiert auf dem Paradox, eine emotional extrem instabile Klientin mit der Instabilität des Aufführungsprozesses zu konfrontieren, um sie zu stabilisieren. Diese Strategie zeugt von einem Vertrauen in theatrale Prozesse, selbst in Konfrontation mit der Öffentlichkeit einen geschützten Raum zu etablieren, in dem sich eine Klientin Herausforderungen stellen und an ihnen wachsen kann. Jill als Mell bearbeitet vor einem bezeugenden Publikum ihre größte Herausforderung: In jeder Aufführung verspricht sie Cecilia als Tina, dass sie sich nicht das Leben nehmen wird. An dem Umgang der therapierend Involvierten mit diesem Versprechen lässt sich vielleicht der Gestus dieser vor allem auf Veröffentlichung abzielenden Intervention spezifizieren: Mit dem Ende des letzten Publikumsgesprächs endet der therapeutische Vertrag, in dem das therapeutische Ziel sowie die Verpflichtungen aller in das Theaterprojekt Involvierten besiegelt wurden. Ein Passus betrifft Jill: Hier hat sie zugestimmt, sich nicht das Leben zu nehmen, solange der theatertherapeutische Prozess andauert. The *show* must go on.

1 Auszug aus einem Bühnensong der Produktion *Borderline*. Landy, Robert/Starobin, Michael: „The Show Must Go On".

2 Kilgannon, Corey: „Therapist and Patient Share a Theater of Hurt", in: *The New York Times* vom 5. November 2013, S. A27.

3 Auszug aus einem Bühnensong der Produktion *Borderline*. Landy, Robert/Starobin, Michael: „The Show Must Go On".

# ZWISCHEN NARRENFREIHEIT UND NEOKOLONIALEM PROTEKTORAT

Julius Heinicke

Interventionsstrategien spielen im afrikanischen Theater viele Rollen. ‚Narrenfreiheit' und ‚neokoloniales Protektorat' markieren dabei die Pole, zwischen denen sich das Spannungsfeld von Intervention und Theater aufbaut. Die Narrenfreiheit ist meist positiv konnotiert, denn dem Narren auf der Bühne wird ein hohes Maß an Freiraum zugestanden, um Kritik jeglicher Couleur zu üben; politische Konsequenzen bleiben meist aus. Dagegen verweist das neokoloniale Protektorat auf die Strategien der Kolonisatoren, wobei der Schutz, der dem Protektorat im kolonialen Kontext etymologisch zugrunde liegt, sich nicht etwa auf die besetzten Länder und deren zu schützende Bevölkerungen bezieht, sondern der Schutz des Machtanspruchs der jeweiligen europäischen Erobernden auf das besetzte Land gegenüber anderen Kolonialmächten gemeint ist.

Innerhalb dieses Spannungsfeldes bewegt sich das applied theatre in Afrika: Von Kulturinstitutionen der Länder ehemaliger Kolonisatoren, wie dem British Council oder der niederländischen Nichtregierungsorganisation (NGO) Hivos, aber auch der lokalen Wirtschaft und politischen Elite gefördert und genutzt, wirkt es direkt auf soziale, politische, ökonomische, gesundheitspräventive und gesellschaftliche Belange der Bevölkerung ein. Auch wenn auf den ersten Blick nicht zu überschauen ist, welchen gesellschaftlichen Einfluss die jeweilige Gruppierung durch Theaterprojekte hat, kann eines mit Sicherheit festgestellt werden: Applied theatre in Afrika boomt.

Obgleich diese Theaterform von Interventionsstrategien des neokolonialen Protektorats durchsetzt ist, erschafft sie oftmals Räume, in welchen kritische Künstler, Menschenrechtsaktivisten und Oppositionelle ebenfalls agieren und ihre Stimme erheben. Dieses Paradoxon liegt darin begründet, dass hier Theater am Werke ist und die Narrenfreiheit dieses Genres sich teilweise aus den politisch motivierten Interventionsstrategien zu lösen vermag. Es wird zum einen zu fragen sein, warum und auf welche Art und Weise die Akteure des neokolonialen Protektorats sich das Theater zu eigen machen, und zum anderen, wieso es trotz dieser einschlägigen Einflussnahmen ein Ort ist, an welchem *Gegenbewegungen* und *Gegenöffentlichkeiten* erschaffen werden. Treten in dieser *Umkehrung* oder gar

*Gegenhegemonie* politisch motivierter Strategien Wirkungsmächte zutage, die sich in erster Linie in künstlerischen und ästhetischen Kategorien beschreiben lassen?

1980 erlangte Simbabwe seine Unabhängigkeit. Präsident Robert Mugabe wurde zu Beginn seiner Amtszeit weltweit gefeiert. Es wurden große Hoffnungen in ihn gesetzt, ein friedvolles Zusammenleben aller ethnischen Gruppen zu ermöglichen und Simbabwe zum wirtschaftlichen Vorzeigeland zu machen. Um die Wirtschaft zu unterstützen und die Übergangszeit von der Diktatur zur Demokratie zumindest finanziell zu erleichtern, ließ sich Mugabe auf ein Abkommen mit dem Internationalen Währungsfonds und der Weltbank ein, was aus heutiger Sicht eine der Hauptursachen für das wirtschaftliche Desaster des Landes wenige Zeit später war.

Mit der Überforderung durch die Auflagen des Internationalen Währungsfonds und der Weltbank in den 1990er Jahren und dem Ausbluten der öffentlichen Kassen aufgrund ungeheurer Pensionszahlungen an die politische und militärische Elite war die Regierung mit Beginn des neuen Jahrtausends bankrott. Die Inflation erreichte im Jahr 2008 einen unvorstellbaren Höchststand von sechseinhalb Oktodezillionen Prozent. Das diktatorische Gebaren von Präsident Mugabe steigerte sich mit der *Operation Murambatsvina*[1] und der Gewalt im Vorfeld der Präsidentschaftswahlen 2008, sodass die westliche Welt Sanktionen verhängte. Wie in vielen anderen Ländern südlich der Sahara ist die Bevölkerung nicht nur abhängig von der Politik ihrer Regierung, sondern auch von der Hilfe der westlichen Welt; eine ambivalente Situation, die sich ebenfalls im Kultursektor widerspiegelt: Aufgrund des Bankrotts konnte die Regierung keine Kunst und Kultur und somit auch keine Theaterprojekte mehr fördern. Seitdem übernimmt dies – bis auf einige Ausnahmen aus der freien Wirtschaft – die internationale Geberschaft und hat somit entscheidenden Einfluss. Die Regierung Simbabwes dagegen setzt ihre exekutive Gewalt verstärkt ein. Sie versucht die Kulturszene mithilfe von Zensurgesetzen, Polizei und anderen Organen zu kontrollieren.

Blicken wir auf die applied-theatre-Szene, so ist es äußerst interessant, dass Präsident Mugabe die künstlerische Wirkungsmacht von applied theatre schätzt und nutzt, dagegen die internationale Geberschaft eher dessen soziale und politische Wirkung im Vordergrund sieht. Die Förderbegründungen der internationalen Kulturinstitutionen, die applied theatre in Simbabwe subventionieren, berufen sich in erster Linie auf gesellschaftspolitische und soziale Ziele der einzelnen Projekte.[2] Seit den 1970er Jahren breitet sich das sogenannte ‚Theatre for Development' über den gesamten Kontinent aus und wird zur Aufklärung und dem Schutz vor Seuchen und Krankheiten wie Cholera und HIV/Aids eingesetzt. Mit der Unabhängigkeit Simbabwes im Jahr 1980 erkannte die neue Regierung von Mugabe das Potential dieser Art von Theater, jedoch sah sie dieses weniger im Schutz vor Krankheiten, sondern im Beschützen der traditionellen Kulturpraktiken und der von Mugabe gesetzten Normen und Werte. Der Kenianer Ngũgĩ wa Mĩriĩ, der gemeinsam mit Ngũgĩ wa Thiong'o das postkoloniale Theaterstück par excellence, *I Will Marry When I Want*[3], verfasst hat, gründete die regierungskonforme Zimbabwean Association of Community Theatre. In den 1990er Jahren wurden deren Ziele stetig regimetreuer und folgten Mugabes Ansatz, ‚simbabwische' Theatertraditionen als Abgrenzung gegenüber ‚europäischen' zu nutzen. Der *‚African Spirit'* sollte vor den negativen Einflüssen der westlichen Welt geschützt werden.

Kurz darauf reagierte die internationale (europäisch-amerikanische) Entwicklungszusammenarbeit mit dem Bestreben, mithilfe von applied theatre Demokratie und Gleichberechtigung – unter anderem auch Rechte von Homosexuellen – zu fördern, also Themenfelder, die derzeit auf der westlichen Agenda stehen. Das Ziel dieser Projekte ist somit der Schutz der westlichen Werte und Normen. Seitdem befindet sich die applied-theatre-Szene mitten in einem Spannungsfeld, in welchem unterschiedliche Hegemonien unter dem Deckmantel des Schutzes intervenieren. Ngũgĩ wa Mĩriĩ schützt den *African Spirit,* den Mugabe personifiziert, vor der westlichen Welt und diese schützt demokratische Normen und Werte der simbabwischen Nation vor dem immer despotischer werdenden Regierungsgebaren des Präsidenten. Seit den 1990er Jahren wird applied theatre so – ganz im Sinne eines neokolonialen Protektorats – von beiden Akteuren genutzt, um die jeweiligen Interessen ihrer hegemonialen Systeme zu verfolgen. Interessanterweise begründen beide Seiten ihr Handeln als gegenhegemoniale Kraft: einerseits gegen den Kolonialismus des Westens und andererseits gegen die Diktatur Mugabes. Beide Systeme sind bekannt für ihre strikte hegemoniale Struktur und werden in Simbabwe paradoxerweise gegeneinander ausgespielt. Derlei Bestrebungen kann unterstellt werden, dass sie nur vordergründig dem Wohle der Bevölkerung dienen. Vielmehr scheinen sie den eigenen Machtausbau gegenüber anderen zu fokussieren, womit sie tatsächlich in der Tradition des kolonialen Protektorats stehen.

In Simbabwe bewerkstelligen die Beteiligten dies jedoch auf unterschiedliche Art und Weise: Die internationale NGO-Szene mit Geld und Förderbedingungen, die genau vorgeben, welches Wirkungsversprechen die Produktionen geben sollen, und das Mugabe-Regime mit Zensur und politischem Druck. Stücke, die nicht in das Gesellschafts- und Geschichtsbild der politischen Elite passen, werden zensiert, von der Polizei verboten, Künstler nicht selten festgenommen oder verfolgt. Die offensichtlich große Bedeutung von applied theatre für Interventionsbestrebungen jeglicher Couleur zeugt von dessen Wirksamkeit. In den Projekten entstehen Räume, welche die präventiven Maßnahmen und Ziele, wie zum Beispiel das Recht auf freie Meinungsäußerung, ermöglichen. Andererseits gelingt es dem applied theatre, diese politisch motivierten Interventionsversuche zu hintergehen. Beides ist, das soll nun anhand eines Theaterprojekts der simbabwischen Theaterorganisation Rooftop Promotions gezeigt werden, in erster Linie unter künstlerischen und ästhetischen Aspekten analysierbar.

Rooftop Promotions wurde 1986 von Daves Guzha gegründet und produziert ungefähr zwei bis drei Theaterstücke pro Jahr, die sich allesamt mit aktuellen gesellschaftspolitischen Themen auseinandersetzen und nach einigen Wochen Spielzeit in Simbabwes Hauptstadt Harare auf Tour durch das ganze Land gehen. Die Projekte werden durchgehend von internationalen Kulturinstitutionen und Botschaften finanziert. *Waiting for Constitution*[4] thematisiert den Verfassungsgebungsprozess in Simbabwe und diskutiert, welche Rechte in die neue Verfassung aufgenommen werden sollen. Das Stück ist in Dialogform geschrieben und wird von professionellen Schauspielern mit Hilfe einiger weniger Requisiten aufgeführt: auf Marktplätzen, vor Supermärkten, in Schulaulen oder auf öffentlichen Bühnen. Ihre Spielweise ist eine Mischung aus Stanislawski und etwas überzogener Typisierung, die das Ziel verfolgt, Vertreter der Gesellschaft in Simbabwe nachzuahmen. *Waiting for Constitution* spielt unmittelbar auf den Verfassungsgebungsprozess der letzten Jahre an. Bis zum Jahr 2013 hatte Simbabwe keine Verfassung. Im Jahr 2009, mit dem Beginn der Regierung der Nationalen Einheit, einem Bündnis aus beiden politischen Parteien des Landes (bis 2013), versprach Präsident Mugabe aufgrund des Drucks durch die ehemalige Oppositionspartei MDC (Movement for Democratic Change), schnellstmöglich eine Verfassung zu verabschieden und dabei die Bevölkerung miteinzubeziehen. In *Waiting for Constitution* kommen so unterschiedliche Meinungen zu Wort, die um den Prozess der Verfassungsgebung kursieren, jedoch oftmals nur unter vorgehaltener Hand diskutiert werden: beispielsweise der Wunsch nach der Legalisierung von Homosexualität in der jüngeren Generation, die Vorbehalte dagegen bei der älteren. Der Dialog zwischen den einzelnen Lagern wird im Spiel möglich, denn das Theater garantiert den Schauspielern Schutz, da sie persönlich nicht die Meinung ihrer jeweiligen Rolle vertreten müssen. Die künstlerische Freiheit ermöglicht ebenfalls eine Besetzung aller Figuren, auch derjenigen, deren Meinung und Position möglicherweise von keinem der Darstellenden geteilt wird.

Doch nicht nur das Rollenspiel – also eine klassische Theatertechnik – schützt die Beteiligten vor möglichen politischen Konsequenzen. Auch der

Ort der Aufführung schien für viele Besucher der landesweiten Tour ein geschützter zu sein. Im Gegensatz zu anderen Initiativen zum Verfassungsgebungsprozess hatte die Bevölkerung keine Furcht, bei den Aufführungen anwesend zu sein, so der Regisseur Daves Guzha:

> Whereas the outreach team meetings are full of tension and fear, *Waiting for Constitution* has no hassles with the people. The people feel so free that they open their hearts to the actors – telling them that they wished they were the ones collecting their views. They said they like the play because it was coming to the people unlike the teams, which were asking people to gather at certain venues where they could not go because they were being watched.[5]

Die unterschiedlichen Standpunkte der Figuren des Stückes führten zu einer politisch weitgefächerten und intensiven Diskussion im Publikum, so Guzha in einem Interview:

> As artists we have been touched by the way the play has been received by people of different political affiliations, ideologies and backgrounds. [...] People have shown their hunger to speak. The issue of homosexual rights has been largely opposed by most of these communities while the issue of federal Zimbabwe raised in the play has been supported by many in Manicaland. Women have also come out in full support of meaningful gender equality in the constitution while some people have questioned how the land issue is going to be addressed in the new constitution.[6]

In der Inszenierung werden die Interventionsversuche sowohl der internationalen Geberschaft als auch des Staates unterwandert. Die beschriebene Schauspieltechnik ermöglicht es, diverse – auch regimekonforme – Typen der Gesellschaft darzustellen, womit das Regime besänftigt ist. Das Rollenspiel ermöglicht den Schauspielern zu argumentieren, dass sie nicht die Meinung ihrer jeweiligen Figur vertreten. Bei Verhören durch die Polizei ziehen sie sich so oftmals aus der Affäre, was jedoch nicht immer gelingt. Die westlichen NGOs können mit der Subvention der Stücke nicht allein die Werte der westlichen Welt fördern, sondern die Stücke präsentieren auch regimetreue, in ihrer Tendenz anti-westliche Meinungen, was nicht unbedingt zu den Zielen der europäischen NGOs gehört. Gleichwohl kann festgestellt werden, dass Rooftop Promotions mit Stücken wie *Waiting for Constitution* in erster Linie einen Wertekanon fördert, den die westliche Welt vertritt, und agiert somit im Sinne eines neokolonialen Protektorats.

Nicht nur die Themen, sondern auch die Form des Theaterspiels als geschlossenes Werk, bei dem das Publikum lediglich zuschaut und nicht ins Geschehen involviert wird, und die darauffolgende Diskussion mit allen Anwesenden sind sichtlich am Modell des ‚Theatre for Development' orientiert. Zwar erschaffen die Aufführungen von *Waiting for Constitution* einen geschützten Raum, in welchem die Teilnehmenden offen über den Verfassungsgebungsprozess diskutieren können, doch zugleich verbirgt sich dahinter die Strategie, die Werte, für welche die internationale Entwicklungszusammenarbeit steht, zu ‚schützen' und die Regierungsarbeit Mugabes als undemokratisch und rückwärtsgewandt zu karikieren. Dagegen deuten die Versuche des Regimes, die Theaterprojekte zu beeinflussen, und die Angst der Bevölkerung vor der Teilnahme an politischen Diskussionsveranstaltungen darauf hin, dass Mugabe und seine Herrscherelite ihre Machtposition zu stärken versuchen, indem sie diese öffentlichen Räume des Theaters kontrollieren.

Die rege Teilnahme an Diskussionen und die verschiedenen Standpunkte unterschiedlicher politischer Couleur zeigen jedoch auch, dass die vermeintlichen Dichotomien wie ‚europäisch/afrikanisch' ebenso überholt sind. Obwohl die Herrscherelite um Robert Mugabe die simbabwischen Traditionen hochhält, sind diese – das zeigen die Publikumsdiskussionen nach den Aufführungen – einem großen Teil der Mittel- und Oberschicht oder auch der jüngeren Generation fremd geworden. Gleichzeitig wird deutlich, dass manche Aspekte des westlichen Wertekanons in einigen Teilen der Bevölkerung Unbehagen hervorrufen. Trotz der öffentlichen Kontrolle des Regimes und dem Bestreben der internationalen Kulturförderung, westliche Demokratiemodelle und Wertesysteme durchzusetzen, bietet *Waiting for Constitution* Möglichkeiten, beiden angeblich anti-hegemonialen (anti-kolonial und anti-diktatorisch) Strategien entgegenzuwirken: Die Unabhängigkeit der gesellschaftspolitischen Diskussion wird nicht nur anhand des geschützten Raumes der Narrenfreiheit sichtbar, den das Theater als Kunstraum jenseits des realen Raums schafft, sondern auch in der Möglichkeit, ein breites Spektrum an Meinungen typisiert darzustellen und diese allesamt auf parodistische Art und Weise zu hinterfragen. Einseitige politische Richtungssetzungen und deren Interventionsbestrebungen werden so unterwandert.

1 *Operation Murambatsvina* (Shona für ‚Müllentsorgung') bezeichnet die von der Regierung am 25. Mai 2005 unter dem Namen *Operation Restore Order* durchgeführte Zerstörung von ‚illegal' gebauten Häusern und Marktständen in Harare und Bulawayo. Ganze Townships, in denen die Zahl der Oppositionsanhänger besonders hoch war, wurden mit großen

Raupen und Baggern niedergewalzt. Zehntausende Menschen verloren ihr Heim und wurden in ländliche Gebiete vertrieben.

2 Heinicke, Julius: *How to cook a Country: Theater in Zimbabwe im politisch-ästhetischen Spannungsfeld,* Trier 2013, S. 49–58.

3 Ngũgĩ wa Mĩriĩ/Ngũgĩ wa Thiong'o: *I Will Marry When I Want,* London 1982.

4 Chifunyise, Stephen: *Waiting for Constitution*, Uraufführung 2010, Theatre in the Park, Harare, Regie: Daves Guzha.

5 „*Waiting for Constitution* more popular than COPAC", http://www.rooftoppromotions.org/index.php?limitstart=32, Zugriff: 1. Mai 2015.

6 „Waiting for Constitution Proves a Hit", http://www.thezimbabwean.co.uk/articles/32528/waitingfor-the-constitution-proves-a-hit.html, Zugriff: 30. April 2015.

# DIE NABELSCHNUR INS HEUTE

Lilian Seuberling

Die Intervention, die ich im Folgenden beschreibe, fand in einer gestalttherapeutischen Ausbildungsgruppe statt, die sich am Ende des dritten Ausbildungsjahres befand.[1] Die Ausbildung erfolgte in Wochenendblockseminaren, wobei bei jedem Wochenende ein Wechsel der Übungsformen stattfand und auch immer wieder Arbeiten entweder von den Gruppenteilnehmern oder von den Ausbilderinnen vor der Gruppe demonstriert und besprochen wurden. Damit unterschiedliche Leitungsstile erfahren werden konnten, gab es neben den beiden Bezugsausbildern wechselnde Ausbilderinnen. Das Thema des Ausbildungswochenendes, an dem ich teilnahm, war die Auseinandersetzung mit dem Thema ‚Trauma' aus gestalttherapeutischer Sicht. Eine nicht unwesentliche Tatsache, die nicht nur den Gestus des Gesamtseminars, sondern auch die Intervention betrifft, scheint mir zu sein, dass der Seminarleiter Robert Psychotherapeut mit gestalt- und verhaltenstherapeutischem Hintergrund war.[2] Da diese beiden Therapieformen hinsichtlich ihres Grundgestus insbesondere in Bezug auf Intervention und Veränderung sehr differieren, hier jedoch gemeinsam auftreten, möchte ich ihre jeweilige Programmatik kurz skizzieren.

Die Verhaltenstherapie arbeitet ziel- und lösungsorientiert, sie basiert auf einer Lerntheorie, die grundsätzlich davon ausgeht, dass das, was gelernt worden ist, auch wieder verlernt oder neu gelernt werden kann. Gängige therapeutische Techniken der Verhaltenstherapie sind beispielsweise die Konfrontation mit angstauslösenden Reizen, etwa im Sinne einer systematischen Desensibilisierung, oder auch die gezielte Verstärkung und ‚Belohnung' von erwünschtem oder Löschung bzw. ‚Nichtbeachtung' von unerwünschtem Verhalten.[3] Verhaltenstherapie zielt demnach auf eine Veränderung des Verhaltens ab. Die Gestalttherapie ist hingegen in ihrem Gestus nicht primär auf Veränderung ausgerichtet. Sie versteht sich vielmehr als eine phänomenologische Praxis, bei der es darum geht, das Gegenwärtige bewusster wahrzunehmen und die vorhandenen ‚Ressourcen' in den Blick zu nehmen. Obwohl in der Gestalttherapie Veränderung nicht als Zielsetzung formuliert wird, liegt ihr ein impliziter Gestus der Veränderung zugrunde, so formuliert der Gestalttherapeut Arnold Beisser:

> Veränderung ergibt sich nicht aus einem Versuch des Individuums oder anderer Personen, seine Veränderung zu erzwingen, aber sie findet statt, wenn man sich die Zeit nimmt und die Mühe macht, zu sein, was man ist; und das heißt, sich voll und ganz auf sein gegenwärtiges Sein einzulassen.[4]

Das Ziel wird nicht in einer Veränderung für die Zukunft verortet, sondern (zunächst) in der Annahme der Gegenwärtigkeit. Die Veränderung entsteht in dem Moment nahezu als ein Nebenprodukt, in welchem die Klientin den Wunsch aufgibt, anders werden zu wollen, und stattdessen versucht zu sein, wer sie ist.[5]

Das Wochenendseminar bezog sich vor allem auf die dialogische Traumatherapie nach der Theorie von Willi Butollo und Regina Karl, die als ein Integrationsversuch von Verhaltenstherapie und Gestalttherapie verstanden werden kann, in welchem die Dichotomie zwischen „Verhalten ändern wollen *oder* phänomenologisch arbeiten" durch ein *und* aufgelöst wird. Dies ist ein nicht ganz spannungsfreier Prozess, der sowohl den Gestus des Seminars als auch die gleich beschriebene Intervention durchzog.

Da die Intervention in den Kontext des Themas Trauma eingebettet war, möchte ich hier einleitend einige Seminarinhalte kurz zusammenfassend vorstellen. Ausgehend von dem ICD 10[6] fand in dem Seminar zunächst eine Begriffsbestimmung statt, dabei wurde zwischen dem Ereignis und der Reaktion auf ein Ereignis unterschieden. Zudem wurden schützende, protektive Faktoren thematisiert und solche, die eine posttraumatische Belastungsstörung wahrscheinlicher machen (Komorbidität). Die Grundprinzipien der dialogischen Traumatherapie nach Butollo und Karl wurden daraufhin ausführlicher vorgestellt und diskutiert.[7] Diese unterscheiden zwischen einem *peri*traumatischen (während des Traumas) und *prä*traumatischen (vor dem Trauma) Selbst(erleben). Peritraumatisch erlebt der Mensch eine Ohnmacht und Selbstunwirksamkeit, die im Angesicht der realen Gefährdung zu Angst, Hilflosigkeit und Lähmung führt. Das Belastungspotenzial übersteigt während des traumatischen Ereignisses das gewohnte Bewältigungsrepertoire. Es kann nicht mehr zwischen Figur und Hintergrund unterschieden werden, das erlebende Subjekt wird förmlich überflutet, sodass beim Auftreten von Erinnerungsreizen eine Reaktualisierung und Wiederholung des Erlebens als ‚Opferselbst' einsetzt und auf das Empfinden des prätraumatischen Selbst nicht mehr zugegriffen werden kann.

Ziel der dialogischen Traumatherapie ist es daher, das peritraumatische Selbst zu begrenzen und das prätraumatische Selbst wiederherzustellen. Während des Traumas entsteht häufig ein Gefühl von Grundverunsicherung, der Boden wird nicht mehr als tragend erlebt. In der Traumatherapie ist es daher wichtig herauszufinden, was im gegenwärtigen Augenblick diesen grundlegenden Boden zurückgeben kann. Dieses Prinzip betont auch Laura Perls, eine der Begründerinnen der Gestalttherapie, die „Support“ und „Self-Support“ als wesentliche Elemente der Gestalttherapie besonders hervorhebt.[8] Eine ihrer zentralen Fragen ist, wie sich ein Mensch selbst stützen kann und welche Unterstützung er oder sie braucht, um sich wieder selbst stützen zu können.

Die im Folgenden beschriebene Intervention fand in einer für die Teilnehmenden des Wochenendseminars freiwilligen Abendsitzung statt, in der Robert dazu einlud, mit eigenen Themen zu arbeiten, die nicht zwangsläufig mit dem Thema Trauma zu tun haben mussten. Zu dem Termin waren drei Viertel der Gesamtgruppe anwesend, zwei Teilnehmende wollten ein persönliches Thema genauer betrachten. Zu Beginn der fünfzigminütigen Sitzung ließ der Ausbilder das konkrete Anliegen formulieren. Die Gruppe saß zusammen mit dem Leiter in einem Stuhlkreis, wobei sich die Intervention zwischen dem Ausbilder Robert in der Rolle des Therapeuten und der Ausbildungsteilnehmerin Evelyn in der Rolle der Klientin ereignete.

Die Intervention wies in dieser Therapieform eine Doppelfunktion auf, der ein Aufführungscharakter innewohnte: Zum einen diente sie als Demonstration gestalttherapeutischer Arbeitsweisen für die anderen Teilnehmenden und zum anderen stellte sie eine Einladung dar, an einem persönlichen Thema weiterzuarbeiten. Den anderen Teilnehmenden kam dabei die Rolle der Lernenden und Zuschauenden zu, wobei diese Art der Zuschauerposition auch die Option offenhielt, als Akteurin in den Prozess auf Initiative des Therapeuten aktiv einbezogen zu werden. Ein Aufführungscharakter deutet sich aber auch außerhalb des Ausbildungsrahmens in gestalttherapeutischen Gruppen an: So ist es durchaus üblich, dass Einzelarbeiten vor einer Gruppe stattfinden, wobei davon ausgegangen wird, dass auch bei den Zuschauenden eigene Prozesse angestoßen werden können, die dann wiederum Teil des gestalttherapeutischen Settings sind. Die Gruppe stellt dabei eine eher begrenzte Öffentlichkeit dar. Eine öffentliche Aufführung im eigentlichen Sinne ist in der Regel nicht Teil des Settings.

Thematischer Ausgangspunkt für die Intervention während des Wochenendseminars war, dass Evelyn immer wieder ein enges Gefühl in ihrem Hals verspürte, was sich in manchen Situationen wie ein Zuziehen anfühlte. Narrativ stellte sie einen autobiografischen Zusammenhang zu ihrer Geburt her, wobei die körperlichen Symptome den Ausgangspunkt für die Nachforschungen zu ihrer Geburt dargestellt hatten. Wie sie von ihrer Mutter erzählt bekam, war bei ihrer Geburt ihr Körper aufgrund der um ihren Hals gewickelten Nabelschnur blau angelaufen. Ihr Anliegen für diese Sitzung war, sich mit dem Engegefühl in ihrem Hals auseinanderzusetzen, welches meist in Situationen auftrat, die sie verunsicherten oder beängstigten. Das Engegefühl trat dann in den Vordergrund.

Das Geschehen zwischen Robert und Evelyn begann mit einer Bewegung des Sichzuwendens, indem beide ihre Stühle etwas mehr zueinander drehten. Robert fragte Evelyn, ob der Abstand für sie so angenehm sei, was sie bestätigte. Robert erfragte im Gespräch nun zunächst, ob sie die körperlichen Symptome ärztlich habe untersuchen lassen, was Evelyn bejahte. Es sei jedoch nichts gefunden worden. Dann erst sprach Robert sie direkt auf ihren Hals an und fragte, ob sie jetzt etwas dort spüre. Ausgangspunkt der Intervention war demnach ein körperliches Symptom, was sich auch in der aktuellen Situation bemerkbar machte; so beschrieb Evelyn, dass das Gefühl des Zuziehens sich hier wiederholte. Zu vermuten war, dass das Engegefühl im Hals von Evelyn als unangenehm empfunden wurde. Es trat in den Vordergrund und wurde implizit von einem angenehmen Gefühl differenziert. Ein Wunsch nach Veränderung wurde zwar nicht explizit geäußert, war aber anzunehmen.

Der Gestus von Roberts Intervention war zunächst ein fragender. In mancher Hinsicht war das Intervenieren hier wirklich als ein Dazwischentreten zu verstehen, jedoch trat es bisweilen auch als ein Stützen oder Bestätigen in Erscheinung.[9] In Roberts Aktionen, Sprechakten und Gesten fanden sich Impulse, die eine Richtungsänderung hervorrufen sollten, neben solchen, die mehr einen bestätigenden oder explorierenden Charakter aufwiesen und eine Art Basis für die richtungsändernden Impulse darzustellen schienen, weswegen ich sie als stabilisierende Impulse bezeichnen möchte. Die Intervention stellte sich als eine Dramaturgie aus drei Impulsen dar, und zwar einer Einladung (1.) zur Imagination, (2.) zur verkörperten Aktion und (3.) zu einer Erprobung und Einübung des Erfahrenen. Diese Impulse lenkten den Prozess richtungsweisend und wurden von Stabilisierungsimpulsen abgewechselt. Veränderung und Stabilisierung stellten als zwei Pole folglich zwei Bewegungsrichtungen der Intervention dar.[10] Bevor der erste richtungsändernde Impuls, der vom Therapeuten ausging, vorgenommen wurde, fand eine Auftragsklärung statt, in der Evelyn die Bewegungsrichtung der Intervention mitbestimmen konnte. Auch wurde durch die gegenseitige Zuwendung das Einverständnis für die Intervention nochmals bestätigt und die therapeutische Beziehung stabilisiert.

Zu Beginn der Sitzung steuerte Evelyn gleich gegen die Enge im Hals an, sobald sie diese erspürte: „Ja es wird enger, ich muss bewusster atmen." In diesem Moment trat sie handelnd dem Gefühl der Enge entgegen und folgte damit dem Prinzip des Verändernwollens.

### Imagination

Auf dieser Grundlage erfolgte daraufhin der erste richtungsändernde Impuls mit der Frage: „Kannst du dir vorstellen, was du tun musst, um es enger zu machen?“ Diese Frage zielte anders als die Strategie von Evelyn scheinbar nicht darauf ab, die Enge verschwinden zu lassen, sondern darauf, die Gegenrichtung einzunehmen und das, was ist, noch deutlicher spürbar werden zu lassen, was eine paradoxe und typisch gestalttherapeutische Handlungsweise ist.[11] Der Impuls bestand darin, dass eine Einladung ausgesprochen wurde, imaginativ selbst in Aktion zu treten und das Engegefühl im Hals bewusst eigenständig herbeizuführen. Der Polarität des Enge- und Weitegefühls des Halses wurde hier die Polarität des Aktiv- und Passivseins an die Seite gestellt. Dieser Impuls implizierte, dass der Ausgangspunkt „mir passiert das Engegefühl im Hals“, der bei Evelyn, wie sie erzählte, im Alltag oft mit einem Gefühl von Ohnmacht verbunden war, durch den Impuls gedanklich zurückgelassen wurde. Dieses Dazwischentreten, das von Robert ausging, kann durchaus als ein Dazwischentreten zwischen ein passives Selbstbild und ein körperliches Symptom verstanden werden. Dieser erste richtungsändernde Impuls war in erster Linie durch die Einladung zum imaginären Handeln charakterisiert, das paradoxerweise ein Verstärken von etwas, was Evelyn *nicht* mehr haben wollte, sein sollte. Während dieser Phase ging es darum, die Bewegungsrichtung des ‚Zuziehens‘ in der Vorstellung selbst zu produzieren, ja sogar zu verstärken.

Dieser Impuls könnte auch als eine Provokation des alten Systems verstanden werden und schien darauf abzuzielen, Evelyns gedankliche Handlungen, die zur Produktion des Engegefühls führten, genauer zu ergründen, um damit eine bewusstere Wahrnehmung des eigenen Tuns zu ermöglichen. Das Dazwischentreten schien hier zwischen dem alten, eher passiv gedachten Selbstbild und dem auftretenden Symptom vollzogen zu werden, wobei der Schritt dazwischen nicht einer mit leeren Händen war: Gerade durch das Eröffnen der gedanklichen Möglichkeit, dass Evelyn selbst aktiv intervenieren könne, hatte sich etwas verändert. Evelyn befand sich nicht mehr zwischen passivem Ausgeliefertsein und Symptom, sondern zwischen passivem Ausgeliefertsein und aktivem Handeln. Durch die Frage „Kannst du dir vorstellen, was du tun musst, um es enger zu machen?“ wurde also ein neues Dazwischen konstituiert und definiert. Das Fortbestehen des Prozesses hing daraufhin davon ab, ob diese Neuperspektivierung von der Klientin auch angenommen werden würde.

Dem ersten richtungsändernden Impuls folgte eine Ermutigung zur Selbstermächtigung. Der Ausgangspunkt war, dass alleine die Vorstellung, überhaupt mit dem Thema des Engegefühls im Hals zu arbeiten, in Evelyn schon etwas Existenzielles auslöste und sich das Gefühl im Hals dabei verstärkte. Robert eröffnete Evelyn die Möglichkeit, den Prozess jederzeit zu beenden: „Wie wäre es für dich, wenn ich bei einer kleinen Bewegung deines kleinen Fingers sofort aufhöre und du den Prozess stoppen kannst?" Hier schien sich die erste Situation widerzuspiegeln, indem Evelyn als aktiv Handelnde adressiert wurde, der nicht etwas widerfuhr, wie im peritraumatischen Selbsterleben, sondern die in der Gegenwart entscheiden konnte, ob überhaupt eine Intervention stattfand und wie lang diese andauerte. Durch die Wiederholung schien zudem das neudefinierte Dazwischen stabilisiert zu werden, weswegen der Impuls auch als ein Stabilisierungsimpuls bezeichnet werden könnte, der wiederum die Grundlage für weitere Impulse darstellte. Die Freiheit, entscheiden zu können, wie weit sie gehen wollte, schien Evelyn zu erleichtern. Sie beschrieb, dass das Gefühl in ihrem Hals sofort leichter wurde. Während sie sprach, legte sie ihre Hand auf ihr Herz und schien sich damit, ähnlich wie mit der Atmung, selbst zu unterstützen.

Beim Explorieren des Gefühls äußerte sie die Angst, wieder zu dissoziieren.[12] Nun beschrieb sie ihre Angst aber anders: „Es ist auch nicht Angst, in den Zustand zu kommen, es ist eher Angst zu erfahren, dass es [die Geburtssituation] Auswirkungen hat!" An dieser Stelle erfolgte eine Differenzierung. Dort, wo Robert sie bisher in ihren Aktionsmöglichkeiten in der Gegenwart angesprochen hatte, sprach er nun eine Anerkennung der Hilflosigkeit in der Ursprungssituation aus. Der Impuls schien eher eine Bestätigung zu sein, dass die Situation, die Nabelschnur um den Hals zu haben, eine lebensbedrohliche Situation gewesen war, die selbstverständlich Auswirkungen hatte: „Du warst blau. Es brauchte Hilfe von außen. Jemanden, der die Nabelschnur wegnimmt." Das heißt, Robert bestätigte und anerkannte das Traumaerlebnis und Evelyns verständliche Angstreaktion. Auch die ursprüngliche Angst vor Dissoziation griff Robert auf, indem er fragte, wie ihr Frühwarnsystem aussehe. Es stellte sich heraus, dass sie die Anzeichen sehr genau benennen konnte und durch bewusste Atmung einen Weg gefunden hatte, damit umzugehen. Nach der Unterscheidung zwischen Ursprungssituation und Gegenwart oder – anders formuliert – zwischen peritraumatischem und prätraumatischem Selbsterleben,[13] ging Robert zur nächsten Phase über, der verkörperten Aktion. Während die erste Phase noch auf der Ebene des Spürens, Wahrnehmens und Imaginierens verblieb, fand nun eine Verkörperung statt.

### Verkörperte Aktion

Das, was im ersten Schritt imaginativ vorgenommen wurde, erfolgte nun in einer verkörperten Handlung. Dabei fand nicht nur eine Verkörperung statt, sondern es wurde auch eine Verlagerung von einer intrapersonellen Thematik auf eine interpersonelle Ebene vollzogen, wodurch sich die Bewegungsrichtung änderte. Es ist der wohl markanteste Zug der hier beschriebenen Intervention, dass Gefühle und imaginative Vorstellungen im Laufe des therapeutischen Geschehens in sehr konkreter Weise verkörpert wurden. Imaginationen, Vorstellungen und Empfindungen erhielten einen zwar in mehrfacher Hinsicht verlagerten, aber dadurch nicht minder klar umrissenen körperlichen Ausdruck. Eingeleitet wurde diese entscheidende Phase durch den folgenden richtungsverändernden Impuls: „Was müsstest du mit mir machen, damit ich mich so fühle, wie du dich fühlst?" Nachdem die Klientin äußerte, dass sie sich das nicht trauen würde, fügte Robert durchaus mit Humor hinzu, dass er seine Gurgel auch nicht zur Verfügung stellen würde, sondern seinen Arm. Bei dem richtungsändernden Impuls wurde nun also nicht mehr das eigene Tun aktiv gedanklich verstärkt, sondern das aktive Tun körperlich vollzogen, wobei eine Verlagerung von der Gurgel auf den Unterarm, eine gefahrenärmere Körperstelle, stattfand. Dem richtungsändernden Impuls folgte ein bestätigender, unterstützender Impuls, indem Robert Evelyn dazu einlud, noch ein Geräusch zu dem Drücken hinzuzunehmen, wenn sie das wolle. Evelyn wirkte bei der Aktion im Vergleich zum Beginn der Sitzung sehr kräftig und energiegeladen. Nach ihrem Gesichtsausdruck zu urteilen, der eine leichte Röte aufwies, schien sie relativ fest zuzudrücken. „Pffffff", kam es gepresst über ihre Lippen. Mit kraftvollerer und auch lauterer Stimme äußerte sie: „Bei mir ist nichts am Hals, die Kraft ist jetzt im Arm!" Sie lächelte dabei und sagte: „Mh, es ist gut, es befreit wirklich!"

Dieser Sequenz folgte noch ein weiterer Impuls, denn die Sitzung schien noch nicht zu Ende zu sein, als der Therapeut sagte: „Gut. Fertig." Er nahm dabei auf die zu Beginn geäußerte Angst von Evelyn Bezug, überhaupt an der traumatischen Erfahrung zu arbeiten, was in diesem Moment im Kontrast zu der nun sehr kraftvoll wirkenden Evelyn stand, die offenkundig gerne noch weiter daran hätte arbeiten wollen. Der neuerliche Impuls zielte so auf die Aktivierung und Selbstverantwortung von Evelyn ab. Ebenso wie ich als Zuschauende von dem scheinbaren Ende überrascht war, war auch Evelyn irritiert. Die Provokation zur Positionierung und die daraus folgende Fortsetzung der Intervention stellte sich wie eine Bestätigung des gemeinsamen Arbeitsbündnisses dar, welche die Grundlage für die dritte Phase der Sitzung bildete. Diese war meines Erachtens stark von einem verhaltenstherapeutischen Gestus des Einübens von Verhalten sowie der Exposition und Desensibilisierung geprägt.[14]

## Erprobung

In dieser Phase der Arbeit fand wiederum eine Verschiebung statt: So wurde das Engegefühl, das zuvor auf Robert übertragen wurde, indem Evelyn seinen Arm drückte, nun wieder zu ihr zurückverlagert. Das Drücken des Armes eines anderen wurde hier nun zu einem Drücken ihres eigenen Armes. Ausgangspunkt der dritten Interventionsphase war die Übertragung und Anwendung auf eine andere Angstsituation, bei der ursprünglich ein Engegefühl im Hals zu erwarten gewesen wäre.

Auf Nachfrage des Therapeuten, wovor Evelyn noch Angst habe, nannte sie die Dunkelheit. Daraufhin fragte er, ob es zu viel für sie wäre, alleine ums Haus zu gehen. Die Frage schien einem Aufbau zu folgen. Draußen war es stockdunkel – Evelyns Antwort wirkte vorhersehbar. War es eine Provokation des Therapeuten, um der Klientin eine Selbsteinschätzung abzuverlangen? Offensichtlich war zumindest, dass ein Erleben, das zuvor entdeckt wurde, in dieser Phase eingeübt werden sollte, wobei mit der Methode der Desensibilisierung aus der Verhaltenstherapie gearbeitet wurde. Robert schlug eine abgemilderte Form des Experiments vor. Evelyn stellte sich an das geöffnete Fenster, das den Blick auf die nur gerade noch sichtbaren Tannen ermöglichte. Mit der Gruppe im beleuchteten Raum in ihrem Rücken verspürte sie keine Angst, daher schlug Robert in einem weiteren Schritt vor, das Licht im Raum zu verringern. Er animierte sie, den Blick zwischen Dunkelheit und Gruppe hin und her pendeln zu lassen und, sobald sie ein Engegefühl im Hals bemerkte, mit ihren eigenen Händen in Aktion zu treten und Druck auf ihren Unterarm auszuüben. Evelyn erprobte das vorgeschlagene Vorgehen und beendete dann die Intervention, indem sie äußerte: „Ich glaub, es reicht!"

In dieser therapeutischen Intervention wechselten sich richtungsändernde Impulse, welche die Gesamtstruktur des Prozesses geprägt hatten, mit stabilisierenden Impulsen ab, die die Basis für die richtungsändernden Impulse darstellten. Der gestalttherapeutische Gestus der Arbeit lässt sich, etwa in der Arbeit mit Polaritäten, hier mit den Polen Veränderung und Stabilisierung sowie Passivität und Aktivität deutlich erkennen. Die ersten beiden Phasen der Intervention waren in erster Linie von den paradoxen Impulsen im Denken und im zweiten Schritt im Handeln geprägt, wobei sich auch der Gestus des traumatherapeutischen Vorgehens, wie er im Seminar besprochen wurde, deutlich manifestierte: einerseits, indem immer wieder stabilisierend gearbeitet wurde, und andererseits, indem die klare Unterscheidung von peritraumatischem Selbsterleben und prätraumatischem Erleben implizit verdeutlicht wurde. In dieser Unterscheidung könnte man wiederum zwei Pole desselben Themas erkennen. Die dritte Phase der Intervention ließ schließlich einen verhaltenstherapeutischen

Gestus in den Vordergrund treten, indem das zuvor Explorierte an einer anderen Situation im Modus der Desensibilisierung eingeübt wurde. Der Charakter der richtungsändernden Impulse blieb stets fragend und implizierte damit für die Klientin eine Art Wahlfreiheit. Eine Intervention, die auf Selbstermächtigung abzielte, schien hier tatsächlich in einer Stärkung von Handlungsfähigkeit zu münden.

1 Die gestalttherapeutische Ausbildung dauert insgesamt vier Jahre und umfasst pro Jahr zwölf Wochenendseminare. Zusätzlich müssen Sonderseminare, Eigenlehrtherapie und Supervision sowie eigene Praxisstunden absolviert werden. Die Ausbildungsgruppe, die sich am Ende des dritten Jahres befand, war also schon eine recht fortgeschrittene Gruppe.

2 Alle Namen sind zur Anonymisierung geändert.

3 Vgl. www.therapie.de/psyche/info/index/therapie/verhaltenstherapie, Zugriff: 23. Juli 2015.

4 Beisser, Arnold R.: „Gestalttherapie und das Paradox der Veränderung", in: *Gestaltkritik* 1 (1998). Hier zitiert nach: http://www.gestalt.de/beisser_paradox.html, Zugriff: 22. Juli 2015.

5 Vgl. ebd.

6 ICD steht für ‚International Classification of Diseases' und ist ein international statistisches Klassifizierungssystem von Krankheiten und verwandten Gesundheitsproblemen, das von der WHO herausgegeben wird und auch die Grundlage der Klassifikation des deutschen Gesundheitssystems darstellt. Vgl. http://www.who.int/classifications/icd/en, Zugriff: 31. Juli 2015.

7 Butollo, Willi/Karl, Regina: *Dialogische Traumatherapie. Manual zur Behandlung der Posttraumatischen Belastungsstörung,* Stuttgart 2012.

8 Perls, Laura: *Leben an der Grenze. Essays und Anmerkungen zur Gestalttherapie,* Köln 1989, S. 53–61.

9 Vgl. dazu das weiter oben beschriebene Support- und Self-Support-Konzept von Laura Perls.

10 Mit Bezug auf die Gestaltpsychologie wird in der Gestalttherapie davon ausgegangen, dass der Mensch in Unterschieden wahrnimmt, wobei durch die Differenz der Wahrnehmung eine polare Struktur entsteht, dessen Pole jedoch aufeinander bezogen sind.

11 Vgl. Endnote 4.

12 Dissoziation: „Ein fortlaufender Prozess, in dem bestimmte Informationen (etwa Gefühle, Erinnerungen und Körperempfindungen) von anderen Informationen getrennt gehalten werden, mit denen sie normalerweise logisch verbunden wären. Dissoziation ist ein psychischer Abwehrmechanismus, der auch psychobiologische Komponenten hat." Siehe Putnam, Frank W.: *Diagnose und Behandlung der Dissoziativen Identitätsstörung*, Paderborn 2003, S. 9.

13 Da das Trauma-Erlebnis in diesem Beispiel am Beginn des Lebens steht, ist zu hinterfragen, inwiefern hier die Unterscheidung in peritraumatisch und prätraumatisch im wörtlichen Verständnis sinnvoll erscheint. Sie ist hier allenfalls in einem übertragenen Sinne verwendbar. Aus Evelyns Beschreibung geht hervor, dass das Engegefühl häufig in Situationen der Angst auftritt. Sie wird in solchen Situationen möglicherwiese an ihre Ursprungsangst erinnert. Die von ihr beschriebenen Symptome, etwa Starregefühl und Dissoziation, können auf ein peritraumatisches Erleben hindeuten.

14 Der spezifisch verhaltenstherapeutische Gestus ergibt sich an dieser Stelle vor allem aus der Intention, die der Einübung des Verhaltens zugrunde liegt, nämlich einer Desensibilisierung. Das Einüben bzw. Erproben von Verhalten selbst ist aber durchaus auch ein wichtiger Gestus der Gestalttherapie, beispielsweise in Rollenspielen, wobei der Fokus mehr auf dem Wahrnehmen des Geschehens liegt.

# INTERVENIERENDE BEWEGUNGEN. DER WALK ACT IN ÖKONOMISCHEN KONTEXTEN

Fabian Lempa

Von den zahlreichen heterogenen Formen von applied theatre in Unternehmenskontexten, die sich in Deutschland vor allem seit Anfang der 1990er Jahre verstärkt etabliert haben, ist der sogenannte Walk Act wissenschaftlich bisher kaum untersucht worden.[1] Bei dieser Theaterart, die häufig auf Messen, während Tagungen und im Rahmen von Firmenevents eingesetzt wird, schlüpfen die Schauspieler und Schauspielerinnen in verschiedene Rollen (z. B. Kellner, Abteilungskollegin, Security-Mitarbeiter, Polizistin, Gastrednerin) und mischen sich, exponierend kostümiert oder unauffällig dem Dresscode der Veranstaltung angepasst, unter die Gäste und Mitarbeiter.[2] Dabei versuchen sie, mit diesen durch Gespräche und animierende Handlungen Momente der spielerischen Interaktion herzustellen oder aber deren Aufmerksamkeit auf ihr Verhalten zu lenken, um so beispielsweise Bezüge zum Thema der Veranstaltung zu erzeugen. Walk Acts finden, wie es der Name bereits impliziert, zumeist in Bewegung statt. Die Akteurinnen und Akteure sind nicht an einen festen Bühnenort gebunden, sondern spielen ihre Rollen unter kontinuierlichen Standortwechseln inmitten ihres Publikums.

Die Zielsetzungen, die von den beauftragenden Unternehmen an den Einsatz von Walk Acts geknüpft werden, reichen von Unterhaltung über die Schaffung von Aufmerksamkeit für spezifische, firmenrelevante Thematiken bis hin zur gezielten Vermittlung bestimmter Botschaften.[3] Natürlich können auch mehrere Ziele zugleich anvisiert werden. Diese Vielzahl unterschiedlicher Verwendungsgründe lässt den Walk Act in diversen Ausformungen zutage treten. Stets führt die jeweilige Spezifik des gewünschten Zwecks zu einer anderen Erscheinungsform, stets zieht sie unterschiedliche Modi des Performativen nach sich, die mal weniger und mal mehr Raum für kontingente Prozesse ermöglichen, wie das folgende Fallbeispiel zeigen wird.

Es handelt sich um einen Walk Act, der während der Abendveranstaltung eines Unternehmens aufgeführt wurde und mit dem – zumindest auf den ersten Blick – primär die Intention verfolgt wurde, die Anwesenden zu unterhalten. Vorgegeben war somit eine Zielsetzung, die im Gegensatz zu denen anderer Arten von applied theatre in Unternehmen weniger konkret und sichtbar auf organisatorische, für das Unternehmen besonders bedeutsame Veränderungen ausgerichtet war. Eine nähere Hinterfragung der Absichten des Unternehmens, das diesen Walk Akt gebucht hat, wird jedoch zeigen, dass neben dem vordergründigen Unterhaltungsziel auf Auftraggeberseite durchaus weitere, transformatorische Erwartungen bestanden, die an diese Theaterform geknüpft wurden. Die Ermittlung dieser internen Ziele zieht zugleich die Notwendigkeit einer Auseinandersetzung mit der konkreten Interventionsqualität des skizzierten Walk Acts nach sich. Eine Analyse seines performativen Bewegungsmodus, der in großem Maße plötzliche und unerwartete Prozesse zu begünstigen schien, wird daher schließlich die interventionistische Charakteristik sowie den spezifischen Gestus dieser Theaterform in Gänze evident werden lassen.

## Ein Ehepaar, ein Konto und viele Banker

„Wir machen jetzt mal Armdrücken, dann können Sie beweisen, wie stark sie und ihr Institut sind! Vielleicht eröffnen wir unser Konto dann bei Ihnen", stellt Margot ihrem Gegenüber, einem sichtlich irritierten Bankmanager, in Aussicht. Seine spontan vorgetragenen Argumente, mit denen er kurz zuvor für die Konditionen und Qualitäten seiner Bank zu werben versucht hatte, haben sie und ihren Mann Horst anscheinend nicht überzeugt. Viel zu verkopft, viel zu kontrolliert und vor allem eines – viel zu wenig theatral. Horst hält die Tasche, Margot ergreift die Hand des Bankers und die vier Kollegen, mit denen dieser sich gerade noch bei einem Glas Wein über den alltäglichen Berufswahnsinn ausgetauscht hatte, bilden das Publikum. Die Spiele mögen beginnen. Es ist ein kurzer klamaukiger Kampf, den der Banker – angetrieben von der Angst, gegen die auffallend rosa kostümierte Frau blamabel zu verlieren – gewinnt. Seine Mimik zeigt eine deutliche Spur der Erleichterung. Auch Margot scheint trotz ihrer Niederlage durchaus angetan zu sein und möchte nun von einem der anderen Geldinstitutsleiter wissen, ob dieser mit der Performance seines Kollegen mithalten kann. „Und warum sollte ich mein Geld bei Ihnen anlegen, Herr …?"

Diese szenische Momentaufnahme stammt aus einem Walk Act, den ein Berliner Unternehmenstheater im Auftrag eines Dienstleisters aus der Bankenbranche durchgeführt hat. Das Serviceunternehmen, das als strategischer Partner Geldinstitute deutschlandweit mit diversen Back-Office-Angeboten unterstützt (z. B. der Abwicklung des Zahlungsverkehrs, der Übernahme der Postlogistik für die Kundenbank usw.), hatte wichtige Kunden (und zugleich Kollegen[4]), allesamt leitende Manager und Managerinnen regionaler Bankinstitute, nach Berlin eingeladen, um diese über anstehende Neuerungen seinerseits zu informieren und den Kontakt zu fördern. Während dieses abendlichen Events sollte das Unternehmenstheater auf theatralem Wege für eine unterhaltsame und angenehme Atmosphäre sorgen.[5]

Dazu schlüpften zwei Schauspielerinnen und zwei Schauspieler während der ersten drei Stunden in vorher mit der Geschäftsführung abgestimmte Rollen und begaben sich paarweise unter die knapp einhundert Gäste. Diesen war die Anwesenheit der Akteure zwar im Vorfeld nicht extra mitgeteilt worden – der Walk Act sollte ein überraschendes Highlight sein –, jedoch merkten sie aufgrund der ungemein auffälligen und hervorhebenden Kostümierungen sowie der überzeichneten Spielweise recht schnell, dass es mit diesem Akteurs-Quartett etwas Besonderes auf sich haben musste. Denn dieses begann unmittelbar nach Betreten der Veranstaltung damit, die Anwesenden in interaktive Spielmomente zu verwickeln und so die Stimmung aufzulockern. Da die Interaktionen einen gewissen Bezug zum Thema ‚Kundennähe und -wünsche' sowie zum Ort der Veranstaltung bzw. dem Sitz des gastgebenden Unternehmens, also Berlin, haben sollten, wurden die Rollenpaare mit fiktionalen Hintergrundszenarios versehen, die den Ausgangspunkt für das improvisierte Spiel bildeten.

Ein Schauspielerduo verkörperte das Ehepaar Horst und Margot aus der obigen Szenenschilderung. Dieses habe sich, so das Konzept, verunsichert von den jüngsten Berliner Banküberfällen, bewusst auf diese Veranstaltung ‚verirrt', um sich hinsichtlich der Anlage seines Vermögens von den verschiedenen Bankführungskräften kompetent beraten und – im besten Fall – für ein Konto bei deren Instituten überzeugen zu lassen. Mit humorigen Diskussionen über die Qualitäten der einzelnen Kreditinstitute (den Kontokonditionen, den Sicherheitsmaßnahmen usw.), bei denen die Banker in der Spielinteraktion herausgefordert wurden, das potenzielle Neukundenpaar Margot und Horst mit allen ihnen zur Verfügung stehenden Mitteln für sich und ihre Bank zu gewinnen, wurden diese zum Mitspielen animiert. Häufig wurden auch Interaktionen zwischen einzelnen Kreditinstitutsleitern evoziert, indem sie gezielt in eine spielerische Konkurrenzsituation verwickelt wurden („Ihr Kollege hat uns gerade ein Konto OHNE Kontoführungsgebühren angeboten! Können Sie das toppen?"). Wie die eingangs beschriebene Beobachtung zudem bereits angedeutet hat, blieb die Interaktion häufig nicht auf die sprachliche Ebene beschränkt. Der Armdrückwettbewerb, mit dem Margot über die Messung der individuellen körperlichen Performance Rückschlüsse auf die ‚Stärke der Bank' ziehen wollte, war ebenso ein spielerisches Element des Walk Acts wie eine Gleichgewichtsübung, bei der sie und ein Veranstaltungsteilnehmer sich gegenüberstanden, die Handflächen aneinandergedrückt hielten und versuchten, einander aus dem Gleichgewicht zu bringen. Diese Übung, ebenfalls eine Art ‚Stärketest' innerhalb der theatralen Narration, kam aufgrund der hohen exponierenden Qualität, die viel mehr Überwindung und Mut von den Gästen erforderte, deutlich seltener zum Einsatz.

Das zweite Schauspielerpaar, das an diesem Abend die an der Veranstaltung Teilnehmenden in spontane Interaktionen zu verwickeln suchte, spielte die Figuren Mario und Lore. Sie stellten sich den Gästen als Sonderbeauftragte der Berliner Tourismuszentrale vor, deren Aufgabe es sei, ihnen im Rahmen einer kostenlosen, touristischen Weiterbildungsmaßnahme etwas über die Stadt Berlin, die Mentalität der dortigen Bevölkerung und den berlinerischen Dialekt beizubringen. Dazu wurden in einem mit viel verbalem Witz begleiteten Sprach- und Wissensquiz bestimmte Berliner Mundart-Vokabeln abgefragt, lokale Gepflogenheiten erläutert und Tipps für den Aufenthalt in der Bundeshauptstadt gegeben. Im Gegensatz zu den interaktiven Situationen des Figurenpaares Margot und Horst verliefen die Spielakte dieser beiden Figuren fast ausschließlich auf sprachlicher Ebene.

Beide Akteurspaare starteten ihre Walk-Act-Aktion gleichzeitig, allerdings räumlich voneinander getrennt. Da das Event hauptsächlich in zwei durch eine zweitürige Mittelwand getrennten Räumen stattfand, an die ein kleineres Raucherzimmer und ein Außenbalkon anschlossen, begannen Lore und Mario mit ihrem Berlin-Quiz im ersten Raum, Margot und Horst im zweiten. Beide Paare suchten sich intuitiv und selbstständig ihre Interaktionspartner und bewegten sich gegen den Uhrzeigersinn von Gast zu Gast. Ziel war es, beide Veranstaltungsräume einmal spielend durchlaufen zu haben und dabei mit allen Anwesenden interagiert oder zumindest den Versuch einer Interaktion unternommen zu haben.

### Theatrale Abendunterhaltung als Intervention?

Vor dem Hintergrund dieser starken Konzentration auf das unterhaltende Moment des performativen Aktes stellt sich nun die Frage, ob die interventionistische Qualität dieses Fallbeispiels über ein buchstäbliches Einschreiten hinausgeht. Handelt es sich hier lediglich um theatrales Entertainment? Ist dies keine theatrale Intervention? Eine Sichtweise, die dies bejaht, würde die besondere Bedeutung negieren, die dem Einsatz komischer Elemente im applied theatre in Unternehmen zuzusprechen ist, und außer Acht lassen, dass auch die anderen, konkreter auf bestimmte Probleme ausgerichteten Theaterformen, die derzeit in ökonomischen Kontexten vorzufinden sind, meist ebenfalls in hohem Maße unterhaltsam angelegt werden. Dabei hat das Komische auch bei diesen Formen oft ganz zentrale Aufgaben, wie ein Blick in die Angebote so manchen Anbieters zeigt.

So verspricht beispielsweise Frank Astor, der als Schauspieler und Business Entertainer mit „Seminar-Kabarett, Business-Kabarett und humoristischen Firmen-Event-Vorträgen“[6] in und für Unternehmen arbeitet, seinen potentiellen Auftraggeberinnen auf seiner Homepage die humorvolle Vermittlung bestimmter, fachspezifischer Inhalte bei gleichzeitiger Erzielung eines Inspirations- und Motivationseffekts auf der Belegschaftsseite. Auch sollen seine kabarettistischen Programme Momente der Selbsterkenntnis schaffen. So schreibt er: „Im Lachen erkennt sich der Zuschauer selbst und kann so neue Entscheidungen für seine Zukunft treffen.“[7]

Ein anderer Anbieter, die Kölner Good Vibrations Theater GmbH, sieht sein theatrales Portfolio, das vor allem verschiedene inszenierte Formen von applied theatre in Unternehmen umfasst, dagegen als „Kommunikation, die Spaß macht“[8]. Mit der unterhaltsamen Gestaltung der Aufführungen sollen Informationen auf emotionale Weise an die Mitarbeiter herangetragen werden. Bei diesem Anbieter steht der Einsatz komischer Mittel konzeptionell im Zentrum der Arbeit, wie die firmenphilosophische Eigendarstellung offenbart:

> Bei den Inszenierungen des Good Vibrations Theaters wird viel gelacht. Dabei hat jeder Lacher einen Grund. Was auf den ersten Blick wie gelungene Unterhaltung aussieht, entpuppt sich beim genauen Hinsehen als maßgeschneiderte Kommunikation. Mit weniger Zeigefinger und mehr Konzept.[9]

Und auch beim Hamburger Scharlatan Theater, einem der ältesten deutschen Unternehmenstheater, ist das Streben, theatral zu unterhalten, ein Grundprinzip. „Humor ist eine ernste Sache“[10], wirbt es daher beispielsweise auf einem seiner Informationsflyer und verweist mit der Verwendung dieses Seneca’schen Oxymorons dabei nicht nur auf die eigenen hohen Ansprüche, die Mittel des Komischen konsequent in die theatralen Interventionen zu integrieren, sondern auch, wie alle zuvor genannten Theaterdienstleister, auf die generelle, tiefe Überzeugung, dass dem Komischen im Allgemeinen und insbesondere zur Unterstützung ökonomischer Belange ein nicht zu unterschätzendes Wirkungspotenzial zuzusprechen ist.

Dieses Potenzial wurde innerhalb der interdisziplinären Forschung zu Humor in Unternehmenskontexten in den vergangenen Jahren verstärkt hervorgehoben. Das Spektrum der proklamierten Effekte reicht von der lockernden und emotionalen Öffnung der Belegschaft für anstehende Veränderungen (oft in Anlehnung an Kurt Lewin mit dem Terminus „Unfreezing“[11] bezeichnet) über die nachhaltige Vermittlung bestimmter Botschaften sowie die Schaffung einer enttabuisierten Gesprächsatmosphäre bis hin zur Erzeugung von Gemeinschaftsgefühlen und der Förderung wichtiger Persönlichkeits-Skills wie Kreativität oder Spontaneität.[12]

Es ist folglich davon auszugehen, dass Unternehmen, die – wie in diesem Fallbeispiel – Theater zur Unterhaltung einsetzen, sich dieser mutmaßlichen Qualitäten von Humor und Komik bewusst sind und daher an das vordergründige Ziel der Unterhaltung weitere, interne Zielsetzungen und Erwartungshaltungen knüpfen. Diesen gilt es bei der analytischen Auseinandersetzung mit derartigen Interventionen stets nachzuspüren, um das interventionistische Potenzial präzise erfassen zu können. Bei dem hier vorgestellten Walk-Act-Fallbeispiel brachte ein nachträgliches Gespräch mit dem Theateranbieter diesbezüglich Klarheit.

So erhofften sich die Verantwortlichen des Bankendienstleisters neben der Unterhaltung ihrer Gäste zudem, durch die Verwendung eines lebhaften und interaktiven Theaterformates, das diese Veranstaltung von konventionellen Events abheben sollte, als „innovationsfähig, dynamisch und menschlich"[13] in Erscheinung zu treten und ihr Image dadurch zu optimieren. Der Walk Act sollte somit als Marketingmaßnahme fungieren und der strategischen Selbstinszenierung und außenwirksamen Präsentation des Unternehmens dienen. Er schien, wie im Gespräch deutlich wurde, gerade deshalb für diesen Zweck am geeignetsten, da er einerseits durch seine interaktive Charakteristik eine besonders starke Involvierung der Gäste versprach und zudem improvisiert vollzogen werden konnte, was es ermöglichte, die Problematik der wenig für eine Bühneninszenierung geeigneten Architektur des Veranstaltungsraumes zu umgehen.

Während die Ermittlung der interventionistischen Qualität anhand der Hinterfragung der internen Unternehmensziele also eine genaue Recherche im Vorfeld der Veranstaltung oder – wie hier geschehen – im Anschluss erfordert, offenbart sich diese beim applied-theatre-Format Walk Act außerdem und in ganz auffälliger Weise während der theatralen Situation. Denn hier wird der im etymologischen Wortursprung implizierte Prozess des Dazwischentretens mit ereignishafter Unmittelbarkeit performativ zur Aufführung gebracht und stets mit einem spezifischen Gestus vollzogen, der mal mehr, mal weniger kontingenzaffine Räume zulässt.

Beim vorliegenden Fallbeispiel manifestierte sich dieser Gestus des intervenierenden Bewegungsvorgangs vor allem in zwei Merkmalen: in der bewussten Irritation durch theatrale Transparenz einerseits und einem forcierten, erkennbar vom Kompetitiven geleiteten Spiel mit, an und über Grenzen hinweg andererseits. So stellte bereits das plötzliche und für die Gäste unerwartet kommende Eintreten der Schauspieler und Schauspielerinnen in den Veranstaltungsraum einen Moment des atmosphärisch transformierenden Dazwischengehens dar. Das Auftauchen der Akteurinnen und Akteure, die durch ihre farbenfrohen Kostümierungen sowie die stark überzeichnete Spielweise gewollt auffielen und unmissverständlich als Show Act zu erkennen waren, führte zu Reaktionen der Verwunderung, des erstaunten Befremdens, der großen Erheiterung, aber auch zu einer erwartungsvollen Angespanntheit, die an die Frage geknüpft war, was es mit diesem exponierten Quartett auf sich habe. Eine Atmosphäre entstand, die sich durch die anschließenden permanenten, gegen den Uhrzeigersinn ablaufenden Spielbewegungen und die intuitiven, räumlichen Positionswechsel der Darstellenden noch intensivierte und während des gesamten Aufführungsprozesses andauerte.[14]

Die theatrale Intervention wollte hier bewusst für Irritationen sorgen und als etwas anderes, von außen Einbrechendes wahrgenommen werden. Dieser Anspruch zog sich bis in die Ebene der fiktionalen Narration hinein, was beispielhaft am Hintergrundszenario der Figuren Horst und Margot deutlich wurde, die sich selber, wie sie es den Gästen an dem Abend immer wieder erklärten, von außen kommend auf die Veranstaltung eingeladen hätten, um sich bezüglich der Anlage ihrer Ersparnisse beraten zu lassen. Die Intervention wurde somit als eine Art intrudierender Fremdkörper inszeniert, ohne jedoch als störend empfunden werden zu wollen. Vielmehr war es die Absicht, durch die jederzeit gewährleistete und überdeutlich präsentierte Sichtbarkeit der eigenen theatralen Phänomenalität über den Weg einer erheiternden Irritationswirkung die gesetzten Ziele zu erreichen.

Neben dem Aspekt der Irritation war für den Gestus dieser Intervention auch das bewusste spielerische Kreieren von Momenten des Wettkampfes, des konkurrierenden Sichmessens und der Herausforderung signifikant. Mit den beiden Spielszenarien der Figurenpaare – ‚Das Berlin-Quiz' und ‚Welche Bank hat die besten Konditionen?' – war innerhalb der Narration des Walk Acts eine evident kompetitive Struktur angelegt, die sich in den konkreten Interaktionssituationen auf verschiedene Weise performativ aktualisierte und letztlich zu einem Spiel mit den individuellen und spielerischen Grenzen der Veranstaltungsgäste führte. Dies war an verschiedenen Situationen zu beobachten.

So traten die Schauspieler zur Anbahnung jeder neuen Spielsituation beispielsweise zunächst an die Bankmanager, die häufig zu diesem Zeitpunkt in Gespräche mit Kolleginnen oder Kollegen vertieft waren, heran (oder zwischen diese) und versuchten, sie durch direkte Ansprache zu Akteuren eines improvisierten Spielaktes zu machen. Diese Bewegung stellte bereits ein bewusstes Überschreiten einer Grenze dar, da sie dezidiert die Gäste in ihrem momentanen Tun unterbrechen und dazu bringen sollte, ihre Aufmerksamkeit den Schauspielerinnen zu widmen und sich aktiv gestaltend auf das Rollenspiel einzulassen. Die meisten der Anwesenden waren mit diesem plötzlichen Intervenieren vonseiten der Akteure einverstanden und schienen diesen Grenzübertritt sogar positiv zu empfinden. Diejenigen, die dies nicht taten oder sich in dem Moment noch nicht darauf einlassen wollten, hatten die Möglichkeit abzulehnen, was grundsätzlich von den Schauspielenden akzeptiert wurde. Von Freiwilligkeit kann an dieser Stelle jedoch nicht ausgegangen werden, da die Entscheidung für oder gegen die eigene Teilnahme am Spiel keine war, die in Anonymität gefällt werden konnte. Vielmehr war sie bereits eine spielerisch-exponierende, die vor den Augen der anderen Gäste von jeder und jedem einzelnen getroffen werden musste und so durchaus als herausfordernd empfunden werden konnte, da man vor allem bei einer Verweigerung möglicherweise das Risiko einging, von den Umstehenden als feige oder humorlos wahrgenommen zu werden. Dieses grenzüberschreitende Dazwischentreten der Akteurinnen stellte somit in gewisser Weise auch immer einen Zwangsmoment für die Teilnehmenden dar.

Partizipierten die Veranstaltungsgäste dagegen am Spiel, so war mit dieser Entscheidung ein hohes Maß an individuellem Kontrollverlust verbunden, mit dem die Banker auf ganz divergente Weise umzugehen versuchten. Dies führte wiederum zu ganz unterschiedlichen Grenzverhandlungen und Momenten des spielerischen Wettkampfes. So brachte sich beispielsweise eine Gruppe von Geldinstitutsleitern derart proaktiv in die Interaktion ein, dass sich eine starke Eigendynamik entwickelte, die das Spiel von der ursprünglichen Szenariovorgabe (Kontoeröffnung eines Ehepaars) löste. Stattdessen entwickelte sich zwischen ihnen und der Margot-Darstellerin ein forderndes und spielerisch-provokantes Wortgefecht und Machtspiel, das sich um ein gänzlich anderes Thema drehte: Margots und Horsts Kinderlosigkeit. „Die haben sich komplett daraus [aus der Themenvorgabe; F. L.] zurückgenommen. Im Grunde habe ich mit ihnen *Wer ist lustiger?* gespielt“[15], erklärte die Akteurin in einem Gespräch hierzu später.

Häufiger als derartige Verhandlungen der narrativ-spielerischen Grenzen vonseiten der Interaktionsteilnehmer waren jedoch Momente, in denen die Darstellerinnen ihrerseits gezielt ausloteten, wie weit sie mit den Gästen im interaktiven Prozess gehen konnten. Dabei geschah es beispielsweise, wie eingangs beschrieben, dass ein Bankdirektor, der in der Interaktion auf die Margot-Darstellerin sprachlich einen zu trockenen Eindruck gemacht hatte, aufgefordert wurde, sich – quasi zur Aktivierung – innerhalb eines Armdrückwettkampfes körperlich zu beweisen. Ein anderer wurde zur Durchführung der ebenfalls oben skizzierten Gleichgewichtsübung gebeten. Als er jedoch plötzlich, ausgelöst durch eine geschickte Körperbewegung der Margot-Schauspielerin, Angst bekam, auf sie zu stürzen – dies zeigte sich äußerlich vor allem in einer sichtlich angestrengten Mimik und einer verkrampften und unbequem angespannten Haltung –, wurde diese spielerische Grenzsituation von der Darstellerin nach kurzer Zeit wieder beendet. Darauf angesprochen sagte sie: „Ein Walk Act ist ganz viel Grenzverletzung. Man muss die Sensibilität haben, zu spüren, ob das jetzt erlaubt ist oder nicht.“[16] Weiterhin fügte sie hinzu, dass beim Walk Act ganz bewusst Grenzen verhandelt und auch überschritten werden, es bei ihnen jedoch nur sehr selten vorkomme, dass eine derartige spielerische Grenzübertretung von den Teilnehmenden im Anschluss als unangenehm beschrieben werde. Es ist hinsichtlich dieser Aussage sicherlich kritisch anzumerken, dass in ihr die Frage, mit welcher Legitimation dieses theatrale Spiel mit den persönlichen Grenzen von Menschen erfolgt bzw. ob es überhaupt derart erfolgen sollte, nicht beantwortet wird.

Bleibt abschließend zu klären, wie sich dieser auf das Irritierende und Kompetitive abzielende Interventionsgestus des Walk Acts hinsichtlich der Ermöglichung kontingenter Dynamiken und Prozesse konkret materialisierte.

Begünstigt dadurch, dass die Auftraggebenden nicht versuchten, wie dies bei vielen inszenierten applied-theatre-Arten in wirtschaftlichen Kontexten der Fall ist, durch genaueste Absprachen, vertraglich fixierte Bedingungen, abgenommene Proben und andere Kontrollmaßnahmen die Risiken für Unvorhersehbares während der Aufführung zu minimieren, öffnete die spezielle Charakteristik der Intervention zweifellos den Raum für Kontingenz. Nicht nur, dass aufgrund der intendierten performativ exponierten Sichtbarkeit des Walk Acts als theatrales Ereignis unterschiedliche, nicht gänzlich planbare Reaktionen evoziert wurden, die von Irritation über Erstaunen und Befremdung bis hin zu ausgelassener Heiterkeit und theatraler Spielfreude reichten. Auch die forcierte Aushandlung von Grenzen im Spiel, die von den Theatermacherinnen hohe Sensibilität und von den teilnehmenden Gästen viel Energie und den Mut erforderte, sich eigenen Grenzen im Rollenspiel zu stellen, führte immer wieder zu Momenten des Unerwarteten, die, wie das folgende abschließende Beispiel zeigt, sogar in Reflexionen zur Selbstwahrnehmung resultieren konnten, die über den eigentlichen Aufführungsprozess hinaus andauerten.

So kam im Anschluss an den Walk Act, nachdem sich die Schauspieler umgezogen hatten und sich noch einmal für persönliche Gespräche und ein gemeinsames Abendessen unter die Gäste mischten, ein Bankmanager auf sie zu, der während eines Rollenspiels durch besondere Interaktionsbegeisterung aufgefallen war. Er erklärte in einem längeren Gespräch, wie problemlos er in seinem Job in der Lage sei, große Reden mit Leichtigkeit und Eleganz vor seinen Angestellten zu halten, wie schwer es ihm aber im Privatleben falle, sich richtig „in Szene zu setzen“. Es entwickelte sich eine intensive und ernsthafte Diskussion zwischen den Theaterakteuren und dem Banker, in der dieser schließlich wissbegierig nach Tipps und Übungen fragte, wie er seine Darstellungsdefizite beheben könne. Die Schauspielerinnen des Unternehmenstheaters fungierten plötzlich und unverhofft als Expertinnen und Experten für Fragen der Selbstoptimierung und nicht mehr als theatrale Unterhaltungsprofis. Und doch war es letztlich genau dieses auf Entertainment ausgerichtete Spiel gewesen, das bei dem Banker einen unerwarteten Reflexionsprozess auslöste, der seinen Blick auf seine privaten selbstinszenatorischen Fähigkeiten lenkte und ihm diese als optimierungsbedürftig bewusst werden ließ.

1 Für einen phänomenologischen und historischen Überblick über die diversen Formen von applied theatre in ökonomischen Kontexten, die im deutschsprachigen, interdisziplinären Diskurs zumeist unter dem Begriff „Unternehmenstheater" zusammengefasst und in der anglo-amerikanischen Forschung als „Organisational Theatre" bezeichnet werden, vgl. Biehl-Missal, Brigitte: *Wirtschaftsästhetik. Wie Unternehmen die Kunst als Inspiration und Werkzeug nutzen*, Wiesbaden 2011, S. 112–123. Vgl. auch Hüttler, Michael: *Unternehmenstheater – vom Theater der Unterdrückten zum Theater der Unternehmer? Eine theaterwissenschaftliche Betrachtung*, Stuttgart 2005, S. 24–31 und 195–206.

2 Ob die Theaterakteure dabei von den Mitarbeiterinnen als Schauspieler erkannt werden, hängt von der Intention des Walk Acts, seinem jeweiligen Thema und der Art der Präsentation ab. Gerade wenn eine besonders hohe Irritationswirkung und ein intensiver Reflexionsprozess bei den Beteiligten gewünscht werden, wird die Tatsache, dass hier Theater gespielt wird, häufig erst recht spät der Belegschaft offenbart. Natürlich werfen gerade derartige Walk Acts, die Augusto Boals Unsichtbarem Theater ähneln, aufgrund ihrer mangelnden Transparenz ethische Fragen auf. Kann hier noch von Gleichberechtigung zwischen den Schauspielerinnen und ihren unwissenden Spielpartnern gesprochen werden? Werden Letztere manipuliert? Und welche psychischen Auswirkungen kann die Wahrnehmung eines solchen ‚unsichtbaren' theatralen Aktes haben? Fühlen sich die Mitarbeiter im Anschluss daran womöglich hintergangen oder bloßgestellt? Zur Kritik an Boals Unsichtbarem Theater vgl. Wiegand, Helmut: *Die Entwicklung des Theaters der Unterdrückten seit Beginn der achtziger Jahre*, Stuttgart 1999, S. 118.

3 Ein Beispiel für einen Walk Act, der während eines Belegschaftsessens durchgeführt wurde und das Thema „Interkulturelle Kompetenz" ins Bewusstsein rufen sollte, schildert Biehl-Missal. Für die abendliche Veranstaltung eines nach Asien expandierenden Konsumgüterherstellers wurde eine asiatisch aussehende Schauspielerin engagiert, die den anwesenden Mitarbeiterinnen als neue Kollegin aus China vorgestellt wurde. Während des Events begann diese nun, eine Reihe von Verhaltensweisen zu zeigen, die die Anwesenden irritierten (z. B. Essen mit Stäbchen, Verteilen warmer Tücher usw.). Erst gegen Ende dieses Walk Acts bemerkten die Mitarbeiter, dass es sich hier um eine Schauspielerin gehandelt hatte. Das Ziel dieser Intervention war es, ein Bewusstsein für Klischees und vorurteilsbehaftete Denkmuster zu schaffen. Vgl. hierzu Biehl-Missal: *Wirtschaftsästhetik*, S. 115.

4 Der Servicedienstleister, der das Theater beauftragt hatte, ist als Unternehmen in eine größere Bankengruppe eingegliedert, zu der auch die Geldinstitute der eingeladenen Bankmanager gehören. Aufgrund dieser komplexen Konstellation handelte es sich bei den Veranstaltungsgästen somit einerseits um Kundinnen, da der Dienstleister für diese Banken arbeitet, und andererseits – wenn auch nicht unmittelbar – um Kollegen, da das Serviceunternehmen und die Geldinstitute derselben Mutterorganisation zugehörig sind.

5 Die wissenschaftliche Begleitung des Walk Acts fand in Zusammenarbeit mit dem Theateranbieter und mit Genehmigung des Dienstleistungsunternehmens statt.

6 Vgl. Webauftritt von Frank Astor, www.business-kabarett.de, Zugriff: 26. August 2015.

7 Vgl. ebd.

8 Vgl. Webauftritt der Good Vibrations Theater GmbH, www.good-vibrations-theater.de/ut/unsere-philosophie.php, Zugriff: 26. August 2015.

9 Vgl. ebd.

10 Der Flyer mit der Überschrift „Von Kommunikationsakrobaten, Situationserkennern und Unterhaltungskünstlern" wurde während eines Feldforschungsaufenthaltes beim

Scharlatan Theater in Hamburg am 25. September 2014 zusammen mit weiteren Werbe- und Informationsmaterialien von der Geschäftsleitung zur Verfügung gestellt. Zum Einsatz von Humor beim Scharlatan Theater vgl. ferner Lempa, Fabian/Evers, Florian: „Zu Besuch beim Hamburger Unternehmenstheater Scharlatan“, in: Online-Blog des ERC-Projektes *The Aesthetics of Applied Theatre.* Abrufbar unter URL: http://www.applied-theatre.org/de/blog/zu-besuch-beim-hamburger-unternehmenstheater-scharlatan.

11 Für einen Überblick über Lewins dreiphasiges Modell der sozialen Veränderung, in dem das Unfreezing/Auftauen die erste Phase bezeichnet, vgl. Lewin, Kurt: „Group decision and social change“, in: Maccoby, Eleanor E./Newcomb, Theodore M./Hartley, Eugene L. (Hg.): *Readings in Social Psychology*, New York 1958, S. 197–211. Zur Relation von Unfreezing-Effekt und applied theatre in Unternehmen vgl. ferner Schreyögg, Georg: „Unternehmenstheater in organisatorischen Veränderungsprozessen“, in: Ders./Dabitz, Robert (Hg.): *Unternehmenstheater. Formen – Erfahrungen – Erfolgreicher Einsatz*, Wiesbaden 1999, S. 23–36. Außerdem vgl. hierzu Hüttler: *Unternehmenstheater*, S. 40–42. und Taylor, Steven S.: „Theatrical Performance as Unfreezing. Ties That Bind at the Academy of Management“, in: *Journal of Management Inquiry* (2008), 17 (4), S. 398–406.

12 Vgl. Tissot, Oliver: *Gewinnbringendes Lachen. Humor als Humanfaktor zur Erreichung von Unternehmenszielen*, Univ., Diss., Erlangen-Nürnberg 2009, S. 147–194; Dornaus, Christina: „Humor als Förderfaktor für Innovation?!“, in: Schültz, Benjamin/Strothmann, Philipp/Schmitt, Claudia T./Laux, Lothar (Hg.): *Innovationsorientierte Personalentwicklung. Konzepte, Methoden und Fallbeispiele für die Praxis*, Wiesbaden 2014, S. 161–174. Vgl. dazu ferner Holmes, Janet: „Making Humour Work: Creativity on the Job“, in: *Applied Linguistics* (2007), 28 (4), S. 518–537, und Pundt, Alexander/Herrmann, Felicia: „Affiliative and aggressive humour in leadership and their relationship to leader-member exchange“, in: *Journal of Occupational and Organizational Psychology* (2015), 88, S. 108–125.

13 Das Gespräch wurde mit der Leiterin des Unternehmenstheaters, die im Walk Act die Rollenfigur Margot verkörpert hatte, am 29. Januar 2015 in Berlin geführt.

14 Dieses für den Walk Act konstitutive Merkmal, die intervenierende Bewegung und das Eintreten in den ökonomischen Kontext in einem häufig unerwarteten, unvorhersehbaren, die Atmosphäre verändernden, irritierenden, mal sichtbaren oder unsichtbaren Akt ins Zentrum der Performance zu stellen und zur Aufführung zu bringen, bildet den entscheidenden Unterschied zu anderen applied-theatre-Formen in Wirtschaftskontexten, bei denen die Bewegung zwar zweifellos die Aufführung mitkonstitutiert, jedoch nicht im Vordergrund steht.

15 Auch dieses Zitat stammt aus dem Gespräch vom 29. Januar 2015. Siehe hierzu Endnote 13.

16 Ebd.

# PERSONALAUSWAHLVERFAHREN ALS INTERVENIERENDES SPIEL

Florian Evers

„Eigentlich spielen wir hier alle Theater – die ganze Zeit!“, bemerkt Human Ressource Manager O. L. mit fast larmoyantem Sarkasmus und sinkt in seinen Schreibtischstuhl. Der Allgemeinplatz, dass wir im Leben und gerade auf der Arbeit alle nur bestimmte Rollen spielen, amalgamiert sich mit der subtilen Botschaft, dass er, bevor er den Termin mit dem Theaterwissenschaftler wahrnehmen konnte, gerade einem anderen Theater („Affentheater?“), Theater im übertragenen, pejorativen Sinn, beigewohnt hat. O. L. ist der Initiator einer theatralen Intervention in einem multinationalen Konzern mit weltweit über 200 000 Mitarbeiterinnen. Diese theatrale Intervention – ein neu eingeführtes Personalauswahlverfahren mit Rollenspielen – ist in seiner Welt kein Theater. Theater ist Unterhaltung, Fiktion, Kunst. Er weiß nicht, was ein Theaterwissenschaftler von ihm will – unangenehmer noch aber: Er weiß nicht, was *er* von dem Theaterwissenschaftler will.

Es ist nun gerade der Interventionscharakter, der das Rollenspiel des Assessment-Center-Verfahrens als theatrale Veranstaltung dem Corpus von applied theatre zurechnen lässt und eine Beobachtung aus dieser Perspektive legitimiert. Dem Begriff des Spiels wird dabei eine zentrale Rolle zukommen.

Der Theaterwissenschaftler möchte in diesem Unternehmen seine Forschungsbeobachtung durchführen und beginnt, seine Argumente zu verkaufen. Dabei fühlt er sich, als müsste er Stroh zu Gold spinnen: Seine Betrachtung der neu implementierten Assessment-Center-Verfahren in diesem Unternehmen werden diese nicht effizienter gestalten, er wird nicht beraten, korrigieren oder auf andere Weise direkten Mehrwert schaffen. „Wir denken, dass es interessant für Sie sein könnte, Ihre Methoden aus einer Außenperspektive betrachtet zu sehen.“ Das einzige Angebot des Theaterwissenschaftlers … und, nein …, es wird O. L. in dieser Sphäre, in der nur der wirtschaftliche Mehrwert zählt, wie auch über hundert andere Personalchefs in ähnlichen Anfragen nicht überzeugen.

Nun, man muss sich nützlich machen, seinen Nutzen beweisen, Teil des Gesellschaftsdispositivs um Effizienz und Selbstoptimierung werden, um hier mit am Tisch zu sitzen. Auch wenn der Theaterwissenschaftler es über hundert Mal nicht geschafft hat, seinen eigenen Nutzen in diesem System zu vermitteln, letztendlich hat er es doch an einer anderen Stelle geschafft, seine Argumente zu verkaufen, um Personalauswahlverfahren wissenschaftlich begleiten zu können. Welches Kapital er hatte, sich hier in die Beobachtung einzukaufen? Kapital aus dem Kreislauf der Aufmerksamkeitsökonomie – in einer vernetzten Wirtschaft eine Währung, mit der man bezahlen kann, für den Wissenschaftler eine Gratwanderung am Abgrund der Vereinnahmung. Doch Warten auf eine uneigennützige Einladung, ein Personalauswahlverfahren wissenschaftlich zu begleiten, ist vergeblich und weder werden hier Namen genannt werden noch Empfehlungen ausgesprochen:

In Deutschland existieren verschiedene Dienstleister, die sich mit einem Ensemble von professionellen Schauspielern der Sphäre der Wirtschaft zugewandt haben, um dort Unternehmenstheater, Manager-Coachings und eine spezielle Form von Assessment-Center anzubieten. Diese Personalauswahlverfahren integrieren ausgebildete Schauspielerinnen als Spielpartner für die Bewerber, sogenannte Seminarschauspieler. Dieser Berufsstand an sich ist kein geschützter Status. Er kann, muss aber keine Zusatzausbildung für eine gelernte Schauspielerin darstellen. Kann bei manchen der Dienstleister ein Schauspieler mit den erforderlichen Fertigkeiten direkt als Seminarschauspieler tätig werden, ist die Voraussetzung bei anderen eine einjährige Zusatzausbildung zusätzlich zum Abschluss an einer Schauspielschule. Verschiedene Dienstleister betonen, dass bei der Auswahl von Seminarschauspielerinnen diejenigen im Vorteil sind, die nach der Strasberg-Methode spielen. Sie sind fähig, kurzfristig in Rollen zu schlüpfen, sie während des Spiels anzupassen und mit der nötigen Diskretion zu arbeiten, die ein ‚realistisches' Spiel mit einem direkten Gegenüber, das ‚authentisch' reagieren soll, erfordert.

Das folgende Beispiel des Verfahrens stammt aus einem Development-Center bei einem großen Automobilhersteller in Holland: Es ging hierbei um die Potentialanalyse von Service-Mitarbeitern, also nicht um neu ausgeschriebene Anstellungen, sondern um Einschätzung und Bewertung der Qualität des Mitarbeiterstabs und die mögliche Vergabe von vakanten Positionen innerhalb der Firma. Die Teilnahme war dabei Pflicht, eine Verweigerung des Spiels hätte ähnliche Konsequenzen wie andere Formen von Arbeitsverweigerung gehabt. An diesem Tag wurden fünf Rollenspiele durchgeführt. Das gesamte Verfahren für die einzelnen Mitarbeiter dauerte etwa 50 Minuten, 20 bis 25 Minuten davon das Rollenspiel. Mit einem Vorlauf von mehreren Tagen hatten sich die Kandidatinnen ohne spezielle Rahmung am Arbeitsplatz oder zu Hause einem Online-Assessment unterziehen müssen, in dem zu prüfende Soft Skills, etwa die Problemorientierung, die kommunikativen Fähigkeiten oder die Empathiefähigkeit, anhand eines Fragebogens im „Ruhezustand"[1] gemessen und danach ausgewertet wurden. Dieselben Punkte wurden nun im Rollenspiel unter Stress gemessen.

Außer dem Theaterwissenschaftler waren also der Kandidat anwesend, eine Vertreterin des Human Resources Managements, der Seminarschauspieler sowie ein Coach des Seminarschauspielers, eine ausgebildete Psychologin und Schauspieltrainerin, welche die besagten Messpunkte in einem Programm festhielt und mit den Werten des „Ruhezustandes" verglich. Der Dienstleister stellt generell Seminarschauspieler nur in Kombination mit diesen Trainern zur Verfügung.

Obwohl sich der Kandidat der Rollenspielsituation bewusst war, wurde betont, dass es als sehr wichtig angesehen werde, dass der Schauspieler auf keinen Fall vor dem Beginn der Szene auf den Kandidaten treffe, um den Grad der Illusion des Spiels zu erhöhen. Vor Beginn des Rollenspiels erfolgte ein kurzes Vorgespräch, in dem die Human Resources Managerin den Kandidaten bat, so „natürlich" wie möglich zu agieren. Alle Assessment-Center suchen – was fast paradox klingt – mit den Mitteln des Spiels nach Authentizität im Charakter. Die Bühne war ein normaler Seminarraum, Bühnenbau ein Tisch, der als Servicetisch ausgewiesen wurde. Requisiten aufseiten des Seminarschauspielers waren ein Aktenkoffer in seiner Hand und ein Handy, das zu einer vorprogrammierten Zeit nach zehn Minuten im Gespräch klingelte. Das Publikum und der Regisseur fielen in eins: Es waren die Anwesenden, die den Kandidaten zu bewerten hatten.

Sie waren es auch, die die Macht über die Fiktion innehatten. Flüchtete sich der Kandidat aus der Spielrahmung in den Konjunktiv – im Sinne dessen, dass er sich an seine Zuschauer/Richter wendete und formulierte: „Eigentlich würde ich diesem ‚Kunden' ja jetzt Folgendes raten ...", so wurde insistiert, die vierte Wand einzuhalten und die Szene nicht zu kommentieren, sondern zu spielen.

In der Sitzordnung dieses Publikums materialisierte sich die Hierarchie dieses Theaters. Alle anwesenden Zuschauerinnen waren im Abstand von etwa zweieinhalb Metern so um die Szene platziert, dass dem Blick des einzelnen kein Detail des Kandidaten entging. Sah man von diesem Sitzplatz zwar nur das Halbprofil des Seminarschauspielers, so wurde durch diese privilegierte Position jeder hektische Fleck, jedes Zittern der Hand, jedes auszuwertende Zeichen des Kandidaten sichtbar und zu seinen Gunsten oder Ungunsten notiert.

Das Spiel begann, die Tür zum Seminarraum öffnete sich und der Seminarschauspieler trat ein. Er sagte kurz angebunden Guten Tag und stellte sich an den Servicetisch, hinter dem der Kandidat stand, wie er es in seinem Arbeitsalltag tat. Der Schauspieler spielte einen verärgerten Kunden, der seine Winterreifen auf Sommerreifen wechseln lassen wollte und nun erfahren hatte, dass er seinen Wagen nicht zum vereinbarten Zeitpunkt abholen könne. Im Folgenden entfaltete sich ein Kundengespräch von etwa 20 Minuten, in dem etwa zehn bis zwölf verschiedene Soft Skills des Servicemitarbeiters abgefragt wurden.

Der Seminarschauspieler wusste an jedem Punkt des Gesprächs, welche Eigenschaft des Kandidaten gerade geprüft wurde. Seine besondere Fähigkeit war dabei, zu erkennen, ob der Kandidat diesen Punkt erfüllt hatte oder ob dieser mit mehr Intensität noch einmal im Spiel zur Sprache kommen musste. War dies der Fall, hatte der Seminarschauspieler drei Intensitätsstufen seines Spiels im Repertoire: Er ließ zunächst einen Indikator sanft fallen, erfolgte keine befriedigende Reaktion, so versuchte er es direkter, reagierte der Kandidat immer noch nicht, so würde er auf höchster Intensität noch ein letztes Mal nachhaken. Die Trainerin wiederum vergab Punkte – wie Schulnoten – für den Grad, in dem der Kandidat auf das Spiel einging oder nicht. Ein Beispiel hierfür: In der Rolle des Schauspielers war angelegt, dass der Servicemitarbeiter die Montage eines Dachgepäckträgers verkaufen konnte, wenn er aufmerksam zuhörte. Nach zehn Minuten klingelte das Handy des Kunden und der Schauspieler fingierte ein Gespräch mit seiner Frau. Er hatte vor ein paar Wochen Zwillinge bekommen. Kam der Mitarbeiter mit ihm darauf ins Gespräch, indem er Empathie zeigte und zum Beispiel Glückwünsche aussprach, erzählte der Schauspieler von sich aus, dass die Kindersitze und anderen Utensilien in seinem Wagen für Platzprobleme bei einer geplanten Reise in der nächsten Woche sorgten. Ging der Mitarbeiter nicht darauf ein, ließ der Seminarschauspieler selbst diesen Indikator diskret oder zuletzt direkt fallen. Am Ende stand der zusätzliche Verkauf eines Dachgepäckträgers. Das Spiel endete, wenn sich der Seminarschauspieler verabschiedete und die Tür hinter sich schloss. Der Kandidat wurde nun herausgebeten, der Schauspieler trat wieder ein und die Performance wurde diskutiert. Dann wurde der Kandidat wieder hereingebeten und erhielt von allen Seiten Feedback. Auch der Schauspieler war ausgebildet, das Verhalten des Kandidaten zu kommentieren. Je nach Wunsch des Auftraggebers konnte er dies außerhalb aber auch innerhalb seiner Rolle tun. Im Vorteil bei diesen Personalauswahlverfahren erschien der Kandidat, der ebenfalls über einen hohen Grad an Modulation der eigenen Persönlichkeit verfügte und mit theatralen Qualitäten ausgestattet war.

An diesem Verfahren lassen sich Entgrenzungen des Spiels auf verschiedensten Ebenen – räumlichen, sprachlichen, identitären – beobachten. Fiktives geht fließend in Nicht-Fiktives über, wie auch das Spiel Auswirkungen auf die Realität des Arbeitnehmers hat. Klassische Definitionen von Spiel als konsequenzverminderte Rahmung[2] greifen nicht mehr oder nur noch einseitig. Das ‚Theater' des Assessment-Centers erscheint hier als Simulation in ihrer Eigenschaft, Dichotomien von real/fiktiv im Spiel kollabieren zu lassen.[3] Der Begriff des Spiels ist es auch, der diese Art der Personalauswahlverfahren im Entfalten einer fiktionalen Szene an das Theater und in seiner Zweckgebundenheit an applied theatre anbindet.

Der Interventionscharakter ist dabei ein zweifacher, der sich nicht allein in der Aufführung des Rollenspiels selbst abzeichnet, sondern in der sozialen Realität des Unternehmens und seiner Mitarbeiterinnen: Die erste Intervention beinhaltet die Erkenntnis der Bewerberin, sich mit theatralen Mitteln, die von der Firma gewünschte Rolle, die ‚Corporate Identity', die paradoxerweise immer mit der Forderung nach ‚Authentizität' einhergeht, aneignen zu müssen. AC-Verfahren privilegieren den Selbstdarsteller mit Authentizitätseffekt. Die zweite Intervention stellt die Implementierung des Verfahrens im Unternehmen an sich dar. Hier wurde vom Human Resources Management entschieden, dass einfache Personalauswahlverfahren durch Bewerbungs- und Mitarbeitergespräche nicht mehr ausreichen, um effizient Personal einzustellen oder zu befördern. Das Assessment-Center soll im Idealfall die subjektive Bauchentscheidung des Personalmanagements durch objektivere Mechanismen ersetzen und somit schon vor der kostenintensiveren Probezeit einer neuen Mitarbeiterin in der Simulation des Spiels offenbaren, ob diese ihren Aufgaben gewachsen ist. Hier findet sich dann auch die konsequenzmindernde Rahmung als definitorische Bedingung des Spiels wieder. Deren einseitige Auslegung zugunsten des Unternehmens, das im spielerischen Rahmen noch vor Vertrag und Bezahlung testet, ob es eine geeignete Bewerberin vor sich hat, kennzeichnet dabei den Gestus dieser Interventionen.

1 Vokabular des Dienstleisters.

2 Vgl. Bateson, Gregory: *Ökologie des Geistes,* Frankfurt a. M. 1985, S. 247–253.

3 Vgl. Dotzler, Bernhard J.: „Simulation", in: Barck, Karlheinz u. a. (Hg.): *Ästhetische Grundbegriffe,* Stuttgart/Weimar 2000, S. 524.

# DAS MITTEL DER MAUER. VOM ENTSENDEN WIDERSTÄNDIGER BOTSCHAFTEN

Kristin Flade

Am 9. November 2014 steigen am frühen Abend nach einem aufwändig koordinierten Plan 8000 weiße Luftballons in den Himmel Berlins, nachdem sie zwei Tage und Nächte lang als Lichtgrenze 15 Kilometer des ehemaligen innerstädtischen Mauerverlaufs zwischen Ost und West markiert und in Erinnerung gerufen haben. Musikalisch begleitet wird die Aktion von Beethovens *Ode an die Freude,* die am Brandenburger Tor von der Staatskapelle Berlin gespielt wird. Postkarten mit Nachrichten sogenannter Ballonpaten fliegen an diesem Abend davon und werden in den Folgetagen andernorts gefunden und auf ebenfalls aufwändig koordinierte Weise dokumentiert. Das Land Berlin mahnt mit dieser Aktion rückblickend und gegenwartsgewandt:

> Menschen, die massenhaft auf die Straße gingen und einer Diktatur mutig die Stirn boten, haben den Mauerfall und die Friedliche Revolution ermöglicht. Auch zum 25. Jahrestag des Mauerfalls sollen sich möglichst viele Menschen in Bewegung setzen (gedanklich und tatsächlich).[1]

Einige Stunden zuvor steigen im palästinensischen Dorf Battir 800 weiße Luftballons entlang des dort geplanten Mauerverlaufs zwischen dem Staatsgebiet Israels und dem besetzten Westjordanland in einen weniger souveränen Luftraum.

Im Folgenden wird zunächst kurz die Situation des Dorfes Battir am 9. November 2014 vorgestellt und damit der geopolitische Kontext dieser Intervention in groben Zügen erläutert. Daraufhin soll detaillierter betrachtet werden, mit welcher Art politisch-künstlerischer Intervention hier womöglich ein imaginärer *Frei- und Assoziationsraum* beflogen wird, der politische Narrative und Visionen verhandelt, infrage stellt, sich ihnen vielleicht sogar widersetzt: Wie, wo und mit welcher Absicht vollzieht sich diese Intervention? Wer spielt dabei welche Rolle? Welches Publikum erreicht hier welche Art von Botschaft? Was für ein *Wirksamkeitsraum* wird hier behauptet?

Das Dorf Battir liegt südwestlich von Jerusalem im besetzten Westjordanland. Die hügelige Landschaft ist von einer römisch-antiken Terrassenstruktur mit Bewässerungsanlagen geprägt, auf welcher die dörfliche Landwirtschaft betrieben wird. 75 Prozent des Dorfgeländes sind gemäß des Osloer Interimsabkommens von 1995 dem Gebiet C zugeordnet und unterstehen damit vollumfänglich israelischer Verwaltung und Kontrolle. Das Dorfgelände grenzt an die sogenannte Grüne Linie, jene Markierung der Territorien des Waffenstillstandsabkommens von 1949, die mit der Rückeroberung und Besatzung des Westjordanlandes durch den Staat Israel 1967 zu einer israelisch kontrollierten, faktischen Grenze geworden ist. Orientiert an deren Verlauf, in einigen Abschnitten jedoch massiv und mehrheitlich zuungunsten der palästinensischen Seite, baut der Staat Israel seit Beginn der nuller Jahre eine Sperranlage. Mit einem Rechtsgutachten des Internationalen Gerichtshofs (IGH) vom Juli 2004 wurde diese Mauer als mit internationalem Recht nicht vereinbar bewertet und der Staat Israel erfolglos zum Abbruch des Bauvorhabens gemahnt. Die geplante Mauer schneidet auch im Falle Battirs mit ihrem von der Grünen Linie abweichenden Verlauf durch das Dorfgelände und wird vor israelischen Gerichten seit Jahren beklagt: Anders als lediglich die bereits vom IGH anerkannte Verletzung der Menschenrechte durch die Mauer zum Grund der Klage zu nehmen, wird in Battir die seit Juni 2014 von der UNESCO als Weltkulturerbe anerkannte Landschaft selbst zur klagenden und in ihren Rechten verletzten Instanz (und damit jedenfalls zum einigenden Grund der faktisch klagenden Personengruppen), die grundsätzlich den schneidenden Effekt der Mauer und nicht nur ihren Verlauf als Unmöglichkeit behauptet.[2]

Am 9. November 2014 ist der Himmel über Battir blau und israelische Züge fahren auf der Strecke zwischen Tel Aviv und Jerusalem ohne Halt durch Battir. Am Metallzaun, der die Schienen abschirmt und die Waffenstillstandslinie markiert, ist eine lange Schnur angebracht, an der in regelmäßigen Abständen weiße, heliumgefüllte Luftballons von einer Gruppe von Männern befestigt werden. Im Video *World Heritage Without Walls: a Walk from Berlin to Battir* der belgischen Filmproduktionsfirma Rayuela, welches die Aktion präsentiert und audiovisuell zugänglich macht, ist als Nächstes ein von kleinen Kindern belebter Innenhof zu sehen. Stifte und Papier werden in Kinderhände gelegt. Danach werden die mit Bildern bemalten und zumeist mit Namen beschriebenen Zettel von den Kindern in die Kamera gehalten. Diese Zettel werden sodann an den weißen Luftballons befestigt, die mit verschiedenen Namen in arabischen und lateinischen Buchstaben beschrieben sind. Die Gruppe von Kindern, Luftballons und Erwachsenen ist daraufhin dabei zu beobachten, wie sie durch das Dorf läuft, um schließlich an besagtem Zaun anzukommen und sich dort in einer Reihe zu positionieren. Einige wenige Kameras sind zu sehen, ein paar Erwachsene. Kinder, rucksacktragend und Hand in Hand, erinnern sie, von hinten gefilmt, vielleicht nicht von ungefähr an die von Naji al-Ali gezeichnete Figur des kindlichen Handala, die als ikonische Symbolfigur für den palästinensischen Widerstand und die palästinensische Identität erst dann wieder ihr Gesicht zeigen wird, wenn die Ungerechtigkeit ein Ende hat. Ein längeres Statement von Hassan Muamer, einem der organisierenden Dorfbewohner, formuliert die Hoffnung und Intention dieser Intervention folgendermaßen:

> This is a message of peace to the entire world from Battir, in the name of all the Palestinian people. We love peace, we love life and we want to live in peace in our country. Today, it's been 25 years since Berlin achieved to demolish its wall. We hope that no wall will ever be built in Battir. The ballons that were released are the symbol of the annihilation of the wall in this area forever, Insha'Allah.[3]

Nach dieser Aussage zeigt die Kamera in einer Totalen die Reihe von Kindern und Ballons. In mehreren Einstellungen sieht man daraufhin die Ballons sowohl als Kette als auch vereinzelt in den Himmel steigen, hinauf und scheinbar über den im Westen gelegenen Hügel in israelisches Staatsgebiet. Das Video endet mit der auf Englisch zu lesenden Einladung, Battir zu besuchen, das kurz darauf auch mit seinem offiziellen Titel *UNESCO World Heritage Site. Land of Olives and Vines Cultural Landscape of Southern Jerusalem, Battir* benannt wird. Untermalt wird das von Laurence Buelens gefilmte und geschnittene Video über die gesamte Dauer von drei Minuten und 36 Sekunden mit dem Lied *Freedom for Palestine* von OneWorld. Die 2011 von einer internationalen Gruppe von Musikern und Musikerinnen veröffentlichte Single formuliert als Ziel und Ergebnis ihres musikalischen Engagements: „We sang that we wanted to ‚break down the wall' and together we have. We've broken the wall of silence on Palestine in the music industry by releasing the first ever mainstream single in solidarity with Palestine."[4]

Auch wenn der Beschreibung hier lediglich ein Video zugrunde liegt, ist der Aufführungscharakter der in ihm gezeigten Intervention evident. Koordiniert und geplant werden in Battir am 9. November 2014 hunderte Luftballons in die Luft geschickt. Botschaften, Namen und Geschichten vom Wind in Richtung Israel getragen. Botschaften, die Hassan Muamer als Sprecher des Organisationsteams in das Arsenal des koordinierten und andauernden Widerstands gegen den geplanten Mauerbau in Battir einordnet:

> We wished to make a statement against the wall here in Palestine, and to say that all walls should fall. While people in Berlin were releasing

> white balloons into the air along the path of the old wall, hundreds of children and adults in Battir simultaneously released hundreds of white balloons into the air along the path of the proposed wall here, with messages of peace and hope written on them.[5]

Tatsächlich kann bezweifelt werden, ob die entsandten Botschaften wirklich Empfänger gefunden haben. Die bisher zitierten Aussagen legen in ihrem spezifischen Kontext nahe, dass es sich bei solcherart medial aufgearbeiteter und verbreiteter Intervention zwar um die bewusste und aktivistische *Entsendung* politischer und persönlicher Botschaften handeln kann, es allerdings weniger bedeutsam scheint, diese von mehr als symbolischen Adressaten in *Empfang* genommen zu sehen. In diesem Sinne erweitert sich die anvisierte Öffentlichkeit dieser (dokumentierten) Aufführung deutlich. Nicht nur die anwesenden Gäste sollen mit der ortsspezifischen Intervention die Infragestellung und Behauptung in Konflikt stehender politischer Narrative und Visionen leibhaftig erfahren, sondern auch – wie durch den Wind – eine Öffentlichkeit andernorts. Eine mediale Öffentlichkeit, die, durch die widerständigen Bilder angesprochen, nach der Sichtung anders informiert ist und vielleicht dann anders überzeugt und engagiert handeln kann. Das für diesen Zweck bewusst gewählte Datum des innerdeutschen Mauerfalls als Referenz zu nehmen und zur Resonanz zu bringen, mag dieser Öffentlichkeit andernorts zudem Anlass geben, eine vergleichbare Relevanz und identifizierbare Dringlichkeit des Beanstandeten je für sich prüfen zu können.

Die Luftballons in Battir reihen sich strukturell in Praktiken des Aufführens und medialen Verbreitens von Widerstand in Palästina ein. Das medienwirksame Widerstehen und Intervenieren gegen die israelische Besatzung sucht und findet in ganz verschiedenen Öffentlichkeiten Resonanz und kann auch bei markant künstlerischem Gestus des Intervenierens zumeist in deutlicher Relation zum politischen Widerstand und Gerechtigkeitsbestreben der palästinensischen Bevölkerung eingeordnet werden.

Wenngleich gefragt werden kann, ob und wie die israelische Intervention aus Beton nicht jede dialogische Konfrontation verhärtet oder besser bereits konkret und unilateral entschieden abgelehnt hat, gibt die Mauer, ob geplant oder bereits gebaut, viel Projektionsfläche für konkrete politisch-künstlerische Auseinandersetzung. Das breite Spektrum der palästinensischen Bezugnahmen kann hier nicht ausführlich beleuchtet werden. Allerdings lässt sich beobachten, dass die mediale Aufarbeitung und Streuung solcherart dokumentierter Intervention zum Ziel haben kann, andere Öffentlichkeiten zu erreichen, die es zu informieren, zu bewegen, zu solidarisieren gilt. Dabei scheint es in *diesem Wirksamkeitsraum* kaum von großer Bedeutung zu sein, ob die Intervention klar einer politischen oder künstlerischen Motivation wegen zustande kam. Am 9. November 2014 zum Beispiel konnte im nördlich von Jerusalem gelegenen Bir Nabala (von Kameras) beobachtet werden, wie vermummte Aktivisten ein beachtliches Loch in die dort bereits errichtete Mauer geschlagen haben. So konkret hat sich über Jahre auch der multidisziplinäre Künstler Khaled Jarrar mit der Mauer und ihren Auswirkungen auf palästinensische Lebenswirklichkeiten beschäftigt: Nicht nur seine Reihe von skulpturalen Arbeiten präsentiert einer zunehmend internationalen Öffentlichkeit den der Mauer abgehauenen Beton, wiedervermahlen in Form von Bären, Bällen und Baseballschlägern. Auch die 2012 veröffentlichte Filmdokumentation *The Infiltrators* zeigt in brutaler Härte die Realität einer Mauer, die es alltäglich lebenserhaltend zu überwinden, zu untergraben gilt. Die Fotografin Raeda Saadeh scheint in *One Day* die Mauer mit einem am Beton befestigten und von ihr gezogenen Strick zum tatsächlichen Umsturz bringen zu wollen.

Die hier nur kurz angerissenen und vordergründig in ihren medialen Wirksamkeiten auf gestreute Öffentlichkeiten andernorts abzielenden Interventionen, denen ihre identitätserhaltende und widerständige Qualität für die palästinensische Bevölkerung vor Ort keineswegs abgesprochen werden soll, könnten allerdings nicht nur solidarisierend wirken, sondern lassen zudem eine Form von distanzierter Sicherheit, gar künstlerischer Verfremdung als naheliegend erscheinen. Sicherheit, die in theatralen Aufführungen vor Ort nicht immer erfahren werden kann. Ein letztes Beispiel sei in diesem Zusammenhang also noch kurz skizziert: Einige Kilometer von Battir entfernt, kämpft auch das westlich von Ramallah gelegene palästinensische Dorf Bil'in gegen den Mauerbau. Im Oktober 2014 war das Dorf Ausgangspunkt eines Prozessionszuges zu Ehren des Olivenbaumes als einem Zeichen des Widerstandes in Richtung Mauer, um an deren einschneidende Wirkung auf die Lebenswirklichkeit zu gemahnen. Verkleidet als Olivenbäume und begleitet von Musik und kleinen Theaterszenen traten palästinensische, israelische und internationale Teilnehmerinnen und Teilnehmer gemeinsam auf die Straße. Geantwortet wurde auf diese theatrale Intervention nicht mit Klatschen, sondern mit den gleichen Mitteln, die jede andere Form politischer Demonstration in Palästina kennt: Gummigeschosse, Schockgranaten und Tränengas.

Orte und Wirksamkeiten der hier beschriebenen politisch-künstlerischen Interventionen stehen in einem besonderen Verhältnis zueinander. Die Mauer in Battir wird nicht einer Kette von Luftballons wegen nicht gebaut werden. Der reale Ort eines lokalen Konfliktes und die Aufführungsorte ortsspezifischer Interventionen scheinen tatsächlich weit davon entfernt, Orte *politisch wirksamer Verhandelbarkeit* oder auch nur eines tatsächlichen Dialogs zu sein. Die hochgradig medialisierte und internationalisierte Aufbereitung lokaler Konflikte in politisch-künstlerischen Interventionen disloziert diese Konflikte gewissermaßen. Nicht nur werden so diese Konflikte nachgerade für andere Öffentlichkeiten neu produziert, sie erscheinen in diesen anderen Wirksamkeitsräumen womöglich überhaupt erst wieder politisch verhandelbar.

Was grundsätzlich an dieser detailliert beschriebenen Intervention sondiert werden kann, sind Markierungen der Haltungen und Wirkungen, die mit solcherart widerständigen künstlerisch-politischen Praktiken jeweils produziert und reflektiert – wenn auch nur bedingt überprüft – werden können: 1. Die *handelnden Subjekte*, hier die Kinder und Erwachsenen des Dorfes Battir, produzieren in und mit der Intervention eine direkt öffentlich wahrnehmbare politische Haltung und *evozieren das Bedürfnis einer Antwort* darauf. 2. Diese wohlkalkulierte Haltung bindet die Intervention an andernorts erkennbare, identifizierbare und *medial zitierbare Diskurse und Erfahrungsräume* an. Im Falle Battirs wird mit der Berliner Mauer ein starkes Symbol für zivilgesellschaftlich getragene politische Veränderung in direkte Korrelation gebracht. Zudem ist bedeutsam und kritisch anzumerken, wie stark die Art der medialen Inszenierung in der Videodokumentation darauf setzt, für ein ‚westliches' Publikum Identifikationsfläche zu sein, lesbar zu sein, und Widerstand in vermeintlich leicht konsumierbarer Verpackung präsentiert. 3. Die Intervention soll also auch und insbesondere andernorts Wirksamkeit entfalten. Der dafür gewählte *Ereignisgestus des medialen Zitats* eines anderen Erfahrungsraumes markiert die politische Zielsetzung der Intervention als Mobilisierungsstrategie für Solidarisierung, als Indikator für das fortdauernd notwendige Erkennen der eigenen zu ergreifenden Verantwortlichkeiten. Battir wird gewissermaßen in eine Reihe mit Berlin gestellt. Diese lokale und auch zeitgeschichtliche Dislozierung verhindert nicht, dass das Ereignis der Intervention lokal aufführungsbegrenzte Effekte haben und Räume öffnen kann. Gleichzeitig ist zu beobachten, wie kalkuliert die mediale Übersetzung in einen vermeintlich machtvolleren Raum erfolgt, von dem man sich Besucher erhofft, und von dem zu Recht Solidarität und verantwortungsbewusste Positionierungen erwartet werden.

Ein Graffiti, das dezent, aber dauerhaft auf der palästinensischen Seite des Qalandiya Checkpoints zu lesen ist, plädiert bei jedem Grenzübergang ebenso an diese Verantwortlichkeit, mit einem schlichten, und gleichsam politisch dichten:

*Now I have seen, I am responsible.*

1 „Höhepunkte. 25 Jahre Mauerfall“, http://www.berlin.de/mauerfall2014/hoehepunkte/, Zugriff: 10. August 2015.

2 Am 4. Januar 2015 entschied in letzter Instanz der israelische Oberste Gerichtshof zuungunsten des Mauerbaus durch Battir. Vgl. hierzu das Gutachten 7612/12 des israelischen Obersten Gerichtshofs: http://elyon1.court.gov.il/files/12/120/076/m40/12076120.m40.pdf. Das Amt für die Koordinierung humanitärer Angelegenheiten (UNOCHA) der Vereinten Nationen hat über das Dorf Battir 2010 folgendes Profil veröffentlicht, welches die politische Lage vor Ort detaillierter beschreibt: http://www.ochaopt.org/documents/opt_arij_villageprofile_battir.pdf. Die Organisation der Vereinten Nationen für Erziehung, Wissenschaft und Kultur (UNESCO) präsentiert das Dorf Battir hier: http://whc.unesco.org/en/list/1492/. Das Rechtsgutachten des IGH ist hier einsehbar: „Legal Consequence of the Construction of a Wall in the Occupied Palestinian Territories (Request for Advisory Opinion). Summary of the Advisory Opinion of 9 July 2004“, Internationaler Gerichtshof, 2004 http://www.icj-cij.org/docket/index.php?p1=3&p2=4&case=131&p3=4. Vgl. zudem „The Landscape of Battir vs. The State of Israel“, Forensic Architecture, Field/Investigations http://archive.forensic-architecture.org/investigations/the-landscape-of-battir-vs-the-state-of-israel-2/, Zugriff: 10. August 2015.

3 Vgl. Interviewaussagen im Video *World Heritage Without Walls: a Walk from Berlin to Battir*, Rayuela, 2014, http://vimeo.com/111546412, 2:36–3:00, Zugriff: 10. August 2015.

4 „Palestine is in crisis“, OneWorld Freedom for Palestine, http://www.freedomoneworld.org, Zugriff: 10. August 2015.

5 „Israeli high court freezes plan to build Separation Wall through West Bank village of Battir“, Sarah Levy, Mondoweiss, http://mondoweiss.net/2015/01/separation-through-village, Zugriff: 10. August 2015.

# LA LLECA – ODER: DER KÖRPER ALS VERHANDLUNGSORT

Janina Möbius

In einem Raum im Untersuchungsgefängnis für minderjährige männliche Straftäter in Mexiko-Stadt, der normalerweise für den Schulunterricht benutzt wird, liegen 16 junge Männer auf dem Rücken eng aneinander auf dem Boden. Die Lampe an der Decke funktioniert nicht, es wird langsam immer dunkler. Drei Frauen und ein Mann rollen sich mit ihren Körpern über die Jugendlichen hinweg. Vom Gang leuchtet ein bewaffneter Wachmann mit seiner Taschenlampe durch ein Fenster auf das Geschehen: La Lleca in Aktion.

**Wer ist La Lleca?**

Das Kollektiv La Lleca[1] wurde 2004 von den Performance- und bildenden Künstlern Lorena Méndez und Fernando Fuentes in Mexiko-Stadt gegründet; ihm gehören weitere Künstlerinnen, Sozialwissenschaftlerinnen und teilweise ehemalige Häftlinge an.[2] La Lleca versteht sich als eine künstlerische und soziale Intervention, die im Gefängnissystem von Mexiko-Stadt agiert. Sie selbst sprechen von einem „künstlerischen Projekt der Intervention und Begleitung".[3] Anlass zur Gründung La Llecas gaben zwei Beobachtungen: zum einen der von den Künstlern konstatierte Mangel an politischer Kunst in Zeiten großer sozialer Ungleichheit, zum anderen die ihnen notwendig erscheinende Kritik und Hinterfragung des in der Bevölkerung weitverbreiteten Gefühls der Unsicherheit: Angesichts steigender Kriminalitäts- und Gewaltraten wurde, medial unterstützt, die öffentliche Aufmerksamkeit auf die ‚Kriminellen als Feinde der Gesellschaft' gelenkt, gegen die der Staat mit harter Hand vorgehen müsse, anstatt nach den strukturellen sozialen und politischen Ursachen dieser gesellschaftlichen (Fehl-)Entwicklung zu suchen und diese zu beheben. La Lleca beschloss daraufhin, zunächst im Erwachsenenvollzugssystem von Mexiko-Stadt aktiv zu werden. Über die folgenden Jahre entwickelten die Mitglieder des Kollektivs ihr Projekt der künstlerischen, performativen, pädagogischen Interventionen im Gefängnis, basierend auf dem Konzept der *Des-Educación*, einer feministischen Variante der Kritischen Pädagogik nach Paulo Freire,[4] dem Einsatz des Körpers als Kommunikationsmedium und der Arbeit mit Affekten und körperlicher Zuneigung.

Dabei vollziehen sich La Llecas Interventionen auf mehreren Ebenen: Zum einen wird in die Institution Gefängnis eingegriffen, indem man sich den Ort für performative Akte aneignet und versucht, die existenten Strukturen von Dominanz und Kontrolle durch einen Raum für gewalt- und angeblich hierarchiefreie Kommunikation auf der Basis von Vertrauen und Zuwendung aufzubrechen. Die zweite Intervention erfolgt auf der interpersonellen Ebene durch die direkte Arbeit mit den Insassen in Form von wöchentlichen Sitzungen und punktuellen Gruppenperformances, die in den Gefängnissen durchgeführt werden. Die dritte Interventionsebene zielt auf die Außenwelt ab, indem in Form von Buchpublikationen, Videovorführungen und einer Internetseite ein Austausch zwischen Gefängnis und Öffentlichkeit ermöglicht werden soll, der den Abbau von Vorurteilen und Diskriminierung sowie eine kritische Auseinandersetzung mit dem Justizsystem anvisiert.[5] Lorena Méndez beschreibt das Selbstverständnis von La Lleca folgendermaßen:

> La Lleca ist ein Projekt, das sich weigert, nur ein weiteres Beispiel von künstlerischer Produktion als solche zu sein. Die Ziele des Projektes sind:
> Erstens eine soziale Transformation und zweitens die Transformation einer Institution auf mikro-politischer Ebene – des Gefängnissystems in Mexiko.[6]

Trotz ihrer explizit kritischen Haltung gegenüber dem Justizsystem konnte das Kollektiv von 2004 bis 2010 in mehreren Haftanstalten der Stadt Mexiko mit erwachsenen männlichen und weiblichen Häftlingen über Monate hinweg arbeiten und mehrere Gruppenperformances durchführen. Dabei sind die jeweils erforderlichen Verhandlungen mit der Justizbehörde bereits als Teil der Intervention zu verstehen. Eine Strategie war dabei, ab 2007 staatliche (und private) Fördergelder einzuwerben, um daraufhin deren – zweckmäßige – Verwendung in der ebenfalls staatlichen Institution Gefängnis einzufordern.[7]

Im Mai 2010 begann La Lleca im Untersuchungsgefängnis mit jugendlichen Straftätern zu arbeiten. Zugute kam dem Kollektiv dabei, dass man in der Jugendjustizbehörde kaum Erfahrung mit künstlerischen oder pädagogischen Methoden der Resozialisierung hatte und daher auf Angebote von außen angewiesen war.[8] Auch hier war das Anliegen, eine politische Diskussion unter den Insassen, deren Angehörigen und den Justizangestellten zu initiieren und eine öffentliche Debatte über das Justizsystem mittels Performances, spielerischen Aktionen, Video- und Fotoarbeiten und Zusammenkünften zu erreichen, die auf Emotionen, Sinneseindrücken,

Körpereinsatz und körperlicher Zuneigung basieren. Dabei geht es den Mitgliedern von La Lleca darum, sich mit Themen wie der Gewalt inner- und außerhalb des Gefängnisses, Gender, (Homo-)Sexualität, Konsum, Armut und Macht auseinanderzusetzen sowie emotionale Beziehungen und neue kulturelle Modelle auszuprobieren, um zu hinterfragen, wie die Jugendlichen durch Kirche, Familie, Schule und Arbeit zu – offiziell zunächst gescheiterten – sozialen Subjekten gemacht wurden.

Zentraler Bestandteil der Arbeit von La Lleca ist dabei der Körper als Kommunikationsmittel und als politisches Mittel. Vor allem Lorena Méndez konterkariert mittels ihrer Kleidung[9] und ihrer physischen Nähe zu den Insassen die traditionellen Zuschreibungen von Zurückhaltung und Diskretion an Frauen und unterwandert somit den offiziellen Diskurs über gendergerechtes Verhalten – besonders im Kontext eines Gefängnisses mit männlichen Insassen.[10] Auf der Basis von Affekt und Empathie benutzen die Mitglieder von La Lleca das Instrumentarium von Feiern und festlichen Zeremonien, um mit den Insassen zu interagieren: zum Beispiel durch das Zelebrieren einer kollektiven Hochzeit, bei der jeder, der wollte, sich mit Lorena symbolisch verheiraten konnte – inklusive Hochzeitsfoto. Nicht nur wurde dadurch eine Resemantisierung von heteronormativen Traditionen wie z. B. Monogamie und voreheliche Abstinenz, symbolisiert im weißen Hochzeitskleid, vorgenommen, sondern vor allem wurden Elemente von Freude und Zuneigung in eine feindliche, regularisierte Umgebung implementiert. So schreibt James Thompson in seinem Buch *Performance Affects: Applied Theatre and the End of Effect:*

> The impact of the work of participatory theatre cannot be destilled to the messages, story content or words, but must be opened up to the sustenance of sensation and the subsequent fuelling of inquiry. In this register, the effects are not foretold, but the affects stimulate – and being overcome by joy or dancing might loosen the icy grip of certain oppressive visions of how we should be in the world.[11]

Es kann als eine politische Intervention im Kontext von Macht und Gewalt gedeutet werden, einen Ort zu erschaffen, an dem Freude und ‚Frieden' erfahren werden kann, als eine Art Schutz(-raum), von dem aus man mittels einer schönen Erfahrung die Welt kritischer betrachten kann: Was könnte und sollte zum Besseren verändert werden? Die Performance kann möglicherweise – mittels des Körpers – einen temporären utopischen Raum eröffnen, in dem radikales Verhalten und progressive Gedanken erlaubt und willkommen sind.

## Mit La Lleca im Untersuchungsgefängnis in Mexiko-Stadt

Das Untersuchungsgefängnis für junge männliche Straftäter ist durch eine hohe Fluktuation, eine noch nicht etablierte Hierarchie unter den Häftlingen und den verbreiteten Zustand von Unsicherheit und Angst aufgrund der gerade erst erfolgten Verhaftung charakterisiert. Die Häftlinge sind in drei Gebäudetrakten mit Großschlafräumen und Toiletten untergebracht, die jeweils von Vollzugsbeamten bewacht werden. Alle Gänge zum Speisesaal, zur Sportanlage, zum Hof etc. müssen die Häftlinge in Zweierreihen im Gleichschritt zurücklegen, begleitet vom Klatschen ihrer Hände im Takt und stets flankiert von bewaffneten Beamten. Die Jugendlichen zwischen 14 und 18 Jahren warten auf ihren Prozess, viele durchlaufen zwangsläufig einen kalten Entzug, der rigide Tagesablauf wird nur durch kurzfristig anberaumte Anhörungen im nebenan liegenden Jugendstrafgericht durchbrochen.

La Lleca arbeitete dort in wöchentlichen Sitzungen von zwei bis drei Stunden, zumeist ohne direkte Aufsicht durch Vollzugsbeamte (oder diese hielten sich im Hintergrund). Die Teilnahme war freiwillig, die Jugendlichen konnten sich jederzeit von einem der sogenannten *guías*[12] wieder in die Zellen bringen lassen.[13]Aufgrund der Arbeitsweise von La Lleca war es bei meiner Forschung erforderlich, dass ich mich zwar als begleitende Wissenschaftlerin vorstellte, mich jedoch im Verlauf der Sitzungen aktiv an den Übungen, Spielen, Körperberührungen und Gesprächen beteiligte. Das Kollektiv hat inzwischen eine Art Ablauf der Interventionen erarbeitet. Performances und Spiele werden im Vorfeld geplant, um die nötigen Utensilien wie Papier, Stifte, Luftballons etc. in das Gefängnis hineinbringen zu können, dennoch wird stets spontan auf die Bedürfnisse und Wünsche der Insassen reagiert.[14]

Beispielhaft soll im Folgenden die Dynamik einer der wöchentlichen Zusammenkünfte von La Lleca mit den jugendlichen Straftätern dargestellt werden, um den Ablauf der Interventionen zu verdeutlichen und um die physische Komponente, das Konzept von Körperinterventionen im ‚Körper-Gefängnis' zu thematisieren.[15] Wichtig dabei ist jedoch das Konzept von La Lleca von ihren Interventionen als *acción contínua,* als kontinuierliche Aktion zu beachten, die mittels solcher Sitzungen und einzelnen gefängnisöffentlichen Gruppenperformances langfristig in das Justizsystem eingreifen soll, um Angestellte, Insassen, Angehörige und die öffentliche Wahrnehmung von Straftätern zu verändern.

Nachdem die Vollzugsbeamten in den drei Zellentrakten die Sitzung von La Lleca angekündigt hatten, brachten sie 18 Jugendliche zwischen 15 und 17 Jahren in den Multifunktionsraum. Alle waren gekleidet in blauen Jogginghosen, weißen T-Shirts und Badelatschen, der Anstaltskleidung in der Untersuchungshaft. Von La Lleca waren drei Frauen und ein Mann anwesend, die die einzelnen Jugendlichen mit einer langen Umarmung und der Frage nach ihrem Befinden begrüßten. Dann stellten sich alle in einem Kreis auf, die Mitglieder von La Lleca verteilten sich unter den Insassen, und man streichelte, kraulte oder tätschelte seinen Nachbarn, worauf die ‚Neuen' mit einigem Argwohn reagierten. Dann wurde von Lorena mit der Frage „Welche Arten von Gewalt kennt ihr?" das Thema der Sitzung aufgebracht. Die Jugendlichen antworteten mit einer zum Teil auswendig gelernt erscheinenden Aufzählung: psychologische, verbale, moralische und physische Gewalt.[16] Von den Mitgliedern des Kollektivs wurde zudem die sexuelle Gewalt und deren Alltäglichkeit in kleinen Gesten benannt.

Danach sollten sich die Jugendlichen in Gruppen aufteilen und jeweils Szenen von selbst erlebten Gewalterfahrungen entwerfen, die sie den Mithäftlingen vorspielten. Dabei war augenfällig, dass sich alle improvisierten Situationen auf körperliche Gewalt wie Überfälle, physische Machtkämpfe durch Prügeleien und Mobbing bezogen. Anschließend hatte La Lleca zweierlei Zettel vorbereitet: Auf den einen waren Situationen mit offenem Ausgang beschrieben, die in der (mexikanischen) Gesellschaft häufig zu Gewaltreaktionen führen:

- Mein Vater beschimpft meine Mutter, und ich ...
- Meine Freundin und ich wollen aus der U-Bahn aussteigen, jemand schubst sie, und ich ...
- Jemand schaut meine Freundin herausfordernd an, und ich ...
- Meine Freunde wollen sich mit mir betrinken, ich will aber nicht, und ich ...
- Ich will mit meiner Freundin Sex haben, sie aber nicht, und ich ...

Auf den zweiten Zetteln waren jeweils zwei Handlungsalternativen geschrieben:

- Ich fange einen Kampf mit ihm an. / Ich mache ihm im Gespräch klar, dass es so nicht geht.
- Ich fange einen Streit an und beschütze meine Freundin. / Ich merke, dass es nur ein Versehen war, da die U-Bahn voll ist.
- Ich schlage ihn. / Ich bin stolz, dass ich eine so interessante Freundin habe.
- Ich bleibe und betrinke mich. / Ich mache ihnen klar, dass ich nicht trinken möchte, und bleibe trotzdem.
- Ich überrede bzw. zwinge sie dazu. / Ich respektiere das und mache es mir selber.

Die ersten Zettel wurden daraufhin an und unter der Kleidung der weiblichen Mitglieder von La Lleca und einzelnen Jungen versteckt, die Handlungszettel auf dem Boden verteilt. Jeweils ein Jugendlicher suchte nun nach den Situationszetteln am Körper der anderen, las ihn laut vor und entschied anhand der Handlungszettel, welche Reaktion ihm angemessen erschien. Dabei wurde mehrfach auch die gewalttätige Variante ausgewählt. Zwar wurde viel gelacht und gekichert, die Stimmung und das Verhalten bei der ‚Suche' nach den Zetteln führten jedoch nie zu unangenehmen, ausnützenden Handlungen seitens der ‚Suchenden'. Stattdessen entstand eine andere, intimere Gesprächssituation, in der die Jugendlichen sich gegenseitig kommentierten, hinterfragten, bestärkten, widersprachen – und anfassten. Das Ganze mündete in eine Diskussion über Handlungsalternativen, subtile Formen von Gewalt, individuelles Gewaltempfinden, Empathie für die Opfer, anerzogene Verhaltensweisen wie Neid und Eifersucht bis hin zu Konsumkritik („Wen beklaust du warum?").

Abschließend gab es eine Entspannungsrunde, in der alle Häftlinge im Stuhlkreis saßen, das Licht ausgemacht wurde, die Augen geschlossen werden sollten, und die Mitglieder von La Lleca hinter den Stühlen im Kreis gingen und die Jugendlichen massierten, umarmten, berührten – soweit sie dies zuließen. Im Kontext des Gefängnisses, wo der Körper meist zur Machtdemonstration eingesetzt wird, man immer auf der Hut sein muss, keine Schwächen zeigen darf, ist allein der Akt des Augenschließens bereits gewagt. Bei der Verabschiedung war eine gelöste, angeregte, aber friedfertige Stimmung zu spüren, die Häftlinge umarmten die Mitglieder von La Lleca und gingen zum Teil untergehakt, das Erlebte kichernd kommentierend in ihre Zellen zurück.

## Transgression – und Transformation? Körper und Knast

Die Vorgehensweise von La Lleca verursachte viele Momente der Irritation und Verstörung – bei allen Beteiligten. Denn in ihren performativen, diskursiven und ludischen Interventionen wurden auf mehreren Ebenen Grenzen überschritten, die zum einen dem Gefängnissystem immanent sind, zum anderen die physische und emotionale Disposition der Insassen betrafen. Dabei testete La Lleca permanent die institutionellen Grenzsetzungen aus, worauf die Gefängnisverwaltung unterschiedlich reagierte. Zunächst ließ man das Kollektiv relativ ungestört gewähren, da man einerseits zur Umsetzung der neuen Resozialisierungsprogrammatik auf freiwillige Initiativen angewiesen war, andererseits einen beruhigenden, stressvermindernden Effekt bei den Jugendlichen feststellte: „Nach euren Sitzungen sind die Jungs immer ganz friedlich in ihren Zellen …", so lautete der Kommentar eines Wärters. Darin lässt sich bereits ein Paradoxon ihrer Interventionen erkennen, zielt La Lleca doch auf eine kritische Ermächtigung der Häftlinge ab, die sich auch gegen die Haftursachen und -bedingungen sowie gegen Übergriffe und Willkür richten sollte. Andererseits versteht das Kollektiv La Lleca es ebenfalls als seine Aufgabe, wie anfangs erwähnt, die Jugendlichen durch die Unwägbarkeiten und möglichen traumatischen Situationen der Untersuchungshaft tröstend zu begleiten – durch physische Zuneigung.

Beim Einsatz des Körpers als affektives Kommunikationsmittel innerhalb eines Gefängnissystems, das rigide heterosexuelle, machistische, auf Dominanz und Gewalt basierende Körperpolitiken perpetuiert, die die Häftlinge aufgrund ihrer Sozialisierung gewohnt sind, kommt es zwangsläufig zu Irritationen, denen die Jugendlichen zunächst ausgeliefert sind. Dennoch kann die längerfristige Arbeit mit den jungen Männern zu möglichen Verschiebungen in ihrer Wahrnehmung und ihrem Verhalten führen.

Man könnte den Gestus der Interventionen von La Lleca als utopisch-paradox bezeichnen, da sie innerhalb der Institution Gefängnis versuchen, einen autonomen Freiraum zu schaffen, in dem physische Zuwendung und affektive Kommunikation auch unter den männlichen Häftlingen erreicht sein soll. Dabei können einzelne Momente übergriffig und zwiespältig erlebt werden, die besonders bei erstmalig partizipierenden Jugendlichen auch auf Ablehnung stoßen. Dem können sie sich entweder durch Nichtteilnahme an den Sitzungen oder durch – verbales – Entgegenhalten entziehen, denn das Ziel von La Lleca ist explizit die Initiierung von kritischer Hinterfragung gesellschaftlicher Strukturen und normativer Werte sowie die Hervorbringung einer physisch-emotionalen Kommunikation unter den Häftlingen.

Zudem wird dieser anvisierte Freiraum, wenn überhaupt möglich, nur temporär und punktuell generiert, und seine Funktionsweise lässt sich schwerlich auf die zukünftigen Kontexte der Jugendlichen übertragen: Denn entweder werden die Jugendlichen nach ihrem Prozess in ein anderes Gefängnis verlegt, in dem der Körper als Dominanzinstrument erforderlich ist und die Kommunikation von Affekten als Schwäche ausgelegt wird, oder sie kehren zurück in ihre vormalige, von Gewalt geprägte Umgebung, in der ebenfalls andere Strategien zum Überleben gefragt sind als die von La Lleca angebotenen.

Die Gefängnisbehörde jedenfalls hat für sich das Paradoxon der Intervention aufgelöst: Seit 2014 darf La Lleca ohne offizielle Begründung nicht mehr im Jugendstrafsystem arbeiten. Lorena Méndez schätzt die Gründe für diese Entscheidung folgendermaßen ein:

> Ich glaube, Folgendes ist mit den Häftlingen passiert: Sie haben die Kontrolle, die das System über sie hatte, hinter sich gelassen, indem sie persönliche, eigene Entscheidungen trafen. Der Gefängnisverantwort-

liche sagte zu uns: Warum ihr rausmusstet – weil wir die Kontrolle im Gefängnis verloren haben, da ihr über mehrere Jahre dort gearbeitet habt.[17]

1 La Lleca ist ein Gefängnis-Slangbegriff für ‚Straße'.

2 Die Zusammensetzung von La Lleca ändert sich je nach den Lebensumständen der Mitglieder, einige Häftlinge begleiten La Lleca auch nach ihrer Entlassung.

3 Lorena Méndez: „Comunicar poniendo el cuerpo. La cámara de video entre nosotros", in: *Educación Social* (2008), 39, S. 51–58.

4 „Nosotras trabajamos desde la educación radical con la idea de des-educación, que puede entenderse como una práctica específica y una postura particular cuyo fin es cuestionar las formas hegemónicas de educación institucionalizada, así como las maneras en que se normatiza la producción, el intercambio y la distribución del conocimiento." Übersetzung: Wir arbeiten mittels der Radikalen Erziehung anhand der Idee der De-Erziehung, welche man verstehen kann als eine spezifische Praktik und eine bestimmte Haltung, deren Ziel es ist, die hegemonialen Formen der institutionalisierten Erziehung zu hinterfragen, sowie die Art und Weise, wie Produktion, Austausch und Verbreitung von Wissen normiert sind. http://lallecacolectiva.espora.org/?page_id=6, Zugriff: 19. August 2015.

5 Buchpublikationen: La Lleca: *Cómo hacemos lo que hacemos,* México D.F. 2008. La Lleca: *Hacía un orden anti-patriarcal: Adolescencias y Masculinidades,* México D.F. 2013. La Lleca: *Afectos, cuerpos y educación feminista,* México D.F. 2013.
Videos: La Lleca: *200 reos dijeron,* México D.F. 2011. La Lleca: *rec del preso en resistencia,* México D.F. 2013.
Internetseite: http://lallecacolectiva.espora.org.

6 La Lleca: *Cómo hacemos lo que hacemos,* S. 20. Übersetzung der Verfasserin.

7 La Lleca wird unregelmäßig gefördert von den staatlichen Kulturinstitutionen CONACULTA und FONCA, zumeist beantragen sie dort Mittel für die Projektdokumentation. Zudem erhielten sie Förderung durch die Fundación Jumex.

8 Seit einer Reform des Jugendstrafvollzugs in Mexiko-Stadt 2008 setzt die Stadtregierung statt auf reine Bestrafung der Häftlinge auf deren Resozialisierung durch Bildungs-, Kultur- und Sportangebote.

9 Bewusst trägt Lorena Méndez im Gefängnis farbenfrohe, Haut zeigende Kleidung, die in der Eintönigkeit des Gefängnisses umso mehr auffällt. Nur an Besuchstagen wird es bunt: Die erlaubten Kleidungsfarben der Besucher sind aus Sicherheitsgründen rot, gelb, rosa, grün und lila.

10 In Gesprächen mit Gefängnistheaterleitern wurde von Frauen, die im Männervollzug arbeiten, häufig die notwendige (physische) Distanz und Entsexualisierung ihrer Präsenz betont, während Männer teilweise einen stark autoritären Gestus anwenden müssen, um dem Vorwurf des ‚Schwulen' entgegenzuwirken, welcher der Theaterarbeit bei dieser Zielgruppe oftmals anhängt.

11 Thompson, James: *Performance Affects: Applied Theatre and the End of Effect,* Hampshire 2011, S. 125.

12 Den Resozialisierungsansatz spiegeln neue Sprachregelungen wider: Die Gefängnisse nennt man *comunidades*, Wärter heißen *guías* – Anleiter, die Strafe wird als *medid* – Maßnahme bezeichnet.

13 Der Aspekt der Freiwilligkeit ist im Kontext des Gefängnisses jedoch zwiespältig, da die Teilnahme an Aktivitäten von der Gefängnisleitung durchaus positiv bewertet wird. So fragten neu hinzukommende Häftlinge häufig nach möglichen Vorteilen, die ihnen aus der Partizipation entstehen könnten.

14 Der Ablauf lässt sich schematisch folgendermaßen fassen: 1. Begrüßung mit Körperkontakt, 2. verbale und physische Zuwendungsbekundungen, 3. Frage nach dem Befinden, 4. Frage nach Thematik oder Aktion, die behandelt werden soll, 5. Performance oder Spiel, 6. Reflexion, 7. Entspannung, 8. affektive verbale und physische Verabschiedung.

15 Protokoll einer Sitzung von La Lleca im Untersuchungsgefängnis vom 14. November 2013. Insgesamt wurde die Arbeit von La Lleca im Untersuchungsgefängnis im Zeitraum vom 4. November 2013 – 6. Dezember 2013 systematisch begleitet.

16 Viele der Insassen hatten bereits Kontakt zu staatlichen Fürsorgeeinrichtungen oder mussten an staatlichen (Um-)Erziehungsmaßnahmen teilnehmen, sodass ein Vorwissen über deren Diskurse und den erwarteten Antworten oder Verhaltensweisen existiert.

17 „Creo lo que pasó con ellos, los internos, es que dejaron el control que el sistema tenía sobre ellos, para tomar decisiones personales. Dice el encargado de la cárcel, porqué salimos: porque ellos perdieron el control en la cárcel, porque estuvimos trabajando muchos años en la cárcel." Lorena Méndez im Interview mit der Verfasserin, 26. März 2015, Mexiko-Stadt, Übersetzung der Verfasserin.

# EINE INTERVENTION INS ORGANISCHE. *MAX UND MORITZ. EINE WINTERREISE*

Natascha Siouzouli

## Das Projekt

Ich zitiere von der Internetseite des Projekts:

> Seit dem Frühjahr 2012 arbeiten in dem Projekt *winterREISE* in der Jugendstrafanstalt Berlin erfahrene Künstler aus den Bereichen Oper, Theater, Tanz, Film, Gesang und Musikproduktion als Dozenten mit den inhaftierten Straftätern zusammen. Insgesamt läuft das Projekt über einen Gesamtzeitraum von drei Jahren. Alle drei Monate wird ein kulturelles Produkt produziert, das auf einem der vierundzwanzig Lieder des originalen Liederzyklus *Winterreise* von Franz Schubert basiert. Am Ende eines jeden Quartals präsentieren die Inhaftierten dann entweder ein professionell produziertes Lied, einen Kurzfilm oder ein Theaterstück. Ende 2014 werden im Rahmen einer finalen Bühnenpräsentation alle Produkte gemeinsam aufgeführt.
>
> Ziel ist es, den teilnehmenden jugendlichen Straftätern kulturelle Bildung zu ermöglichen und ihre Chancen auf eine (Wieder-)Eingliederung in Gesellschaft und Berufsleben zu erhöhen, indem ihnen Medien- und Sozialkompetenzen vermittelt werden. Alle im Rahmen einer professionellen Produktion notwendigen Arbeitsprozesse werden den Inhaftierten nahe gebracht und mit ihnen durchgeführt. Das Projekt *winterREISE* ist Teil des Bundesprogramms „XENOS – Integration und Vielfalt“ und wird gefördert durch das Bundesministerium für Arbeit und Soziales und den Europäischen Sozialfonds.[1]

Die Aufführung, die ich anschließend besprechen werde, ist ein Teil dieses Projekts. Die Initiatorinnen formulieren hier – wie üblich – sehr klar die Ziele des Projekts: Dabei geht es keineswegs (nur?) um Zeitvertreib, Unterhaltung, Zerstreuung oder gar Kreation, sondern um „kulturelle Bildung“, welche die „Eingliederung in Gesellschaft und Berufsleben“ unterstützen soll. Nicht Spaß, sondern „Arbeitsprozesse“ sollen hier „nahe gebracht“ werden.[2] Das heißt, dass Kunst in diesem spezifischen Kontext eine ganz klare Funktion zu erfüllen hat, die eigentlich außerhalb ihres Bereichs liegt.

## Der Rahmen und die Aufführung

Das Projekt bzw. die Aufführung fand in der Jugendstrafanstalt (JSA) Berlin statt. Die Inhaftierten einer Jugendstrafanstalt sind Kinder und Jugendliche zwischen 14 und 18 bzw. 21 Jahren.[3] Das Produktionsteam agiert unter dem Namen aufBruch und initiiert seit Jahren regelmäßig Theaterprojekte vorwiegend in Gefängnissen in Berlin. In diesem Projekt haben das Team und das Ensemble der Akteure/Gefangenen – mit 11 Mitgliedern – mit dem Musiker Jörn Hedtke kooperiert; die mitspielenden Jugendlichen komponierten mithilfe Hedtkes und ausgehend von Franz Schuberts Musik *(Winterreise)* Rapsongs, die dann auf der Bühne als Teil der Aufführung performt wurden.

Die Aufführung basierte auf dem Text *Stones* von Tom Lycos und Stefo Nantsou. Das Stück handelt von einem realen Ereignis in Australien, bei welchem 1994 zwei Kinder von 13 und 15 Jahren des Mordes angeklagt wurden, weil sie Steine von einer Autobahnbrücke geworfen und dabei einen Menschen getötet hatten. Die Aufführung unterbrach, kommentierte bzw. ergänzte das Stück mit Rapsongs, Fragmenten von Wilhelm Buschs *Max und Moritz* und anderen Textfragmenten (z. B. von Elfriede Jelinek). Das Multi-Kulti-Ensemble der Insassen bildete einen Chor bzw. zwei Hemichorien, die sangen, sprachen, rappten und tanzten. Die Akteure übernahmen auch konkrete Rollen – die Rollen aus dem australischen Theaterstück –, die allerdings nicht festgeschrieben waren und die die Akteure abwechselnd spielten. Eines der Kinder hatte einen gebrochenen Arm und die anderen mussten helfen.

## Strategien einer Intervention ins Organische

In diesem dritten Teil meiner Präsentation werde ich persönlicher und beschreibe eine strikt subjektive Wahrnehmung der Aufführung. Ich möchte in diesem Zusammenhang allerdings betonen, dass ich jene Strategien und Taktiken der Aufführung fokussiere, die zu dieser spezifischen Wahrnehmung geführt haben, eine Tatsache, die meine Beschreibung dann doch vom Subjektiven entfernt. Ich behaupte, dass ich hiermit eine plausible Zuschauerperspektive beschreibe, welche die Inszenierung triggert und unterstützt.

Der Eingang ins Gefängnis und in den Theatersaal ist eher unspektakulär, das Eingangstor ist nicht weit von der Straße entfernt; dort werden kurz die Ausweise kontrolliert, es gibt relativ wenige Wärter; anschließend geht man kurz links und schon ist man an der offenen Tür des Theatersaals; man geht hinein und nimmt Platz. Ich bin in dem Glauben in die Aufführung gegangen, routiniert zu sein, da ich ja oft aus demselben Grund in der Justizvollzugsanstalt Tegel (Männergefängnis) gewesen bin. Schon der Eintritt als Zuschauerin ins Gefängnisgelände Tegel und der Weg in den Theatersaal ähneln einem langen, strengen Initiationsritual, das ich als Teil der Performance verstehe.[4] Der Gang in die Aufführung in der JSA soll dagegen Normalität und nicht Exzeptionalität suggerieren; er soll eine lockere Atmosphäre kreieren, um von der Tatsache abzulenken, dass man in einem Gefängnis ist, bzw. um auf die lockere Atmosphäre dieses Gefängnisses hinzuweisen. Tatsächlich, dies gelingt. Ich vergleiche meine Erfahrungen in den beiden Gefängnissen und fühle mich schon wohler. Die Restriktionen sind hier offenbar geringer, es herrscht eine gewisse Gelassenheit, die mich erst einmal mitreißt. Die Einführung in die Aufführung – inklusive der legeren und heiteren Begrüßung durch den Direktor des Gefängnisses – soll also den Zuschauern den Schreck nehmen. Das Theater interveniert hier insofern, als es die Kreation eines offenen Raumes favorisiert, dessen Grenzen zunächst unsichtbar sind.

Ich würde die gesamte Aufführung, die nach der kurzen Rede des Direktors beginnt, als eine graduelle Einschränkung dieses anfangs scheinbar offenen Raumes auffassen. Die Intervention führt vom *Offenen* zur *Enge* und damit regelrecht in den individuellen Körper der Zuschauer, auf seine organische Beschaffenheit einwirkend. Dies geschieht vorerst durch die spezifische Dramaturgie der Aufführung: Das ganz und gar realistische Theaterstück, das den Weg der beiden Kinder ins Gefängnis erzählt und das die Basis der Aufführung darstellt, wird fragmentiert und durch die Rapsongs und die restlichen Texte komplementiert. Dies hat zur Folge, dass man nur graduell die ausweglose Dramatik der Situation wahrnehmen kann. Was einigermaßen belanglos und trivial anfängt, erringt schnell verschiedene Zuspitzungen durch die rührenden Rapsongs, durch die naiv-heiter-bösen *Max-und-Moritz*-Geschichten, durch das ernst-düstere *Herz der Finsternis* und durch das schmerzvolle *Winterreise*-Fragment Elfriede Jelineks. Durch diese disparate Dramaturgie öffnet sich einerseits der zugrunde gelegte Text; andererseits bekommt er durch die Allusionen, Assoziationen und Referenzen eine solide Konkretheit, die eher das harte, unerträgliche Hier und Jetzt in seiner Fülle und Ausweglosigkeit unterstreicht und hervorbringt.

Die Zuschauerin begreift allmählich, worum es sich tatsächlich handelt: Diese Kinder auf der Bühne vor ihr – die ihre Kinder sein könnten – stellen so oder so die eigene Situation dar. Sie imitieren nichts und sie repräsentieren nichts (sie identifizieren sich mit keiner Rolle), sondern legen eine gewisse Authentizität frei, die bei der Zuschauerin ein unerträgliches Engegefühl hervorruft. Denn: Man befindet sich hier im Gefängnis, die suggerierte Gelassenheit ist eine fingierte. Man hat über diese Kinder geurteilt und sie ins Gefängnis gesteckt. Die Zuschauerin fühlt die Verantwortung, die auf ihr lastet: Sie kommt ins Gefängnis, um Kinder ‚spielen' zu sehen, und anschließend ist sie ‚frei' und die Kinder sind gefangen. Sie tappt in die Falle der familiären Atmosphäre und fällt ins Loch der Grausamkeit einer Als-ob-Freiheit. Man möchte diesen Kindern verzeihen, wie man seinem eigenen Kind verzeiht, aber man ist machtlos; stattdessen kommen alle diese Gefühle hoch, mit denen man erst mal ratlos dasteht. Man ist in der Falle: extrem emotionalisiert und ohnmächtig. Ich gehe mit Kopfschmerzen und Sausen im Ohr raus – ich nehme an, mein Blutdruck ist hoch.

Das Gefühl der Enge, die Intervention ins Organische, die mich mit körperlichem Schmerz entlässt, werden durch eine ganze Reihe subtiler Signale, welche die Dramaturgie übermalen, hervorgebracht: Es sind die gesenkten Blicke der Akteure, wenn sie singen oder wenn sie gerade nicht spielen; es ist der Unterschied im Ton, wenn sie mit *Max und Moritz* hantieren, der irgendwie sorgloser und leichter wirkt; es ist die rührende Ernsthaftigkeit, mit der Kinder, die zum Teil nicht gut Deutsch sprechen, mit schwierigen Texten umgehen – es sind schließlich zwei Momente, die mich zutiefst berühren: Das konsequente Flüstern von Texten anderer, das zwei oder drei Akteure während der gesamten Aufführung praktizieren (d. h. sie kennen alle Texte der Aufführung auswendig) und das ergreifende Sprechen von Elfriede Jelineks *Winterreise*-Fragment als Finale der Aufführung. Diese Elemente, die einerseits dem Spiel der Akteure zuzuschreiben sind und andererseits etwas von den Vorbereitungen der Aufführung offenbaren, interagieren eindrucksvoll mit dem, was man den Inhalt der Aufführung nennen würde. Sie bahnen einen Weg in den Körper der Zuschauerin, der sich als ein aufklaffender Spalt offenbart.

### Der Gestus

Das Projekt, das ich hier besprochen habe, beinhaltet mehrere öffentliche Aufführungen und ich gehe davon aus, dass es die Zuschauer keineswegs als bloß dekoratives Element gebraucht, sondern vielmehr als entscheidende Mitspieler betrachtet. Meine Hypothese und meine Behauptung ist, dass das (Mit)Wirken der Zuschauer die Auseinandersetzung mit dem, was ich ‚Intervention ins Organische' genannt habe, darstellt.

Ich möchte zwei Phasen der Aufführung ausdifferenzieren. Die erste beinhaltet den Diskurs rund um das Ereignis, den Rahmen und den Auftakt des Ereignisses. Diese entfaltet sich als ein Gestus der Öffnung und Inklusion der Zuschauer in einen ‚freien Raum' der theatralen Begegnung.[5] Die zweite Phase umfasst das Spektakel als solches und entfaltet sich in die entgegengesetzte Richtung als ein Gestus der Isolation der Zuschauer, die allmählich die Eingeschränktheit und Ohnmacht ihrer Position realisieren.

Beide Phasen der Aufführung koexistieren und reißen die Zuschauer in den fortwährenden Widerspruch zwischen der Möglichkeit eines ‚freien Spiels', welches das Gefängnis überschreiten soll, und der Unmöglichkeit einer tatsächlichen Distanzierung vom Ereignis, welche die Zuschauer in einer kritischen – i. e. ‚freien' – Position bewahren würde. Diese Ambivalenz der Positionierung lässt die Artikulation des Ereignisses fortwährend oszillieren zwischen Gestus (als Intention, als Vorbereitung der Aufführung) und Kontergestus (die Aufführung selbst), eine Tatsache, welche das Ereignis an einem Ort der Nicht-Situierbarkeit und folglich des hoffnungsvollen Zweifelns bewahrt.

1 http://winterreise.gefaengnistheater.de, Zugriff: 20. Januar 2015.

2 Ebd. In *Morgenröthe: Gedanken über die moralischen Vorurtheile* schreibt Friedrich Nietzsche im 3. Buch, par. 173: „*Die Lobredner der Arbeit.* – Bei der Verherrlichung der ‚Arbeit', bei dem unermüdlichen Reden vom ‚Segen der Arbeit' sehe ich den selben Hintergedanken, wie bei dem Lobe der gemeinnützigen unpersönlichen Handlungen: den der Furcht vor allem Individuellen. Im Grunde fühlt man jetzt, beim Anblick der Arbeit – man meint immer dabei jene harte Arbeitsamkeit von früh bis spät –, dass eine solche Arbeit die beste Polizei ist, dass sie jeden im Zaume hält und die Entwickelung der Vernunft, der Begehrlichkeit, des Unabhängigkeitsgelüstes kräftig zu hindern versteht. Denn sie verbraucht außerordentlich viel Nervenkraft und entzieht dieselbe dem Nachdenken, Grübeln, Träumen, Sorgen, Lieben, Hassen, sie stellt ein kleines Ziel immer ins Auge und gewährt leichte und regelmäßige Befriedigungen. So wird eine Gesellschaft, in welcher fortwährend hart gearbeitet wird, mehr Sicherheit haben: und die Sicherheit betet man jetzt als die oberste Gottheit an. – Und nun! Entsetzen! Gerade der ‚Arbeiter' ist gefährlich geworden! Es wimmelt von ‚gefährlichen Individuen'! Und hinter ihnen die Gefahr der Gefahren – das Individuum!" Nietzsche, Friedrich: *Morgenröthe: Gedanken über die moralischen Vorurtheile*, 3. Buch, par. 173, Leipzig 1887, S. 163.

3 Die Grenzen zwischen Kindheit und Jugend sind fließend.

4 Vgl. hierzu Siouzouli, Natascha: „Precarious Presence in Contemporary Theatre", in: Homan, Sidney R. (Hg.): *The Audience as Player: Interactive Theatre over the Years, Comparative Drama Special Issue* (2014), 48 (1, 2), S. 93–102.

5 Diese Funktion erfüllt auch die Möglichkeit des Austausches zwischen Akteuren und Zuschauern nach Ende des Spektakels, der in legerer Art und Weise auf der Bühne stattfindet.

# DAS ENDE DER QUELLE. LETZTE INTERVENTIONEN

Matthias Warstat

Am 1. September 2009 wurde für einen der größten Arbeitgeber der Städte Nürnberg und Fürth, die Quelle GmbH, ein Insolvenzverfahren eröffnet. Zum 1. November desselben Jahres mussten sich rund 4000 Mitarbeiter arbeitslos melden. Viele von ihnen hatten ihr Leben lang für Quelle gearbeitet, jenes von Gustav und Grete Schickedanz über Jahrzehnte paternalistisch geführte Versandhaus, das mit seinen Küchengeräten, Waschmaschinen, Staubsaugern und Alltagskleidern paradigmatisch für den wirtschaftlichen Aufstieg der alten Bundesrepublik stand. Die Region hatte in den Jahren zuvor schon mehrere große Betriebsschließungen erlebt, darunter den Ausverkauf der Traditionsfirmen Grundig und AEG, aber erst mit der Insolvenz von Quelle wurde die seit Langem schwelende Ahnung zur Gewissheit, dass klassische Lebensentwürfe des westdeutschen Wirtschaftswunders – die dauerhaft gesicherte Arbeiter- oder Angestelltenexistenz in einem umsichtig gesteuerten Familienunternehmen – als endgültig erledigt gelten durften. Rings um den riesigen Quelle-Gebäudekomplex, der dicht an der Stadtgrenze von Nürnberg und Fürth steht, machte sich die ökonomische Depression weiträumig im Stadtbild bemerkbar, leerstehende Wohnungen, verwaiste Ladenlokale, ganze Straßenzüge mit heruntergelassenen Rollos und rissigen Fassaden.

Wenige Kilometer Luftlinie vom Großversandhaus entfernt befindet sich die Spielstätte des kleinen Stadttheaters Fürth.[1] Fürth, die proletarischere Zwillingsstadt von Nürnberg, war ökonomisch wie kulturell noch um einiges stärker mit der Quelle verbunden als ihr größerer Nachbar. So entschied sich Johannes Beissel, der Theaterpädagoge des Hauses, gegen Ende des Jahres 2009, für die unmittelbar zuvor entlassenen Mitarbeiter der Quelle einen Theaterabend zu gestalten. Als erfahrener Leiter von Workshops und Jugendprojekten hatte er den Ehrgeiz, diesen Abend nicht nur *für*, sondern auch *mit* den Betroffenen zu erarbeiten. Er lud die sich auflösende Belegschaft über Aushänge und Anzeigen dazu ein, Texte, Fotos und andere persönliche Beiträge als Material für eine Stückentwicklung einzusenden. Zehn ehemalige Mitarbeiter antworteten und wurden ermutigt, ihre Texte im Rahmen eines als Nummernfolge konstruierten Programms vorzutragen.

Am Montag, den 1. Februar 2010, waren die Ränge des Schauspielhauses mit seinen 730 Plätzen zur Premiere des Stückes *Die Menschen von Primondo und Quelle* voll besetzt. In Erzählungen, Gedichten, Liedern und kleinen Szenen präsentierten die früheren Beschäftigten ihre Gefühle während der verzweifelten letzten Tage der Quelle und in den Wochen nach der Entlassung. Die Bühne bot mit mehreren Mikrofonen, Versandkartons und Stapeln von Quelle-Katalogen, die als Hocker verwendet werden konnten, einen flexiblen Rahmen für die verschiedenen Nummern. Viele Szenen bestanden einfach darin, dass Ex-Mitarbeiterinnen und -Mitarbeiter am Mikrofon die von ihnen selbst geschriebenen Texte vorlasen. Dominant wirkte die Videoleinwand im Hintergrund, auf der Zwischentitel, Dias und Clips eingeblendet wurden, nicht selten auf komische Effekte abzielend, wenn etwa ein Foto der Quelle-Erbin Madeleine Schickedanz mit der Textzeile „Ich muss beim Discounter kaufen" unterlegt wurde. In weiten Teilen hatte der Abend den Charakter einer verspäteten Abrechnung mit dem Management. Auch Kritik an den Fortbildungsmaßnahmen der regionalen Arbeitsagentur artikulierte sich: „Alles, was ich bei euch lerne, ist Briefe einkuvertieren!", rief etwa Sibylle Mantau, die in der Markenkommunikation von Quelle beschäftigt gewesen war.

Hauptintention des Abends war aber, daran ließ Beissel in Presseinterviews keinen Zweifel, eine Art Trauerarbeit: Das Projekt sollte den gekündigten Mitarbeitern helfen, das Erlebte aufzuarbeiten. Am Ende solle, so der Theaterpädagoge, die Botschaft stehen, „dass es eine Zukunft gibt."[2] Zu diesem sozialtherapeutischen Gestus passte es, dass am Schluss der Fürther Oberbürgermeister Thomas Jung die Bühne betrat, um den Akteuren und ihrem Publikum zuzurufen: „Wir wurden Zeugen eines unglaublichen Theaterabends. Es war ergreifend und gelungen." Der ehemalige Unternehmenssprecher Manfred Gawlas empfand das Gesehene als „gleichermaßen voller Würde wie auch beeindruckend": Die Menschen hätten „ihr Innerstes nach außen gekehrt".[3] Auch der Theaterpädagoge Beissel, der sich dazu bekannte, keinen der eingesendeten Texte abgewiesen zu haben, fokussierte seine öffentlichen Statements, etwa gegenüber dem Berliner *Tagesspiegel*, ganz auf den Gedanken der vom Theater den Mitwirkenden zurückerstatteten Würde: „Es ist nie zu spät, einem Menschen einen Teil seiner Würde zurückzugeben." In der *Tagesspiegel*-Reportage von Monika Goetsch finden sich Notizen aus dem Probenprozess, die auf ein stark emotionalisiertes Geschehen hindeuten:

> Unter den Autoren ist auch Josef Bößl, 57, gelernter Bilanzbuchhalter und Industriekaufmann, 31 Jahre lang Sachbearbeiter bei der Quelle. Er hat seinen Text gleich mehrfach geschickt, per Mail und per Post,

> damit er auch wirklich ankommt. Im grauen Rollkragenpullover sitzt Bößl im Probenraum. Alles ist schwarz, die Wände, die Decke, der Boden, der Tisch, auf dem das Manuskript liegt. Bößl hat sich entschieden, seinen Text nicht selbst zu lesen, darum ist zur Probe auch der Nürnberger Schauspieler Hannes Seebauer gekommen, ein ruhiger, weißhaariger Mann mit väterlicher Stimme. Es ist ganz still im Probenraum. Bößl sitzt da, die Hände ineinander gefaltet. Er hört die eigenen Worte, die jetzt, mit Seebauers Stimme, zu schweben scheinen. Und man sieht, wie sehr ihn das alles schmerzt. Stille. Dann das Chorstück „A clare benediction". Darf Seebauer dem Publikum mitteilen, dass dieses Chorstück ein Trost für Bößl war? „In Ihren Mails haben Sie [sic] von Trost geschrieben", sagt Beissel. Aber Bößl möchte das Wort Trost vermeiden. „Sagen Sie: Es hat mir geholfen, optimistischer in die Welt zu sehen." Beissel nickt. Gern hätte er ‚Trost' gelassen. „Aber es ist Ihr Abend. Es ist für Sie. Sie können entscheiden, was Sie mit dem Publikum teilen und was nicht. Der Zuhörer", fügt er dann hinzu, „wird ohnehin merken, dass es um Trost geht".[4]

Formal wirkte der Abend wenig kohärent, nicht zuletzt weil professionelle Schauspieler und ungeübte Laien ohne dramaturgische Vermittlung nebeneinander agierten. So standen holprig vorgelesene Texte neben professionell einstudierten Chansons und Tanzeinlagen. Einerseits bemühte sich die künstlerische Leitung um Anleihen bei den avancierten dokumentarischen Mitteln der Gruppe Rimini Protokoll, die mit *Sabenation. Go home & follow the news* schon im Jahr 2004 ein viel beachtetes Stück mit sieben entlassenen Beschäftigten der untergegangenen belgischen Fluggesellschaft Sabena erarbeitet hatte. Andererseits war der Fürther Abend durchlässiger für wirklich unbehauene, allenfalls behutsam redigierte Artikulationen der Mitwirkenden. Beissel setzte auf Formen, die vage an Traditionen des Arbeitertheaters anknüpften – Sprechchöre, Agitpropvorträge, Kollektivreferate –, zugleich zeugte seine Inszenierung von einem Wissen darum, wie proletarische Stoffe heute, man denke an Filme wie Peter Cattaneos *Ganz oder gar nicht* (GB 1997), popularisiert werden können: in melodramatischer Emphase, mit Musicalelementen und einer Portion *Showmanship*.

In politischer Hinsicht litt die Inszenierung an der unleugbaren Vergeblichkeit der Situation, denn zu retten war im Februar 2010 für die alte Quelle-Belegschaft objektiv nichts mehr: Die Firma war pleite, die Arbeitsplätze weg, und die von Land und Region eilends zusammengestrickten Sozialpläne hätte es auch ohne die Intervention des Fürther Theaters gegeben. Der Titel des Stücks spiegelt die vorherrschende politische Ratlosigkeit der Produktion: *Die Menschen von Primondo und Quelle* – ein vager Verweis auf die menschliche Seite des ökonomischen Desasters, aber kein Indiz für einen zukunftsgerichteten Plan oder eine politische Haltung. Gleichwohl wurden die Zuschauer Zeugen einer bemerkenswerten Verwandlung: Die in den Medien durchweg als Opfer porträtierten Quelle-Veteranen verwandelten sich in Entertainer, die auf großer Bühne ihre eigene Geschichte aus subjektiv-parteilicher Perspektive und in selbst gewählter Form präsentierten. Darin lag nun doch ein Narrativ, das in die Zukunft zu weisen schien: Menschen, die stellvertretend für die ausrangierte Belegschaft stehen konnten, zeigten an einem exponierten städtischen Ort ihre – freilich unterschiedlich ausgeprägte – schauspielerische Begabung. Das Publikum genoss eine in mehrfacher Hinsicht heroische Geschichte, denn hier wurden nicht nur aus überflüssigen Arbeitskräften staunenswerte öffentliche Akteure, sondern auch aus noch-fordistischen Fließbandarbeitern post-fordistische, schöpferisch gestaltende Subjekte, die sich ironischerweise ideal in die Erfordernisse der zeitgenössischen Kreativwirtschaft einzufügen schienen.

Trotz dieser möglichen optimistischen Lesart muss hinsichtlich des Grundgestus der Fürther Theaterinszenierung von einer melancholischen Intervention gesprochen werden. Entscheidend für diesen Gesamteindruck war die überbordende Nachträglichkeit des Projektes: Warum am Ende eines seit Langem im Sinkflug befindlichen Unternehmens noch einmal Fehler der Unternehmensleitung anprangern, Interessen und Rechte von Arbeitnehmern einklagen, verlorenen Arbeitsplätzen hinterherweinen? Das Theater leistete eine Art von Erinnerungsarbeit, die sich stark in der Gefahr befand, zynisch zu wirken. Denn natürlich wurde die Fürther Produktion, all ihrer inhaltlichen Vergeblichkeit zum Trotz, von einer bundesweiten Öffentlichkeit hochgelobt. Lieber als weinende Arbeiter ohne Zukunftsperspektive im Kurzinterview an bald für immer geschlossenen Werkstoren sieht man Frauen und Männer mit Tränen der Nostalgie, des Stolzes und der Rührung auf der Theaterbühne. Für die Initiatoren verband sich das Projekt wiederum mit dem beruhigenden Gefühl, als ‚zuständiges' Stadttheater den erforderlichen und angemessenen Beitrag zum Thema geleistet zu haben.

Der Fürther Quelle-Abend steht für eine wichtige Facette von applied theatre und zugleich für die Verankerung dieses Theatertyps in der langen Tradition theatraler Erinnerungsarbeit. Auffallend ist, wie viele Richtungen und Projekte des applied theatre aus einer grundsätzlichen Nachträglichkeit heraus operieren. Anstatt politische Forderungen zu artikulieren oder gesellschaftliche Zukunftsmodelle zu erproben, wird Theater darauf verpflichtet, traumatische Erfahrungen und schmerzliche Niederlagen der Vergangenheit aufzuarbeiten. Bisweilen entstehen Konstellationen, in denen die Theaterpraxis keine eigentlich neuen Perspektiven eröffnet, sondern eher dazu dient, nach dem Ende der Kämpfe gleichsam die Scherben zusammenzukehren. Diese Tendenz ist nicht pauschal zu verurteilen, aber erscheint doch als mindestens ambivalentes Symptom: Denn wenn applied theatre auf eine straffe gesellschaftliche Instrumentalisierung der Theaterpraxis in Richtung auf konkrete Zwecke hinausläuft, dann stellt sich umso mehr die Frage, *welche* Zwecke die Gesellschaft der Theaterpraxis zu erfüllen zutraut.

In Fürth präsentierte sich Theater als eine auf Mitleid und Identifikation gebaute Trostmaschine. Aller bundesweiten Aufmerksamkeit für die Produktion zum Trotz war es im Kern ein Abend für die ehemalige Belegschaft und für die Fürther, die nicht nur den Verlust tausender Arbeitsplätze, sondern eines zentralen Symbols von Stadt und Region zu beklagen hatten. Man traf sich in dem kleinen Theatersaal zu einem gemeinsamen Klagelied, kompiliert aus vielen individuellen Litaneien, in denen ein letztes Mal der treue, aufrechte Arbeitnehmer als ehrbare und würdevolle Figur des spezifisch westdeutschen, paternalistisch und christlich konturierten Kapitalismus gefeiert wurde. In der beabsichtigten Tröstung lag eine Erinnerungsarbeit der besonderen Art – ohne Verbindung zur verschütteten Tradition eines sozialistischen Arbeitertheaters, und auch nicht zu verwechseln mit den großen Aufarbeitungsprojekten zur NS-Vergangenheit im bundesrepublikanischen Theater der 1960er-, 70er- und 80er Jahre: Die dokumentarischen Theaterformen dieser Jahrzehnte bezogen ihre Brisanz aus der Konfrontation mit Fakten und Themen, über die in weiten Teilen der Bevölkerung nach wie vor geschwiegen wurde. Das galt insbesondere für die klassischen Dokumentarstücke von Weiss, Kipphardt und Hochhuth, die die in den Familien peinlich vermiedenen Fragen nach der individuellen Schuld der Eltern und Großeltern auf offener Bühne verhandelten. Auch Kinder- und Jugendtheaterprojekte dieser Zeit ermutigten die nachwachsende Generation auf oft unangepasste, anarchisch-libertäre Weise, im eigenen unmittelbaren Umfeld hartnäckig nach der Verantwortung für die Verbrechen der NS-Zeit zu fragen.

Das kritische Dokumentartheater späterer Jahrzehnte hat sich diesen aufklärerischen und anklagenden Gestus zum Teil bewahrt. So richtete sich die schon erwähnte *Sabenation*-Inszenierung von Rimini Protokoll aus dem Jahr 2004 nicht in erster Linie an die unmittelbar Betroffenen des Sabena-Konkurses, wenngleich Flugbegleiterinnen, Catering-Fahrer und andere Belegschaftsmitglieder in die Erarbeitung des Stücks einbezogen wurden und dann auch auf der Bühne in Erscheinung traten. Es ging dem Produktionsteam um Daniel Wetzel, Stefan Kaegi und Helgard Haug aber nicht darum, der entlassenen Belegschaft der belgischen Fluggesellschaft im Theater eine bitter-nostalgische Rückschau auf eine versinkende Arbeitswelt zu ermöglichen. Vielmehr vermittelte die Inszenierung einer breiten Öffentlichkeit schroffe Einblicke in einen ganz und gar gegenwärtigen, flexibilisierten, hochmobilen Kapitalismus, der keine stabilen Lebens- und Arbeitsverhältnisse mehr zulässt. Die ‚sich selbst' spielenden Laien, die in den Produktionen von Rimini Protokoll vorkommen, werden von der Gruppe auch deshalb als ‚Experten des Alltags' tituliert, weil sie in der Stückentwicklung gerade *nicht* zu Objekten eines quasi therapeutischen Aufarbeitungsprozesses werden, sondern aus der Position von Wissenden – Inhaber eines spezialisierten, professionellen Alltagswissens – zunächst den Theaterleuten und dann einer breiteren Öffentlichkeit Einblicke in ihren besonderen Erfahrungsschatz geben.

Im Falle der Fürther Produktion sticht dagegen ein traditionalistisches Narrativ hervor, dessen einzelne Erzählstränge recht einheitlich zwischen zwei Polen aufgespannt waren: auf der einen Seite die große, abstrakte, über den spezifischen Kontext hinausweisende Firma – Quelle war vor der Pleite in Thomas Middelhoffs erratisch geführten Arcandor-Konzern aufgegangen –, auf der anderen Seite die individuellen, gebrochenen, mit besonderer Würde gezeichneten Einzelakteure, die auf der Bühne exponiert wurden. Dieser Gegensatz spitzte sich dramaturgisch zu einer Art David-gegen-Goliath-Geschichte zu, denn die große Firma stand auf der Verliererseite: Sie war real nicht mehr vorhanden, konnte in ihren kulturellen Eigenheiten, ihrer Bindekraft und lebensstrukturierenden Funktion nur noch aus der Nachträglichkeit beleuchtet werden. Die unverhohlene Nostalgie in der Schilderung des Arbeitsalltags erlaubte Einblicke in die Unternehmenskultur der alten Bundesrepublik, eröffnete aber keine zukunftsgerichtete Perspektive – etwa im Sinne von konkreten politischen Forderungen oder gesellschaftlichen Anliegen. Die Einzelakteure auf der Bühne verstanden ihre Auftritte hingegen in fast heroischem Sinne als eine Art Ermutigung ihrer selbst und ihres Publikums. Vormals unauffällige Belegschaftsangehörige standen nun im Rampenlicht, erhoben die Stimme und wurden erstmals öffentlich in ihren besonderen, schöpferischen Begabungen wahrgenommen. Dies war der (politisch überaus ambivalente) optimistische Aspekt der Inszenierung: Schaut auf diese nicht mehr jungen Menschen, schien die Inszenierung zu sagen, trotz ihres Schicksals sind sie nicht gebrochen, sondern haben eine eigene Würde, vielfältige Gaben – und werden sich, je für sich, schon bald ein ganz neues Leben erschlossen haben.

Die große Firma, die alte Institution als Repräsentantin der Vergangenheit – das kreative, sich selbst helfende und neu erfindende Individuum als Garant einer besseren Zukunft. Bei aller Kritik an den sozialen Härten der

Unternehmenspleite hatte die Fürther Inszenierung subkutan doch auch einen neoliberalen Einschlag. Gesungen wurde das Hohelied des kreativen Individuums gegenüber den überkommenen Konzernstrukturen der alten Industriekultur. So wurden in Fürth einige bedeutende kollektive Erzählungen der alten Bundesrepublik zu Grabe getragen: Leben und Arbeiten im großen Familienunternehmen; die geordnete, in immer gleichem Rhythmus voranschreitende Welt der Produktion hinter den Werkstoren; das kleine Glück des auskömmlichen Lebens in den Betriebssiedlungen, mit modernsten Küchengeräten, Gartenmöbeln und Grillbesteck – natürlich aus dem Quelle-Katalog. Harmonisches Zusammenleben der Generationen: Der Vater hat nicht nur Arbeit, sondern kann sogar dafür sorgen, dass der stolze Sohn einmal selbst an den imposanten Förderbändern von Quelle steht, die aus dem Niemandsland zwischen Nürnberg und Fürth prallvolle Versandpakete in alle Welt hinausschicken: von Vätern auf Söhne und von Müttern auf Töchter weitergereichte Arbeitsbiografien. Was von all dem geblieben ist, verrät lapidar der Titel des Stücks: *Die Menschen von Primondo und Quelle*, die Einzelnen, die Individuen mit ihren Begabungen und Ressourcen, die sie womöglich schon morgen wieder zu Markte werden tragen müssen. Die letzte Intervention in der Causa Quelle, ein allen ökonomischen und politischen Maßnahmen nachgeordneter Theaterabend, kann insofern zugleich als Einsatz auf einem neuen Spielfeld gesehen werden, das nur noch vollständig individualisierte, marktgängige, auf eigene Rechnung arbeitende Akteure kennt.

1 Das Haus schmückt sich mit dem Prädikat „kleinstes deutsches Stadttheater“; es verfügt unter der Intendanz von Werner Müller – offenbar aus subventionsrechtlichen Gründen – über genau *einen* festangestellten Schauspieler.

2 Zitiert nach Goetsch, Monika: „Quelle – Bühne der Abschiede“, in: *Der Tagesspiegel* vom 1. Februar 2010.

3 Die Äußerungen von Jung und Gawlas sind zitiert nach: „Fürth – Niedergang von Quelle. Beeindruckendes Stück im Fürther Stadttheater“, in: *Main-Post* (Würzburg) vom 4. Februar 2010.

4 Aus: Goetsch, Monika: „Quelle – Bühne der Abschiede“, in: *Der Tagesspiegel* vom 1. Februar 2010.

# DIE FRAGE NACH DER INSTITUTION

Natascha Siouzouli

In den Jahren der sogenannten Griechenland-Krise wurden Fragen zur institutionellen Gestaltung, Manifestation und Artikulation, auch und gerade innerhalb der Kunst- und Kulturlandschaft Griechenlands, sehr drastisch und mit Vehemenz gestellt. Die Möglichkeit oder besser die Notwendigkeit des Entwurfs einer ‚nationalen' Kulturpolitik vonseiten des Staates, der im Zuge der Krise die zeitgenössische Kunstszene des Landes völlig ignoriert und vernachlässigt hat, wurde energisch debattiert und genau an den entstandenen Lücken der vorhandenen Arrangements wurde die institutionelle Beschaffenheit und die Rolle der Kunst thematisiert.

Dabei haben es die Künstler und Kulturarbeiterinnen keineswegs bei Fragen und Diskussionen belassen, sondern sind zu konkreten Taten übergegangen, die einen möglichen alternativen Arbeits- und Organisationsmodus sichtbar machen sollten. Ich beziehe mich hier auf die Praxis der Kinisi Mavili, einer Gruppe von Künstlerinnen und Kulturarbeitern, die 2011 die Reaktivierung des Theaters Embros initiiert hat und die später, in verschiedenen Konstellationen, immer wieder mit Aktionen und Tätigkeiten präsent wurde.[1] Im Folgenden soll es um zwei Versuche der „Selbstinstitution" (nach Cornelius Castoriadis)[2] gehen, die sich mit einer spezifischen Raum- und Zeitkonfiguration auseinandergesetzt haben, mit dem Ziel, institutionalisierte Arrangements zu konterkarieren.

Am 11. November 2011 reaktivierte die Kinisi Mavili das seit Jahren geschlossene und verlassene Theater(haus) Embros im Zentrum von Athen (Psiri). Die Reaktivierung begann mit einem zwölf Tage langen „intense programme of activities"[3], in das unter anderem Performances, Lectures, Debatten, Präsentationen, Ausstellungen und vieles mehr eingebettet waren. Die Resonanz war riesig, das Publikum kam in Scharen und auch etablierte Macher aus dem künstlerischen und akademischen Milieu wollten teilnehmen und dabei sein. Die Initiatorinnen insistierten auf zwei Eigenschaften der Aktion: 1) Die Findung und Erprobung von Kreations- bzw. Produktionsweisen, die bis dato und in der kommerziellen Kulturarbeit – in Griechenland wohlgemerkt – kaum Beachtung fanden, wie z. B. kollektive, ephemere Zusammenkünfte, die zu einem ‚unfertigen' ästhetischen Produkt führen,[4] oder das individuelle, künstlerische Engagement mit dem

‚Hier-und-Jetzt', so wie es immer wieder aufs Neue emergiert.[5] 2) Die Fluidität und Ephemeralität des Versuchs: Es ging von Anfang an um ein temporäres Experiment, das sich die Freiheit nahm, über die „Fortsetzung der Aktion selbst und in eigener Zeit zu entscheiden."[6]

Durch diesen Strategiewechsel, der auf Bewegung, Prozess, Gegenwärtigkeit und Vorläufigkeit setzt, wollten die Initiatorinnen institutionalisierten Taktiken entgehen, kanonische und kanonisierende Verläufe hinterfragen und darüber hinaus einen Raum schaffen – ganz konkret im okkupierten Theater –, in welchem diese Prozesse initiiert werden konnten. Gigi Argyropoulou, eine der Initiatorinnen, beschreibt den Gestus einer Selbstinstitution, wie sie durch die Reaktivierung von Embros zustande kam, folgendermaßen:

> Embros occupancy resisted the idea of a proposal by first resisting the authority of the ‚organizers' and even more the authority of a ‚solution' or something ‚better'. Perhaps because of the political circumstances and the anti-institutional/temporary nature of the action, it became an invitation to re-occupy canonical functions/roles and processes, focusing on ‚impotential', exploring the possibilities of co-existence in a moment that appeared to be without hope. [...] To self-institute necessitates a moving outside of the institutional framework – an opening into impotential and (im)permanence, a moment of precariousness.[7]

Kinisi Mavili hoffte sehr darauf, dass auf diese Initialbesetzung noch weitere Bewegungen folgen würden; eine Hoffnung, die sich allerdings nicht bewahrheitet hat. So wurde die Gruppe – bzw. einige ihrer Mitglieder zusammen mit anderen Mitläufern – im Juni 2015 wieder selbst aktiv und initiierte diesmal die Besetzung des Green Park Cafés, eines Cafés der alten Bourgeoisie am Pedion tou Areos, einem der zwei großen Athener Parks, ebenso im Zentrum der Stadt. Es ging wieder mit einem Zehn-Tage-Programm los, wo erneut ungewöhnliche Wege der Kollaboration und der Präsentation für die griechische Kunstlandschaft gesucht wurden.[8] Da dieses Ereignis nicht in einem Theater stattfand, sondern einen anderen Ort okkupierte, nämlich ein Café am Rande eines großen Parks, versuchte es einen viel engeren Kontakt zum unmittelbaren Umfeld, aber auch zur Stadt und zu ihrer Entfaltung aufzubauen. Ich zitiere aus dem Manifest:

> This activation refuses a particular temporal horizon and understands itself outside of the logics of ownership. [...] we look to rebuild modes of collectivity and solidarity and reclaim friendship for its political importance. We propose friendship as a model for organizational

> formations and autonomous instituting that exceeds neo-liberal calls to order.
>
> Made up of fluid and flexible methods that refuse the enclosures of formal political representation this action attempts to collectively explore forms of critical artistic, political and theoretical production and their relationship to the public and dominant social narratives. It seeks to rethink the need for and nature of participation. It seeks to remain imperfect and incomplete. It seeks to recuperate lightness, humor, self-depreciation and joyous critique as the foundations of an open process.[9]

Auch hier beanspruchten die Initiatorinnen die Freiheit, den Grad an Fluidität und Ephemeralität selbst zu bestimmen. Sie insistierten auf einem „offenen Prozess", der keine Antworten liefern, sondern stets auf der Ebene des Versuchs verbleiben sollte. Dieser Versuch sollte auf der Basis von Kollaboration als Freundschaft entfaltet werden. Indem man Freundschaft als Motor für die (autonome) Selbstinstitution propagierte, entrückte man die (herrschende) Institutionalisierung. Es ging nicht mehr um die Etablierung von (neuen) Regeln und Normen, sondern um die Wiederentdeckung der angenehmen, (fast) freundlichen Atmosphäre eines Cafés.

Diese Besetzungsaktionen würde ich als ästhetisch-politische Interventionen bezeichnen, mit dem expliziten Ziel, vorerst alternative Räumlichkeiten und Zeitlichkeiten zu schaffen und dadurch tatsächlich die Grundlagen jeglichen Institutionalisierungsprozesses zu erschüttern. Es ging tatsächlich um den Beginn einer Selbstinstitution, der damit ansetzte, herrschenden Setzungen und Arrangements zu entfliehen: Die Ereignisse fanden in nicht zugeteilten – und in diesem Sinne freien – Zonen statt; sie entwickelten erst nach und nach und durch die eigenen Mittel Bezüge zur Nachbarschaft (z. B. durch verschiedene ästhetische und andere Aktionen, die außerhalb der besetzten Räume, im Park bzw. auf den Plätzen rund um Embros, stattfanden) und sie etablierten Räume in der Stadt, in denen das Potential des Unkontrollierbaren keimte. Sie insistierten auf Ephemeralität und Vorläufigkeit und entgingen somit der herrschenden Sucht nach Identitätszuschreibung und Situierung, was auch Kontrolle bedeutet. Sie interessierten sich nicht für das Insistente, sondern insistierten vielmehr auf der *Probe* als Bedingung der Möglichkeit einer alternativen Seinsweise.

### Bonus: *A Fiasco @ Megaro*

Am 20. Februar 2014 eröffnete der damalige griechische Kultusminister, Panos Panagiotopoulos, in Athen die Konferenz „Kreativität finanzieren" – eine prestigeträchtige Konferenz im Rahmen der griechischen EU-Präsidentschaft, die Fragen einer kommenden Kulturpolitik diskutieren sollte. Die Konferenz wurde nicht öffentlich annonciert und keine einzige Künstlerin war unter den Vortragenden zu finden. Kinisi Mavili schaffte es tatsächlich, sich in die Konferenz hineinzuschmuggeln und unter das Publikum zu mischen.

> The Minister of Culture stated in his speech that we need to be more competitive following the economies of China and the Middle East since the cost of labor in Europe today is extremely high. The words most frequently used by many of the speakers were: competitiveness, business, industry, product, consumers etc. Mrs Lina Mendoni, General Secretary of the Ministry of Culture and Sports, made the crucial statement that ‚Culture is economy'.[10]

Am Ende eines Satzes des Ministers fingen die Künstler plötzlich an, laut zu lachen. Das war es eigentlich: Sie lachten und lachten und fanden kein Halten mehr. Der Minister wurde sehr schnell sehr unruhig und begann, am Pult zu brüllen; er versuchte, einzelne Personen aus dem Publikum zu adressieren (oder zu beschimpfen); er lud zur Diskussion ein und zog dann abrupt die Einladung zurück. Nachdem er mit Brüllen nichts erreicht hatte (und nachdem sich auch andere Publikumsteilnehmer mit den Künstlern solidarisierten), gab er auf, wurde von seinen Leibwächtern eskortiert und verließ – immer noch brüllend – den Saal.

Es ging Kinisi Mavili darum, sich in keine Debatte verwickeln zu lassen, sondern die Veranstaltung nur durch Lachen zu stören. Anschließend an das Zitat oben steht auf ihrer Seite:

> A vision for the culture that is nowadays expressed openly and indicative of how the Greek State is increasingly abandoning its support of contemporary culture. Instead, as was stated clearly in the conference, the Greek State intends to fund private institutions that will then form the cultural landscape of the country. Does such a policy reflect the wider vision of the EU for culture? Some might say the conference was a fiasco, but was the fiasco the laughter or the cultural policies/narratives being proposed?[11]

Auf die Absurdität der Argumentation reagierten die Künstler mit einer nicht verbalen Äußerung – einem Gestus, der keinen Austausch mehr suchte, sondern bloß eine Unterbrechung, eine Störung, eine Auflösung sein sollte. Diese Aktion verstehe ich als den spielerischen Versuch einer gegenhegemonialen Intervention, die sogar Sprache als Machtinstrument des Herrschers infrage stellt bzw. negiert.

1 Vgl. https://mavilicollective.wordpress.com/, Zugriff: 22. August 2015. Ich beziehe mich hier tatsächlich auf die Anfänge dieser Aktionen/Projekte und lasse vorerst deren Entwicklung außer Acht. Dies würde einer längeren Auseinandersetzung bedürfen.

2 Vgl. hierzu Argyropoulou, Gigi: „Embros. Twelve thoughts on the rise and fall of performance practice on the periphery of Europe", in: *Performance Research* (2012), 17 (6), S. 56–62, bes. S. 56–57.

3 Ebd., S. 57–58.

4 Ebd., S. 58: „Own goal: Artists are invited to experiment with hybrid forms and unexpected collaborations – an invitation to reverse certainties, challenge personal limits, artistic clichés and conventions."

5 Ebd.: „One-day residency: A visual artist has an one-day residency responding to what is occuring that day by leaving a trace in the space."

6 http://kinisimavili.blogspot.de/p/blog-page_7879.html, Zugriff: 22. August 2015, Übersetzung der Verfasserin.

7 Argyropoulou: „Embros", S. 59.

8 „Here and Now (Critical Interventions): Critique as daily practice. Critique as a response to the here and now of our city. This theme seeks to intervene on the city's present and seeks to combine theoretical tools with specific material examples. Each presentation has an 8 minute limit. Each intervention is transcribed and uploaded daily online in order to enable an open source and open field and archive of ongoing interventions and contributions." Oder: „Unworthy: An opportunity to present personal and collective works, collections, designs, projects that failed, were postponed or cancelled, or were once considered unworthy." Vgl. https://greenparkathens.wordpress.com/programme/, Zugriff: 22. August 2015.

9 https://greenparkathens.wordpress.com/manifesto/, Zugriff: 22. August 2015.

10 https://mavilicollective.wordpress.com/, Zugriff: 22. August 2015.

11 Ebd. – Auf der Seite ist auch ein Video der Aktion zu sehen.

# MARIANNE FLOTRON:
# FIRED – PSYCHODRAMA – WORK

*Marianne Flotron (geb. 1970 in Meiringen, Schweiz) setzt sich in ihren Arbeiten damit auseinander, wie politische und ökonomische Strukturen das Verhalten der Menschen in einer Gesellschaft beeinflussen. Wie die Subjekte ihre Gesellschaft formen und wie, im Gegenzug, die Gesellschaft ihre Subjekte formt, bildet die Grundlage ihrer künstlerischen Auseinandersetzung.*

*In letzter Zeit verwendet sie oft auf Rollenspielen basierende Techniken, die sie in aktuelle Situationen implementiert, um so Auswirkungen der Sozialwissenschaften auf das Verhalten in der Gesellschaft (wie z. B. Organisationspsychologie in der Arbeit* WORK*) zu untersuchen.*

*FIRED*, 2007, DV, Farbe und Ton
folgt einer von einem Unternehmen organisierten Schulung, bei der in Form eines Rollenspiels die Entlassung von Angestellten trainiert wird.

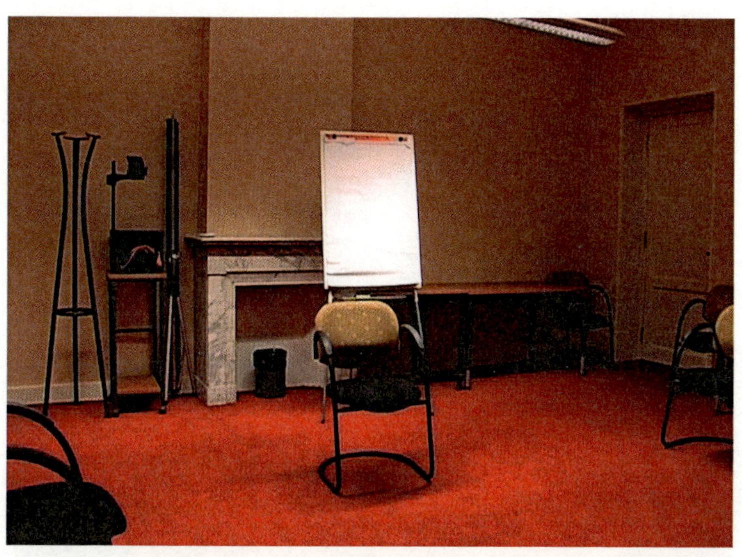

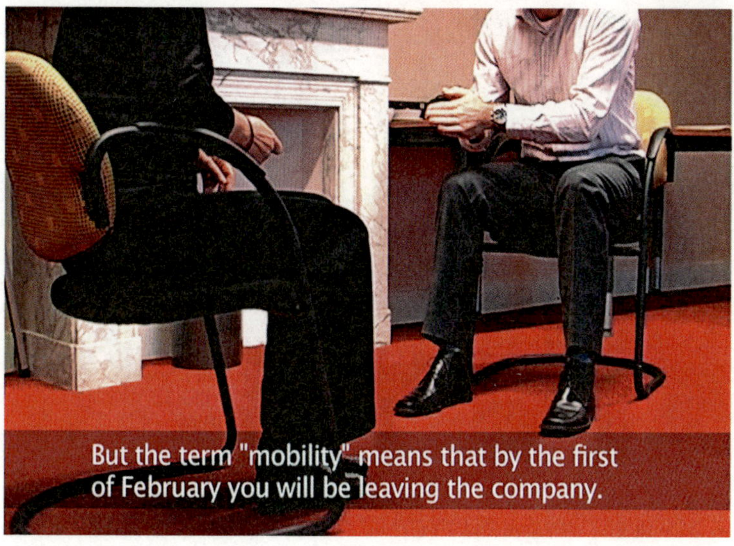

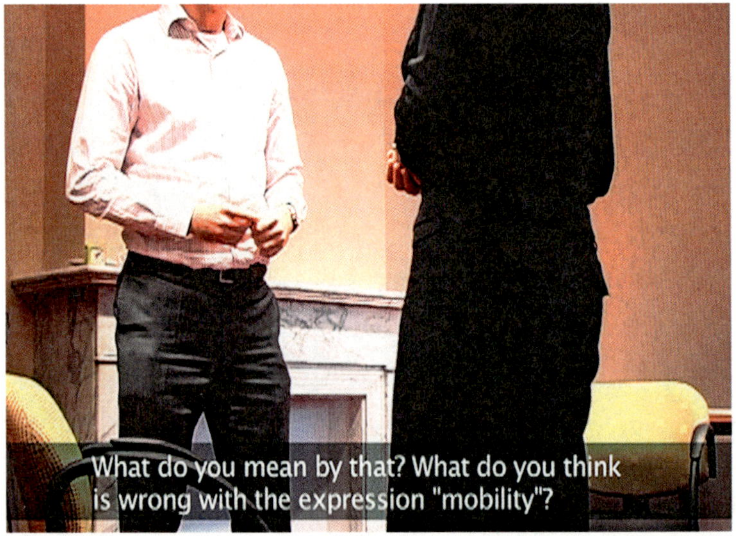
What do you mean by that? What do you think
is wrong with the expression "mobility"?

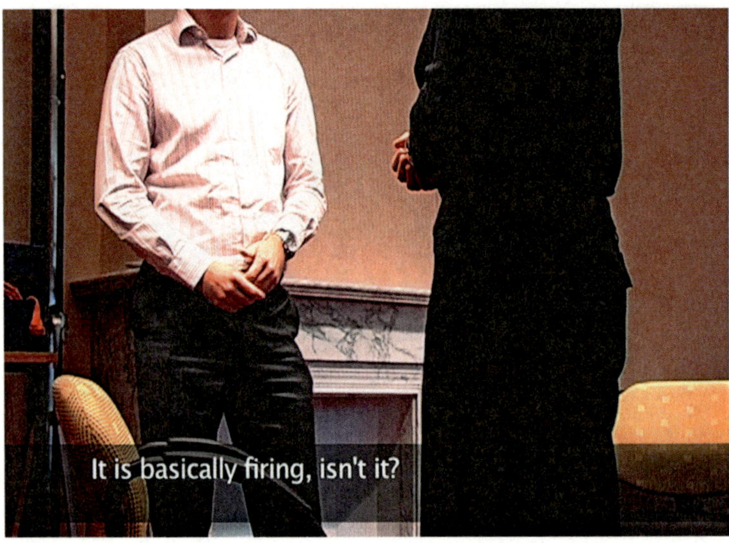
It is basically firing, isn't it?

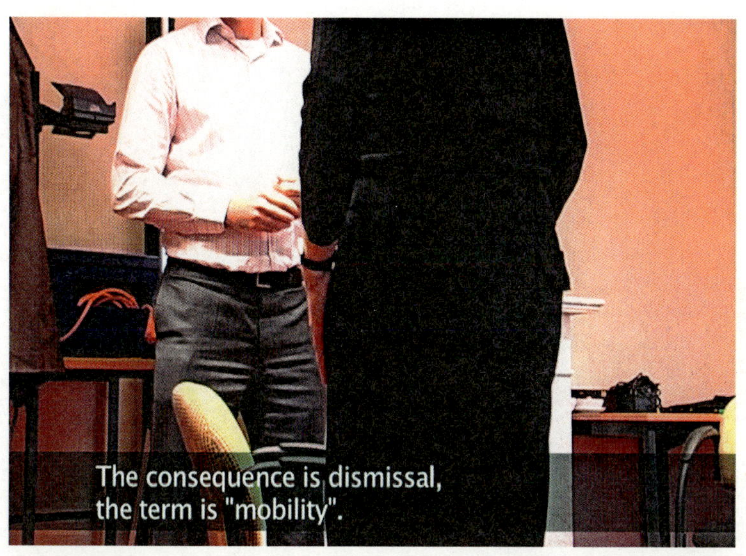
The consequence is dismissal,
the term is "mobility".

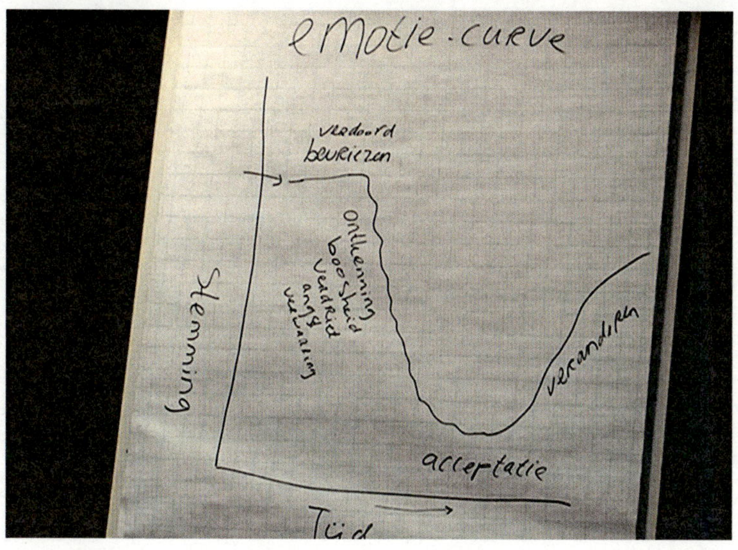
emotie.curve
bevriezen
ontkenning
boosheid
Stemming
veranderen
acceptatie

*PSYCHODRAMA*, 2009, DV, Farbe und Ton, 3 Kanal
ist eine Aufstellungsarbeit mit drei unterschiedlichen Protagonistinnen und Protagonisten, deren Verkörperungen überraschende Ähnlichkeiten aufweisen.

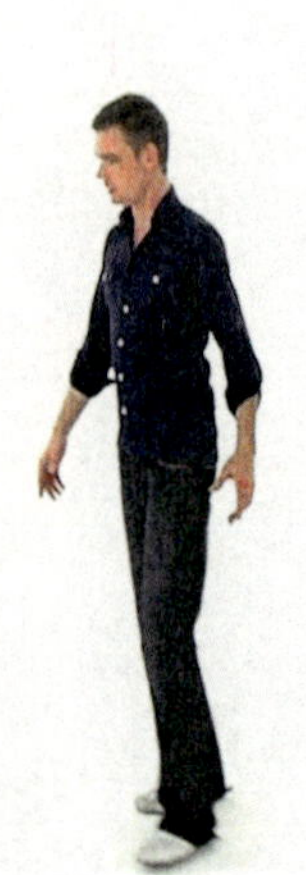

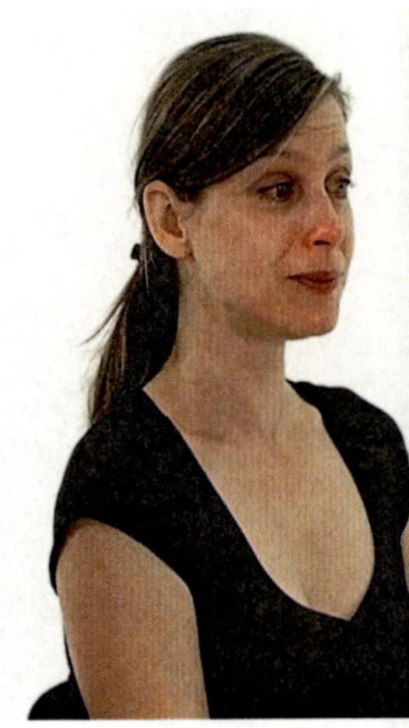

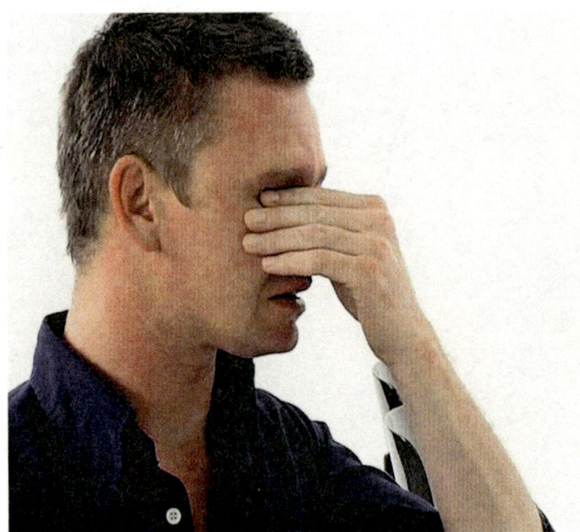

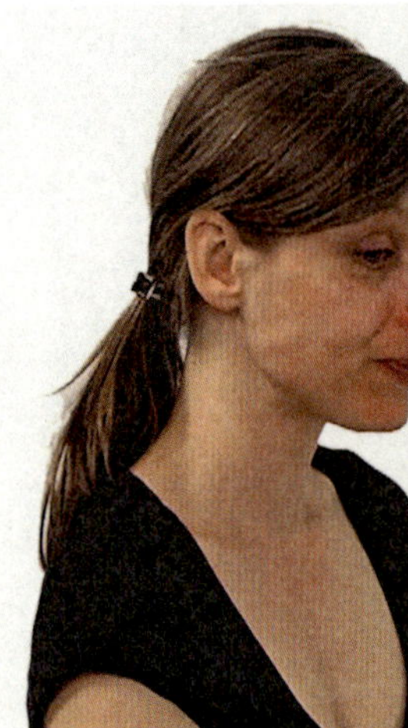

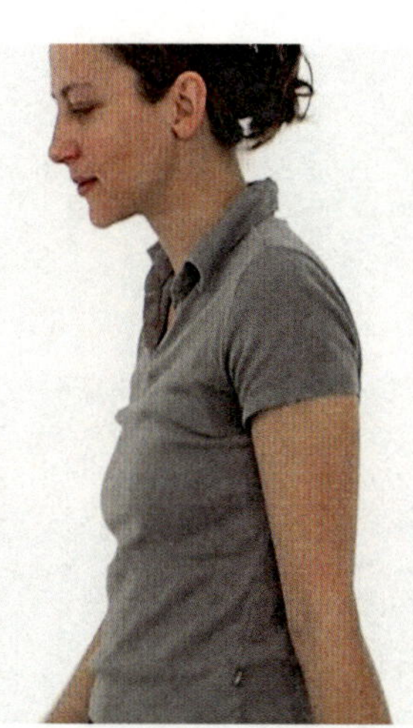

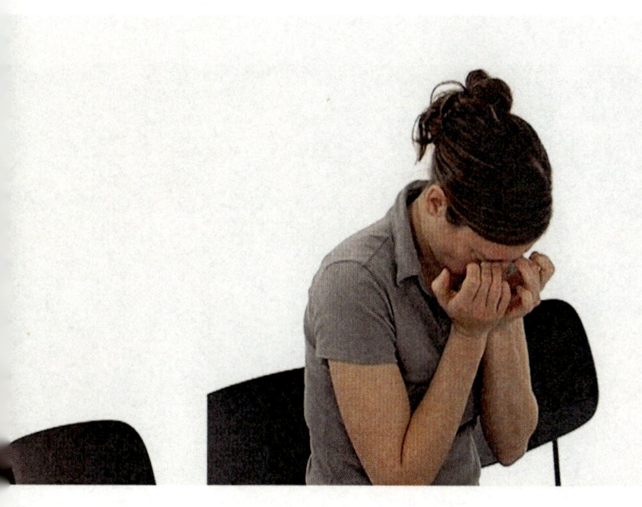

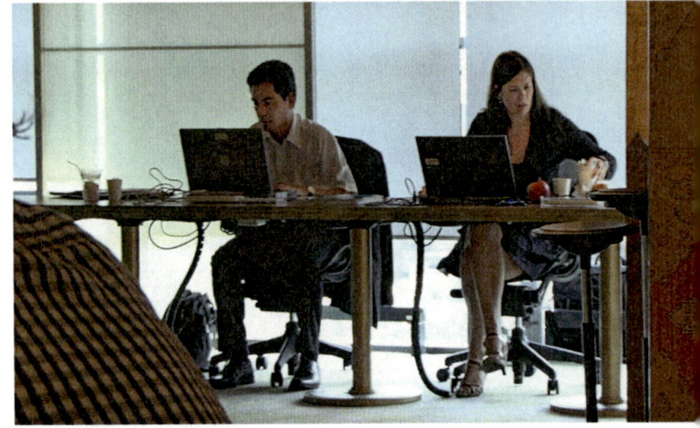

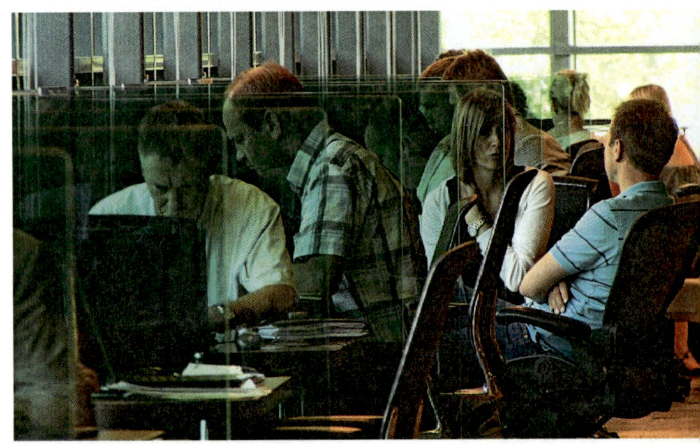

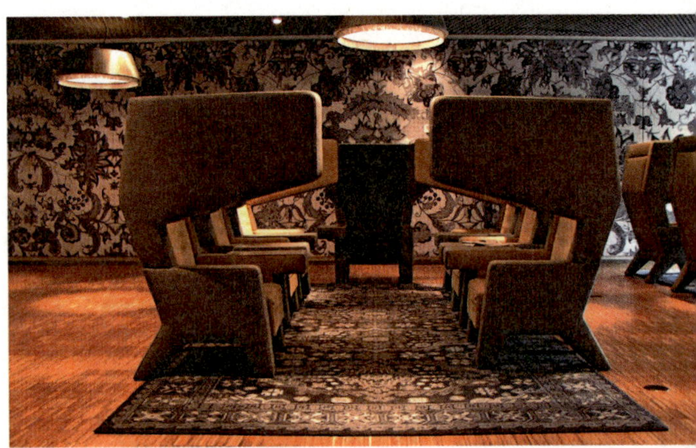

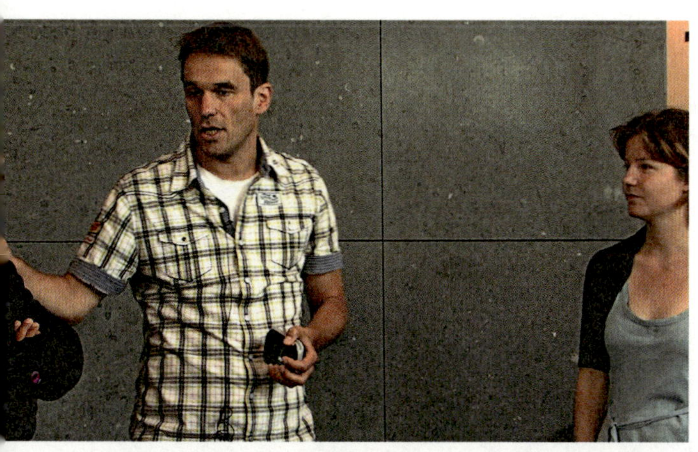

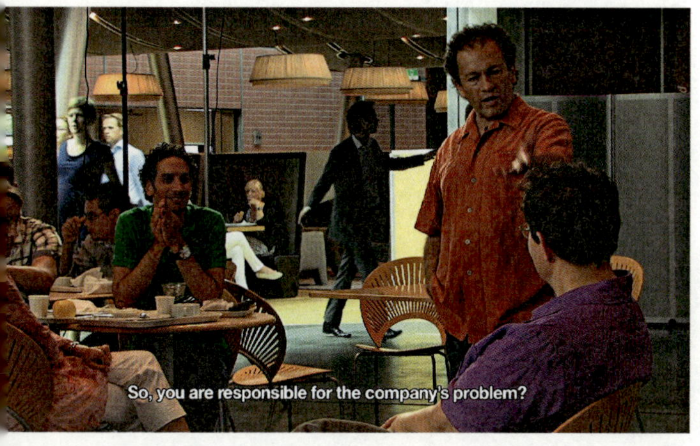
So, you are responsible for the company's problem?

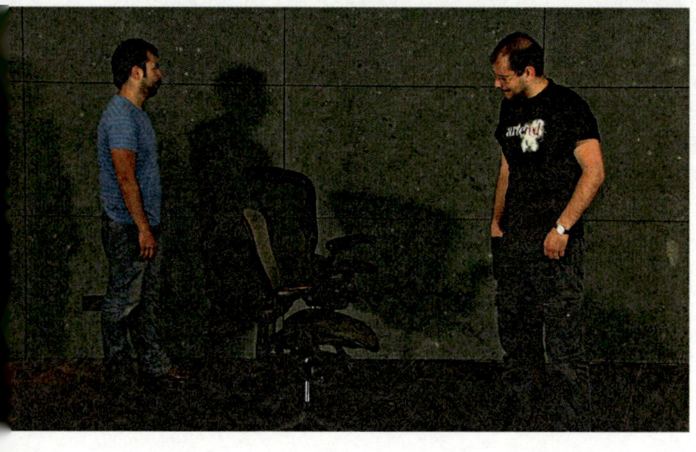

**_WORK_, 2011, HDV, Farbe und Ton, Multi-Kanal Installation**
ist eine Intervention in einer niederländischen Versicherungsfirma mit der von Augusto Boal entwickelten Technik des ‚Theaters der Unterdrückten'. Das Projekt zielt darauf ab, die Idee der Demokratisierung von Arbeit anzustoßen, und das Theater der Unterdrückten in seiner ursprünglichen Intention anzuwenden, also als Werkzeug, um Unterdrückung aufzudecken und Formen des Widerstands zu entwickeln.

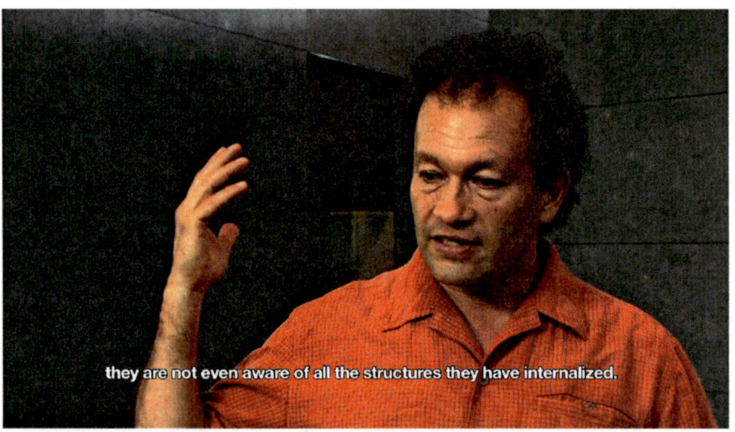


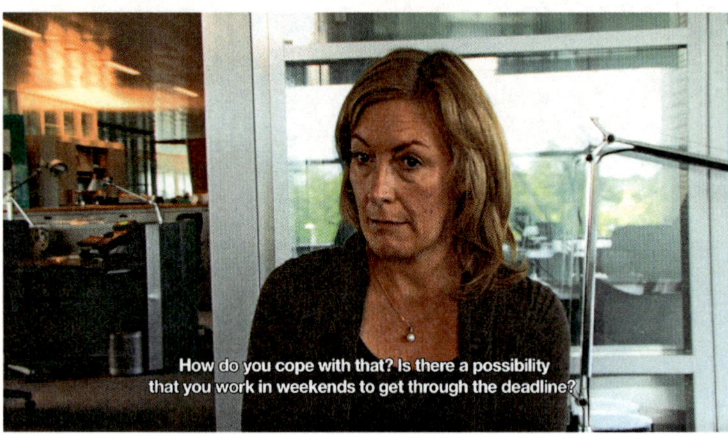

Marianne Flotron lebt und arbeitet in Amsterdam. Nach zwei Jahren Geschichtsstudium wechselte sie an die Ecole supérieure des Beaux-Arts (HEAD) in Genf, wo sie ihr Studium 2001 abschloss. 2007 und 2008 war sie artist in residence an der Rijksakademie voor beeldende kunsten in Amsterdam. Sie gewann mehrmals den Swiss Art Award, und ihre Arbeit wird vom Niederländischen Mondriaan Fonds unterstützt.

Flotrons erste institutionelle Einzelausstellung fand 2011 in der Kunsthalle Bern statt. Ihre Arbeit wurde international gezeigt, u. a. in „Monumentalisme“, Stedelijk Museum Amsterdam, NL (2010), „Marianne Flotron, Pilvi Takala“, ar/ge kunst Galerie Museum, Bolzano, IT (2013), „Momentous Times“, Center for contemporary art, Derry-Londonderry, UK (2013), „Liquid Assets“, steirischer herbst, AT (2013), „The Working Life“, Institute of Modern Arts, Brisbane, AU, (2014), „Playtime“, Biennal d'Arts Contemporain de Rennes, Rennes, FR, (2014).

*Fired* ist unterstützt von der Rijksakademie van beeldende kunsten, Niederlanden.
*Psychodrama* ist in der Sammlung der Stiftung Kunsthalle Bern und unterstützt von der Rijksakademie van beeldende kunsten, Niederlanden.
*Work* ist produziert von der Kunsthalle Bern und Philippe Pirotte und unterstützt von Mondriaan Fonds, Niederlanden, Carola und Günther Ertle-Ketterer, Schweiz und der Rijksakademie van beeldende kunsten, Niederlanden.

# METHODEN

Auf Methoden der Aufführungsanalyse haben Untersuchungen zum Themenfeld applied theatre bisher kaum zurückgegriffen, sondern sich fast ausschließlich auf soziologisch-pädagogische, ethnologische und kultur- und gesellschaftswissenschaftliche Instrumentarien beschränkt. Das mag daran liegen, dass im Gegensatz zu den meisten Inszenierungen, welche die klassische Aufführungsanalyse in den Blick nimmt, den Produktionen des applied theatre ein Wirkungsversprechen gesellschaftlicher, sozialer, politischer oder psychologischer Art zugrunde liegt, das meist im Vorfeld detailliert formuliert wird. Oftmals stehen diese Zielsetzungen im Kontext breit angelegter politisch-öffentlicher Debatten oder Optimierungsstrategien, welche ebenso in derlei Diskursen verortet werden können. Diese Verschränkungen erweitern das zu betrachtende Wirkungsfeld der (Theater)Projekte von der zeitlich und räumlich begrenzten Aufführung um den Proben- bzw. Erarbeitungs- und den Evaluationsprozess, aber auch um die institutionellen Rahmenbedingungen (Finanzierung, Anbindung etc.). Zudem enden applied-theatre-Produktionen meist weder in einer Inszenierung im klassischen Sinne, noch werden sie für ein allgemeines Publikum geschaffen. Diese Besonderheiten wirken sich ebenso auf die Rolle der Wissenschaftler bzw. Verfasserinnen der Analyse aus: Häufig nehmen sie an Produktionsprozessen (im weitesten Sinne) teil oder beobachten diese, obwohl sie nicht dem Zielpublikum bzw. der eigentlich angesprochenen Teilnehmerschaft angehören. Oder aber sie sind in einem Maße involviert, das über die klassische Rolle des Publikums hinausgeht.

All diese Aspekte unterstreichen ein Merkmal des applied theatre, welches bereits anhand des Adjektivs ‚applied' deutlich wird. Die Verschränkung von künstlerischen Techniken mit politischen, pädagogischen oder therapeutischen Wirkungsabsichten lässt sich – das soll im Folgenden gezeigt werden – mithilfe eines erweiterten theaterwissenschaftlichen Instrumentariums durchaus beschreiben und analysieren. So können in den applied-theatre-Projekten Momente markiert werden, in denen sich konkrete Interventionsstrategien im performativen Schaffen artikulieren. Hier entfalten sie – mal mehr und mal weniger ausgeprägt – die gewünschte politische, pädagogische oder therapeutische Wirkung, welche somit nicht nur unmittelbar an Praktiken des Theaters (Rollenspiel, Maskerade, Improvisation etc.) geknüpft ist, sondern sich oftmals auch an dessen Begrifflichkeiten orientiert (Peripetie, Katharsis, Transformation etc.). Dabei kann ebenso der Frage Aufmerksamkeit geschenkt werden, inwieweit sich künstlerische Techniken und Dimensionen innerhalb der außerkünstlerischen Zielsetzungen und Wirkungsdimensionen der Projekte manifestieren. Künstlerische Prozesse können großangelegte Interventionsstrategien auch unterwandern, indem sie in ihrer Unkalkulierbarkeit kreative Sphären und Affekte erschaffen, ungeahnte Handlungsspielräume eröffnen, angedachte Praktiken übertreiben, konterkarieren oder sogar verkehren.

Um sich einer Analysemethodik anzunähern und die eklatante Lücke in den Studien zum applied theatre zu schließen, werden im Folgenden einige Methoden der theaterwissenschaftlichen Aufführungsanalyse daraufhin befragt, inwieweit sie Fragestellungen und Verfahren bieten, welche für die Untersuchung des applied theatre und dessen Interventionsstrategien fruchtbar sind. Zum einen wird sich zeigen, dass die Theaterwissenschaft Möglichkeiten hat, das angewandte Feld sinnvoll zu beschreiben und zu analysieren, wenngleich ein einziges (systematisches) Modell dessen Vielseitigkeit und Komplexität nicht gerecht werden kann, sodass eine Kombination unterschiedlicher Methoden erforderlich ist. Zum anderen soll deutlich werden, dass nicht nur die Zuschauenden bzw. Teilnehmenden stärker in den Mittelpunkt der Reflexion und des analytischen Interesses rücken, was in gegenwärtigen Debatten der Theaterwissenschaft bereits bemerkbar ist, sondern auch die untersuchenden Wissenschaftlerinnen und ihre wissenschaftlichen Praktiken. Letztere suggerieren vielleicht dank ihrer theoretischen Fundierung einen distanzierten Blick, doch Distanz per se zu erschaffen vermögen sie nicht, da sie ebenso, das wird sich zeigen, Werkzeuge bestimmter (Interventions-)Strategien und (Vor-)Urteile sind.

## Aufführungsanalyse im deutschsprachigen Raum

In der deutschsprachigen Theaterwissenschaft haben sich zunächst semiotisch orientierte Struktur- und Transformationsanalysen als gängigste Methoden der Aufführungs- bzw. Inszenierungsanalyse etabliert. Die Strukturanalyse bietet ein breites Instrumentarium, das die Vielfältigkeit gegenwärtiger Theaterpraktiken zu fassen und in verschiedene Segmente wie Figur, Handlung und Raum zu unterteilen vermag. So können ganz unterschiedliche Aspekte und Bereiche einer Inszenierung fokussiert werden, die als Dominanten die Aufführung prägen. Die Flexibilität der Strukturanalyse kommt den Bedingungen des applied theatre und seinen vielen relevanten Ebenen grundsätzlich entgegen. Auch die Dominantenbildung scheint für viele Produktionen vielversprechend, da sie die Möglichkeit zur Schwerpunktsetzung in komplexen Aufführungs- und Probenprozessen bietet. Die Theatersemiotik geht davon aus, dass sich die Aufführung als ein Ensemble von Zeichen verstehen und somit als semiotisches System beschreiben lässt. Die Besonderheit von Aufführungen liegt darin, dass die Produktion der Zeichen und deren Kodierung zur gleichen Zeit vonstattengehen wie deren Rezeption. Die für Theateraufführungen konstitutiven „theatralischen Zeichen" unterscheiden sich von den ursprünglichen Zeichen der kulturellen Systeme, auf welche sie verweisen, so Erika Fischer-Lichte in ihrer *Semiotik des Theaters*:

> Die vom Theater hervorgebrachten Zeichen denotieren jeweils die von den entsprechenden kulturellen Systemen hergestellten Zeichen. Die theatralischen Zeichen sind daher stets Zeichen von Zeichen, die dadurch charakterisiert sind, dass sie dieselbe materielle Beschaffenheit haben können wie die primären Zeichen, die sie bedeuten.[1]

In unseren Fallstudien wird der Beschreibung und Entschlüsselung dieser Zeichen meist große Aufmerksamkeit geschenkt. Der *Walk Act* im *Corporate Theatre* oder die Aufführungen des therapeutischen Theaters können mithilfe von Strukturanalysen untersucht werden; die unterschiedlichen Theatertraditionen, die im Theater in Simbabwe zutage treten, können auf diesem Weg ebenfalls benannt werden. Semiotische Verfahren eignen sich, um die verschiedenen Referenzen und Bedeutungsebenen von Theateraufführungen und die Hervorbringung von Bedeutungen in performativen Akten herauszuarbeiten.

Um sich nicht in der Kleinteiligkeit des Entschlüsselns einzelner Zeichen zu verlieren, bedient sich die Theatersemiotik des Begriffs des theatralischen Codes. Dieser bestimmt die ganze Inszenierung oder bildet einzelne Dominanten heraus: „Wir verstehen unter einem theatralischen Code die Gesamtheit des Zeichenrepertoires sowie aller syntaktischen, semantischen und pragmatischen Regeln, die bei der Produktion einzelner Werke (Inszenierungen) zur Anwendung kommen [...]."[2] Auf den ersten Blick scheint eine solche Gesamtheit von Regeln für applied-theatre-Produktionen nur schwer ermittelbar, denn die Projekte kulminieren meist nicht in einem geschlossenen System, das die Konzeption einer Regisseurin oder eines künstlerischen Leiters repräsentiert. Jedoch kann überlegt werden, ob die Projekte in einzelnen Fällen dem spezifischen Gestus einer Interventionsstrategie folgen, der für die Analyse eine ähnliche Funktion übernehmen kann wie der theatralische Code. Der Gestus bündelt zwar nicht die Gesamtheit des Zeichenrepertoires, jedoch spiegelt er eine Haltung bzw. Grundtendenz wider, welche die gesamte Produktion bestimmt. Im Fürther Quelle-Projekt ist ein melancholischer Gestus von Trauerarbeit praktisch während des gesamten Produktionsverlaufs sichtbar.

Letztlich ist ein theatersemiotischer Ansatz nur für die Beschreibung einzelner Sequenzen oder Teile von applied-theatre-Projekten hilfreich, da deren Wirkungsfeld meist über die raumzeitlichen Begrenzungen von Aufführungen hinausgeht und Probenprozesse oder Diskussionen mit dem Publikum ebenso wichtig sind wie die Aufführung selbst; so etwa im Falle des politischen Theaters in Simbabwe. Eine weitere Herausforderung für semiotische Analysen sind internationale und interkulturelle Theaterproduktionen, deren Zeichen sich aus einer im Grunde unüberschaubaren Vielzahl verschiedener kultureller Systeme rekrutieren.

Seit den neunziger Jahren sind verschiedene Versuche unternommen worden, das semiotische Modell der Aufführungsanalyse zu erweitern. Das Konzept des synkretistischen Theaters betont die Diversität performativer Traditionen, die in ein und derselben Aufführung zur Geltung kommen können, so Christopher Balme: „Denn gerade in dem ästhetisch-kulturellen Vermischungscharakter, der herkömmliche Gattungs- und Formbegriffe infrage stellt, liegt das hervorstechende Merkmal des synkretistischen Theaters."[3] Das synkretistische Modell unterstreicht die auch von der Theatersemiotik schon bemerkte Vielfalt von Zeichenrepertoires und erweitert sie um unterschiedliche performative Traditionen und kulturelle Kontexte. Allerdings birgt dieser Ansatz die Gefahr, dass komplexe kulturelle Referenzen, gesellschaftliche Hintergründe und Traditionen im semiotischen Zugriff nicht nur stark vereinfacht und inhaltlich reduziert werden, sondern aufgrund westlich geprägter Systematisierungen in einem ebenso abendländisch konnotierten Zeichenverständnis ‚aufgehoben' werden – und zwar im doppelten Hegel'schen Sinne: Obwohl die verschiedenen Zeichen entschlüsselt und so in einem System ‚aufgehoben' und fixiert werden, können aufgrund dessen westlich-europäischer Ausrichtung wichtige Verweise und Referenzen wie auch eine den Zeichen inhärente Vielfalt verloren gehen. Für die Untersuchung von applied theatre kann dies verheerende Folgen haben, da man es hier oft mit theatralen Handlungen zu tun hat, deren Wirkungsmacht sich erst in der Verknüpfung mit einem spezifischen gesellschaftlichen Kontext vollkommen entfaltet. Diese Bezugnahmen vermag auch das synkretistische Modell nur ansatzweise zu fassen, geht es doch in erster Linie um die Analyse der Zeichengenerierung innerhalb der Grenzen der Aufführung. Geographisch und kulturell weit ausgreifende Verweise wie beispielsweise im Fall von *World Heritage Without Walls: a Walk from Berlin to Battir* vermag auch das synkretistische Modell kaum zu erfassen.

Applied-theatre-Projekte, die vor allem Körpererfahrungen und Rollenerleben intendieren, sind schwerlich allein mit semiotischen Begriffen beschreibbar. Auch in anders ausgerichteten Projekten kann es zum Problem werden, dass eine semiotische Herangehensweise zwar das Bühnengeschehen, jedoch weniger dessen Gegenüber, die Zuschauer, in den Blick bekommt. Aber Letztere, so wird in der jüngeren Literatur vermehrt betont, wirken an der Aufführung in entscheidender Weise mit. Fischer-Lichtes Konzept der autopoietischen Feedbackschleife unterstreicht die konstitutive Rolle des Publikums:

> Wie die theatralen Gemeinschaften in Schleefs chorischem Theater gezeigt haben, ist der Zuschauer als Zuschauer, d. h. als Wahrnehmender, immer zugleich auch ein Handelnder, der durch sein Tun und das, was ihm geschieht, auf den Verlauf der Aufführung Einfluss nimmt. Es sind entsprechend die Wahrnehmungsbedingungen, die für eine Aufführung geschaffen werden – sei es durch räumliches Arrangement, sei es durch eine spezifische Art der Darstellung –, die je besondere Möglichkeiten für die Dynamik der feedback-Schleife bereitstellen und eröffnen, ohne sie doch determinieren zu können.[4]

Phänomenologisch ausgerichtete Theatertheorien legen den Schwerpunkt auf das Erfahren des Zuschauenden. Der Begriff Intentionalität bildet beispielsweise den Ausgangspunkt für Jens Roselts *Phänomenologie des Theaters* (2008).[5] Hier wird die Aufführung als eine Verflechtung von Wahrnehmendem und Wahrgenommenem aufgefasst, sodass die in der Theatersemiotik noch deutlich hervortretende Opposition von Zuschauern und Akteurinnen bzw. Subjekt und Objekt der Wahrnehmung grundsätzlich infrage steht. Phänomenologische Ansätze ermöglichen auf dieser Grundlage eine besonders offene, komplexe Beschreibung leiblicher und affektiver Erfahrungsdimensionen von Theater, wie sie etwa für die analytische Annäherung an drama- und gestalttherapeutische Prozesse wertvoll sein kann. Eine konzeptionelle Auflösung der Akteur-Publikum-Differenz bietet sich für unseren Kontext jedoch nicht an, weil interventionistische Praktiken stets die Frage aufwerfen, inwieweit intendierte Impulse überhaupt von den Akteuren auf die Zuschauenden überspringen. Die von der Phänomenologie im Zuge der „Waldenfelsschen Wende“[6] ins Spiel gebrachte Kategorie der Responsivität erscheint für die analytische Annäherung an diese Frage anregend, denn wer sich für Responsivität interessiert, wird die Aufmerksamkeit weniger auf die Interventionsversuche der Spielleiterinnen bzw. der durchführenden Organisationen richten, als vielmehr mit dem Wahrnehmenden und den beim Wahrnehmenden beobachtbaren

Resonanzen beginnen. Die Interventionen im therapeutischen Theater wären diesem Modell zufolge von der Wahrnehmungsseite aus zu erschließen, ebenso die applied-theatre-Projekte in Simbabwe und das Unternehmenstheater – womit ein komplexeres Feld aus Motivationsabsichten und Wirkungs- und Erfahrungshorizonten skizziert werden könnte. Die Analyse der responsiven Differenz[7] ist allerdings eine große Herausforderung, denn einerseits kann der Analysierende Erfahrungen von Responsivität in hinreichender Komplexität und Genauigkeit vermutlich nur an sich selbst beschreiben, andererseits gehört der Analysierende aber meistens nicht zur eigentlichen Zielgruppe der beschriebenen Projekte. Die beschriebene Erfahrung *kann* sich von daher mit dem Impetus der Interventionsstrategie gar nicht treffen. Was bleibt, ist das Bemühen, für die Responsivität von Teilnehmenden aufmerksam zu sein. Qualitative Interviews sollten als zusätzlicher Zugang zu der Erfahrungsdimension eines Projektes in Erwägung gezogen werden.

Neben phänomenologischen und semiotischen Ansätzen hat in deutschsprachigen theaterwissenschaftlichen Diskursen auch die sogenannte Transformationsanalyse eine gewisse Bedeutung erlangt. Wegen ihrer Fokussierung auf den dramatischen Text erscheint sie jedoch für viele applied-theatre-Projekte, die von vornherein gar nicht auf einer Textvorlage basieren, nur beschränkt anwendbar. Allenfalls kann man die Programmatik und Interventionsabsicht eines Projekts als Text auffassen, dessen Transformation in der performativen bzw. theatralen Umsetzung dann zu analysieren wäre. Guido Hiß nutzt beispielsweise seine Transformationsanalyse von Peter Steins Bremer *Torquato-Tasso*-Inszenierung aus dem Jahr 1969, um politisch-ideologische Aspekte der Inszenierung aufzuzeigen. So erschließt er die vielfältigen Zusammenhänge der Inszenierung mit der am Ende der sechziger Jahre in der Bundesrepublik „unerbittlich geführten Kulturdiskussion".[8] Solche Kontextualisierungen sind für die Analyse von applied theatre zweifellos wichtig. Im Vorfeld formulierte Zielsetzungen sozialer, politischer oder psychologischer Art werden im weiteren Verlauf eines Projektes, insbesondere in dem von theatralen und performativen Techniken geprägten Proben- bzw. Produktionsprozess, aber natürlich auch in der allfälligen Mediatisierung des Geschehens verarbeitet, verschoben und transformiert.

Der Versuch, bewährte Methoden der Aufführungsanalyse, wie sie die Theaterwissenschaft vorschlägt, für die Analyse von applied theatre fruchtbar zu machen, kann nicht in ein auf jedes Projekt anwendbares Modell münden. Vielmehr gilt es, vielversprechende Impulse aus den verschiedenen methodischen Richtungen aufzugreifen und je nach Ausprägung eines Projektes und der eigenen Fragestellung zu kombinieren. Ein transformationsanalytischer Ansatz wird bei Fragestellungen sinnvoll sein, welche auf die performative Umwandlung der im Vorfeld formulierten Interventionsabsicht abzielen. Die semiotische Strukturanalyse hat Kategorien und Instrumentarien entwickelt, mithilfe derer die vielfältigen kulturellen Codes und Referenzen innerhalb eines applied-theatre-Projektes sortiert und verdeutlicht werden können. Auch phänomenologische Ansätze – mit ihrer Perspektivverschiebung zum Wahrnehmenden und zu dessen Erfahrungen – sind für die Analyse der Interventionskraft von applied theatre von großem Interesse, da untersucht werden kann, was von den vorab beschworenen Interventionsabsichten überhaupt bei den Teilnehmenden ‚ankommt' bzw. wahrgenommen wird.

Die bislang vorgestellten Analyseverfahren orientieren sich an den raumzeitlichen Grenzen der Aufführung. Seit einigen Jahren gibt es jedoch Tendenzen, den von theaterwissenschaftlicher Seite lange vernachlässigten Proben- und Produktionsprozess in den Mittelpunkt des wissenschaftlichen Interesses zu stellen. Auch dieser steht, so eine wichtige Erkenntnis aus Annemarie Matzkes Studie *Arbeit am Theater: Eine Diskursgeschichte der Probe* (2012), auf gewisse Art im Zeichen der Aufführung:

> Das heißt, die Proben sind nicht nur Aufführung als ein Vor-Spiel, ein Vor-Scheinen der ‚eigentlichen', der ‚folgenden' Aufführung, sondern sie sind Aufführungen von Arbeitsinszenierungen. Als Inszenierung eines bestimmten Arbeitsvorgangs arbeiten sie mit Festlegungen: Wer schaut von wo aus zu? Wem ist welcher Raum zugewiesen? Welche Rollen innerhalb des Prozesses werden übernommen, welche Aufgaben ausgeführt? Einer Probe beizuwohnen – als Regisseurin, Schauspieler oder auch Theaterwissenschaftlerin – heißt, Zuschauer und Teilnehmer einer Aufführung zu sein.[9]

Dies gilt ebenso für alle hier angeführten Beispiele von applied theatre. Auch dort, wo Workshops oder Probenprozesse nicht in einer Aufführung kulminieren sollen und schon gar nicht für ein öffentliches Publikum gedacht sind, rufen theatrale Praktiken eine Darsteller-Zuschauer-Situation auf den Plan, d. h. auch in solchen Fällen findet sich ein Publikum, seien es die anderen Mitmachenden, die Spielleiterin oder der Therapeut.

Alle bislang vorgestellten Methoden verstehen sich im Kern als kunstwissenschaftliche Verfahren, die nicht speziell darauf ausgerichtet sind, Theaterprojekte mit primär gesellschaftlichen, politischen oder therapeutischen Wirkungsversprechen zu untersuchen. Applied-theatre-Projekte sind dagegen in hohem Maß mit Intentionen und Zielsetzungen verstrickt, die zunächst relativ unabhängig von der Theaterarbeit im Raum stehen.

Deshalb lohnt sich ein Blick über die deutschsprachige Theaterwissenschaft hinaus auf britische Fachdiskurse, in denen eine Unterscheidung zwischen angewandten Theaterprojekten und Kunsttheater weniger stark ausgeprägt ist.

### Impulse aus Großbritannien: Kombinationen von Praxis und Forschung

In Großbritannien ist die Beschäftigung mit applied theatre selbstverständlicher Teil von Forschung und Lehre an den Drama- und Performance-Studies-Departments der Universitäten. Eine Trennung zwischen Theorie und Praxis, wie sie in Deutschland zwischen den theaterbezogenen Studiengängen an Universitäten einerseits und an Kunstakademien andererseits praktiziert wird, gibt es dort nicht. Der Begriff applied theatre wurde in Großbritannien entwickelt: Von New Labour als Bezeichnung für eine (durchaus neoliberal gefärbte) Strategie der individualisierenden ‚Hilfe zur Selbsthilfe' maßgeblich geprägt, wird der Begriff heutzutage für eine große Bandbreite gesellschaftlich relevanter, sozialer und therapeutischer Theaterprojekte verwendet.

So ist es an dieser Stelle lohnend, den Blick auf britische Studien und Diskussionen über applied theatre zu richten, denn vielleicht können die in Großbritannien angewendeten Analyseverfahren die bis hierher beschriebenen Methoden sinnvoll erweitern. Viele einschlägige britische Autoren sind in der Praxis des applied theatre zum Beispiel als Spielleiterinnen tätig und lehren zugleich an den Drama Departments der Universitäten. Sie verfügen über eine Doppelqualifikation, die sich auch in der Fokussierung und im Stil ihrer wissenschaftlichen Arbeit äußert. Nicht selten machen sie ihre eigene Theaterpraxis zum Gegenstand ihrer Untersuchung. Diese Verquickung erscheint durchaus brisant, denn man könnte solchen Studien eine positive Voreingenommenheit gegenüber der eigenen praktischen Arbeit und damit gegenüber der Wirkungsmacht von applied theatre unterstellen. Im Folgenden werden Bücher von Helen Nicholson und James Thompson, die zu den meist beachteten Arbeiten dieser Disziplin gehören, daraufhin beleuchtet, auf welche Art und Weise applied-theatre-Projekte in ihnen analysiert und auf ihre Wirkungen befragt werden.

James Thompson blickt in *Applied Theatre: Bewilderment and Beyond* (2003) auf seine jahrzehntelange Arbeit in britischen, brasilianischen und kenianischen applied-theatre-Projekten, die häufig in Gefängnissen situiert waren, zurück. Insgesamt ist das Werk ein kritisches, im Grundduktus gleichwohl positives Plädoyer für applied theatre und dessen Fähigkeit, kulturelle, gesellschaftliche und soziale Grenzen zu überwinden. Unter dem Oberbegriff „Bewilderment" (Verunsicherung/Verwirrung/

Verwunderung) sucht Thompson nach dem kreativen und gesellschaftlichen Potential von applied theatre. Indem es sich als theatrales Spiel vom Alltag absetze und dennoch alltägliche Fragen diskutiere, führe applied theatre zu einem Bruch bzw. einer ‚Pause' (break) im alltäglichen Leben und in gewohnten Umgebungen. Besonders interessant erscheint Thompsons Frage, auf welche Weise das theatrale Setting die ursprünglichen Räume und Sphären mit ihrer ganz eigenen, oftmals stark reglementierenden Struktur (Gefängnisse, Schulen, Krankenhäuser, traditionelle Dorfgemeinschaften) durchbricht und verwandelt: „‚Bewilderment' is also used to define an experience central to the lives of the many different communities in which applied theatre is practised. It is created by the state of transition between places and times."[10] Obwohl Thompson diese Übergangsmomente zwischen Alltag und Spiel, Gewohntem und Ungewohntem leider nicht anhand konkreter Beispiele beschreibt, geben seine Ausführungen Hinweise für eine Methode, die untersuchen möchte, wie das dem Theaterspiel zugesprochene Transformationspotential innerhalb der konkreten Räume, in denen die Projekte stattfinden, wirkungsmächtig wird.

Thompson rät Praktikern, ihre theatralen Techniken dem vorherrschenden Vokabular des jeweiligen Raumes bzw. Umfelds anzupassen bzw. sie in ein produktives Verhältnis zu diesem zu setzen. So wirke Theaterarbeit in Gefängnissen, in denen sämtliche Formen körperlicher Bewegung kontrolliert werden, anders als in Schulen. Auch Helen Nicholson betont die reglementierende Grundstruktur der Räume, in denen applied theatre stattfindet. In *Applied Drama: The Gift of Theatre* (2005) argumentiert sie, dass Schulen – die häufig als Bühnen für applied theatre fungieren – bei ihr negative Assoziationen hervorrufen: „The performance space maybe transformed physically and aesthetically from ordinary schoolhall to theatre but there is always the ghost of the past haunting the place."[11] Wie können Räume, die stark hierarchische Strukturen aufweisen, durch applied theatre verändert werden?

Zunächst gehen beide Autorinnen von einem sehr konkreten, materiellen Raumbegriff aus. Sie beschreiben die architektonischen Räume, in denen die Projekte jeweils stattfinden. Aufgrund ihrer regulären Nutzung etwa als Schule oder Gefängnis sind diese Räume sozial kodiert, so dass ihnen auch ein bestimmter Verhaltenskodex zugrunde liegt. Das Theaterspiel versucht nun nicht nur, den architektonischen Raum umzuorganisieren, sondern soll den Teilnehmenden auch ein anderes soziales Raumdispositiv vermitteln, indem es die am Ort geltenden reglementierenden Strukturen transformiert. Gleichzeitig bestätigen jedoch Nicholson und Thompson, dass das Dispositiv des Theaters samt seiner Narrenfreiheit von dem ursprünglichen Verhaltenskodex des gegebenen Raums beeinträchtigt wird.

Hier überlagern sich also verschiedene ‚Räume' mit ihrer jeweiligen Wirkungsmacht, was auch für andere Projekte des applied theatre gilt, die in Gefängnissen, Schulen oder an anderen öffentlichen Orten außerhalb des Theaters stattfinden. An unseren Beispielen, im Gefängnistheater in Mexiko, im politischen Theater auf den Marktplätzen Simbabwes, beim *World Heritage Without Walls* in Battir und im Rollenspiel des Assessment Centers wurde dieses Spannungsfeld sichtbar. Das Theaterspiel verstärkt, verändert oder konterkariert die politische Struktur dieser Räume, die jeweils einen bestimmten sozialen Verhaltenskodex einfordern.

Neben der Betrachtung der Orte und ihrer Wandlungen reflektieren beide Studien die interkulturellen Dimensionen und Herausforderungen von applied theatre. Obwohl Nicholson und Thompson nicht grundsätzlich hinterfragen, warum britische Theaterschaffende weltweit nicht nur an Projekten teilnehmen, sondern diese auch als Spielleiter dirigieren, sind sie sich der Schwierigkeit bewusst, in Kulturen zu arbeiten, die sich in vielen Aspekten von der eigenen unterscheiden. Die kulturelle Differenz zwischen den Spielleiterinnen und den Teilnehmenden vor Ort sehen beide jedoch in erster Linie als eine Grundlage für das Wirkungspotential von applied theatre. Da die Spielleiter den Fortgang der Projekte weder vorhersehen noch en détail planen können, arbeiten sie vergleichsweise ergebnisoffen.[12] Thompson betont, dass die Wirkungsmacht der Projekte von den Teilnehmenden selbst ausgeht: „The impact of theatre workshops, performances, role playing or drama games cannot be understood as training of the decoder or providing collections of replicable skills. They work, extend and transform the channels of experience that lie within and between people."[13] Jedoch wäre es in diesem Zusammenhang interessant zu erfahren, ob und – wenn ja – welche Interventionsgedanken in den Projektanträgen und Förderzusagen formuliert sind und wie sich diese in den Projekten manifestieren.

Wenn laut Nicholson und Thompson applied-theatre-Projekte derart ergebnisoffen sind, wie können die Projekte, neben dem oben beschriebenen Wandel des Raumes, ihr politisches, soziales, therapeutisches Interventionspotential entfalten? Zunächst fällt auf, dass beide Autoren ein Oszillieren von Realität und Fiktion hervorheben. Nicht nur Thompson betont den Vorteil von Theater, andere Rollen einnehmen zu können, auch Nicholson argumentiert: „[...] many forms of theatre making in applied drama have an interest in how fictional narratives might illuminate lived experiences."[14] Wenig später folgert sie: „This implies that identification with a multiplicity of narratives of drama has the potential to wear away fixed narratives of self and other, identity and differences and open the spaces of in-between where new insights might be generated."[15] Das Rollenspiel, das soziale Strukturen aufzubrechen vermag, führt sie als exemplarisches Mittel dieser Art von Theater an. Möglicherweise sind die Übergangspunkte, in denen Realität in Fiktion überschlägt, in denen eine Person eine Rolle annimmt und wieder ablegt, entscheidend für eine Analyse. Oft wird im applied theatre das Umschlagen von Realität und Fiktion besonders sichtbar. Mithilfe von teilnehmender Beobachtung und qualitativen Interviews kann untersucht werden, wann und wie die gewohnten Strukturen verlassen werden und wie sich das im Handeln und Sprechen von Teilnehmenden und Zuschauenden niederschlägt. Obwohl weder Thompson noch Nicholson konkrete Vorgaben machen, wie eine teilnehmende Beobachtung oder ein qualitatives Interview gestaltet werden sollen, wird in ihren Beschreibungen deutlich, nach welchen Leitfragen eine Analyse aufgebaut werden kann: In welchen Räumen finden die Projekte statt? Welche reale Funktion haben sie? Wie wird diese im Projekt verändert? Wie verändern sich die Körperhaltung, Bewegung, Gestik, Mimik, das Sprechen und die Stimme der Teilnehmenden? Welche Themen werden aufgegriffen, welche Stimmungen erzeugt? Zur Beantwortung solcher Fragen sollten neben eigenen Beobachtungen qualitative Interviews hinzugezogen werden, in denen die Akteure ihr eigenes Erleben reflektieren.

In ähnlicher Weise analysiert Nicholson das Londoner Theaterprojekt *A Woman's Place*, welches sie wie folgt beschreibt: „The play centred around the autobiographical narratives of two women, one an asylum seeker from Rwanda and another an escapee from a Cameroon prison who had recently obtained what is officially termed ‚Indefinite Leave to the Remain in the UK'."[16] Die Intention der Produzentinnen und Initiatoren des Stückes, mehrere britische refugee organisations, zielte auf die Suggestion, den Darstellerinnen das Gefühl von Heimat und ‚Aufgehobensein' im britischen Gemeinschaftskörper zu geben, was bei Nicholson zu ambivalenten Gefühlen führte:

> What was interesting about the context of performance was that it consolidated a feeling of belonging to a welcoming community of refugees and gestured towards the sympathies of the host community in a country in which refugees have been vilified by a shameful hostile press. [...] The final moments of the play drew attention to the idea of ‚home' as each woman in turn left the stage to take a seat in the audience, a symbol of belonging to a new local community (represented by the audience) and leaving behind her status as a refugee.[17]

Die Motivation der beiden Darstellerinnen, an dem Projekt teilzunehmen, differierte jedoch entscheidend – das verdeutlichen die Interviews, die

Nicholson mit ihnen geführt hat – von der Intention der Veranstalter. Im Vordergrund stand hier nicht die Suggestion des ‚Angekommenseins' in der britischen Gesellschaft. Vielmehr nutzte eine der beiden Darstellerinnen die Performance, um sich ihren traumatischen Erfahrungen überhaupt erst nähern zu können:

> I am thinking that this is about someone else. My story is so sad it makes me very, very emotional if I tell it as me so I behave like someone else. When I first started the devising I had not been in London long and I kept thinking, ‚What are these white girls (the directors) asking me to do?' We were telling stories in ways I had never done before, using bits of string and maps and pictures. It is not like performances at home. I tell my story in my own words but I also tell it in new languages [...].[18]

Die ‚fremde' Theatersprache, die sich von der gewohnten Sprache, in der die traumatischen Erfahrungen erlebt wurden, unterschied, ermöglichte ihr die Darstellung und beschrieb somit ein Phänomen, welchem die Theaterwissenschaft seit jeher mithilfe der Semiotik auf den Grund geht: Für ein und dieselbe Geschichte können unterschiedliche Zeichensysteme genutzt werden. Die hier zitierte Protagonistin nutzte eine Umkodierung, um mit ihren Emotionen umgehen zu können. Sie konnte sich so von der Geschichte distanzieren und spielte eine andere Rolle. Eine Aufführungsanalyse kann untersuchen, wie sich das auf der Bühne artikuliert: Welche Gestik, welche Sprache, welche Requisiten werden genutzt? Wie gestaltet sich der Gebrauch von „String, Maps und Pictures"? Wie verändert sich dadurch die Geschichte der Protagonistin? Gibt es Momente, in denen sie Techniken nutzt, die sie aus Ruanda kennt, und schmälert das die Distanz zu ihrer Rolle? Wie nimmt das Publikum sie wahr? Finden sich die ambivalenten Gefühle der Schauspielerin, von denen sie im Interview berichtet hat, in der Aufführung wieder?

Das semiotisch-strukturanalytische Modell kann dabei helfen, die unterschiedlichen Zeichenebenen und Verweise zu beschreiben und zu differenzieren. Doch auch transformationsanalytische Fragen scheinen relevant: Wie setzt die Darstellerin die Intention und den ‚Text' der Initiatoren, die Suggestion des Angekommen- und Aufgenommenseins um? Wird er unterwandert? Spielt er für die Darstellerin überhaupt eine Rolle? Theater bietet nicht nur unterschiedliche Gestaltungs-, Darstellungs- und Wahrnehmungsebenen, sondern auf allen diesen Ebenen auch Möglichkeiten der Pointierung, des Widerspruchs, der Verkehrung und der Distanzierung. Das bedeutet auch, dass die Intention, der Grundtext, im Verlauf des

Projekts mehrfach geändert und neu geschrieben wird: Spielleiterinnen, Darsteller und – falls vorhanden – das Publikum interpretieren ihn stets neu – wie auch der Wissenschaftler, der die Projekte untersucht.

Eine neue Sicht auf theatrale Interventionen findet sich in Thompsons *Performance Affects: Applied Theatre and the End of Effect* (2009). Der provokante Titel verdeutlicht das Anliegen des Verfassers, dem Interventionsdruck des applied theatre ein entschiedenes Ende zu setzen. Insbesondere in interkulturellen Kontexten sieht Thompson die Gefahr, dass das zwanghafte Fordern nach „effect" in der Theaterarbeit nicht nur falsche Hoffnungen weckt, sondern auch folgenschwere Fehler nach sich ziehen kann:

> My argument here is that, because applied theatre operates in situations that are governed by both the tactical and the strategic, we must carefully consider the actions that might be inspired by the process and the decision taken by the facilitators. [...] This is why this book discusses the problems of the activity of applied theatre itself and dilemmas pertinent to practitioners. [...] One of the problems of this analysis is that, in questioning whether theatre within oppressed, vulnerable or marginalised communities can have any strategic outcome, the argument could be read as a proposal for a retreat from political outcome.[19]

Anlass für Thompsons kritische Kehrtwende war ein Massaker an 27 tamilischen Jungen und jungen Männern in Sri Lanka. Die Opfer waren Insassen eines Rehabilitationscamps in Bindunuwewa, weil sie im Bürgerkrieg als Kindersoldaten der tamilischen Separatisten, der ‚Tigers', eingesetzt worden waren. Das Massaker wurde von einem Mob durchgeführt, der sich aus der lokalen, singhalesischen Bevölkerung Bindunuwewas zusammensetzte. Wenige Monate zuvor hatten Theaterprojekte mit den Kindersoldaten stattgefunden, welche die Jugendlichen bei der eigenen ‚Rehabilitation' in der mehrheitlich singhalesischen Bevölkerung unterstützen sollten und an denen Thompson aktiv als Spielleiter mitarbeitete. Im Nachhinein sieht Thompson einen direkten Zusammenhang zwischen der von der Regierung geförderten Theaterarbeit mit den jugendlichen Tamilen und dem ausbrechenden Hass und den Mordgelüsten innerhalb der singhalesischen Bevölkerung:

> The showpiece thus appears to have shown the local community a number of competing visions of the relations between Tamil and Sinhalese people. Linked to the international display was a positive discourse that insisted that the Sinhalese and Tamils had no problem with each other

> and many people in the arena would urge this interpretation. However, competing, and especially resonant in light of the election campaign that had happened in the weeks before the massacre, was the view that the government was more preoccupied with helping Tamil ‚terrorists' than supporting the impoverished Sinhalese villagers.[20]

Thompson erkennt eine Ursache des Massakers in der Ausrichtung der vorangegangenen Theaterarbeit auf den ‚Effekt' einer sichtbaren gesellschaftlichen Rehabilitierung der tamilischen Jungen und jungen Männer. Statt auf Effekte, so seine Konsequenz aus dem Vorfall, solle die Theaterarbeit vielmehr auf den Affekt ausgerichtet sein, der sich im Hier und Jetzt der theatralen Handlung entfalte: Mit dieser Akzentverschiebung positioniert sich Thompson in einer derzeit lebhaft geführten Debatte um die Begriffe Affekt und Affektivität. In neueren Theorien wird Affektivität als ein relationales Geschehen verstanden, das unterschiedliche Akteurinnen in einer ‚face-to-face'-Situation miteinander in Beziehung setzt. So rückt nicht nur das tatsächliche Theatergeschehen, in welchem die Affekte entstehen, in den Mittelpunkt des Interesses (und weniger die erst im Nachhinein beobachtbaren Wirkungen), sondern die Richtung der Intervention erscheint auch weniger stark von außen vorgegeben; sie entsteht aus der Gruppe der Teilnehmenden heraus:

> Participatory theatre should focus on affect rather than effect. This would seek to avoid the anticipation or extraction of meaning as the primary impulse of an applied theatre process. [...] Working with affect awakens individuals to possibilities beyond themselves without an insistence on what the experience is – what meanings should be attached.[21]

Thompson argumentiert, dass applied theatre sinnvoller eingesetzt werden kann, wenn es sich auf die spontanen, nicht vorhersehbaren Affekte der unmittelbaren Theaterarbeit konzentriert, anstatt den Fokus auf längerfristige politische Strategien wie Rehabilitierung und Versöhnung zu setzen.[22] Affekte sind spontan und können nicht von einem Spielleiter erzwungen werden. Sie verlangen dem jeweiligen Umfeld gerade aufgrund ihrer komplexen Bedeutungsebenen große Sensibilität ab: „Becoming ‚sensitised' *(aesthetised)* to the other through a collaborative, artistic process could be based on a gradual recognition of the suffering of another and, in turn, appreciating the precariousness of her or his, and your own life."[23] In der politischen Wirkungsmacht, die Thompson den Affekten zugesteht, zeigt sich allerdings auch ein Manipulationspotential:

> These processes are, then, understood as part of a wider political project – that does not denigrate performance as preparation for the real work of political change, but values it as a purposeful part of an intervention into our sensible world. Applied Theatre in this argument is one intervention into the fabric of the sensible amongst many – but one particularly adept at working in sites where the distribution is most inequitable.[24]

In den Affekten zeigt sich die in jeder Theaterpraxis gegebene Möglichkeit, sich gegen bestimmte Interventionsversprechen zu richten, nicht so zu handeln, wie von dem Spielleiter erwünscht. Da Affekte erst in der Relation von Akteur und Publikum entstehen, können sie im Vorfeld eines Projekts nur bedingt strategisch eingeplant werden. Die Akzentverschiebung zum Affekt erscheint auch für die Analyse von applied theatre fruchtbar. Mit dem Begriff des Gestus kann die Grundtendenz der Affekte eines Projektes angegeben werden: Der Gestus fasst die Richtung der Affekte, wie sie sich in Stimmungen, Äußerungen und Haltungen der Beteiligten äußert.

Britische Forschungsdebatten über applied theatre haben schließlich auch die ideologische Aufladung einschlägiger Projekte in den Blick genommen. So unterscheidet Nicholson zwischen idealistischen und materialistischen Prägungen der Szene. Häufig werde eine der beiden ideologischen Seiten ausgeblendet, und zwar sowohl in wissenschaftlichen Analysen als auch in der Praxis, was sie erhellend am Beispiel Augusto Boals zeigt. Obwohl dieser in seiner Arbeit auf eine marxistische Terminologie rekurrierte und sich selbst in die Tradition Brechts stellte, die er als Gegenmodell zu einer idealistischen Ästhetik begriff, sieht Nicholson durchaus idealistische Komponenten in seiner Arbeit, die es in genauen Analysen herauszuarbeiten gelte:

> My suggestion is that Boal's work lies between the two theoretical poles of idealism and materialism. [...] This suggests that an uncritical reading of Boal's theories of creative exchange has the potential to obscure the significance of context to applied drama. It is left to those who use his techniques, therefore, to consider how the creative dialogue enabled by TO (Theatre of the Oppressed) strategies might illuminate different situations. Practitioners with a range of political perspective apply Boal's methods to many different situations and problems, and this means that developing a coherent and creative praxis involves recognising that all dramatic dialogues are not only contextually and contently located but also variously politically situated.[25]

Nicholsons Forderung nach einer politischen, diskursiven und ideologischen Kontextualisierung von applied-theatre-Projekten erscheint als ein wichtiger Appell für zukünftige Analysen. Die Programmatik Boals wird nicht nur von Nicholson, sondern auch von Rustom Bharucha reflektiert, der neben seinen bekannten kritischen Beiträgen zu interkulturellem Theater verschiedentlich auch Reflexionen zu applied-theatre-Projekten veröffentlicht hat. Er hinterfragt das Verständnis von gesellschaftspolitischer bzw. pädagogischer Wirksamkeit in Boals *Theater der Unterdrückten* und vergleicht es mit Rancières Idee des emanzipierten Zuschauers:

> The Aesthetics of the Oppressed is even more emphatic, if not oracular, in the need for the spectator to assume the role of Actor and Artist through the ‚invasion' of ‚the character (and the stage)' in an act of ‚symbolic transgression'.[26] […] Instead of polemicizing this point by reiterating Boal's strategic misreading of Aristotle in the service of a dogmatic humanism, it would be more productive to push the possibilities of critical dialogue by positioning the spect-actor against Jacques Rancière's ‚emancipated spectator'[27], which offers a vibrant counter to the generally moribund discourse around spectatorship in theatre.[28]

In seiner Gegenüberstellung kommt Bharucha zu dem Ergebnis, dass Boal und Rancière in ihrer Theoriebildung zum Teil unbewusst bestimmten kulturellen Kodierungen folgen, was für das Ergebnis der jeweiligen wissenschaftlichen Auseinandersetzung folgenschwer ist. So argumentiert er, dass Rancières ‚emanzipierter Zuschauer' ein westlich determiniertes Modell sei. Er fragt, ob derart einseitig geprägte Modelle überhaupt unbesehen auf Kunst- und Theaterkontexte und unterschiedlichste Regionen angewandt werden können: „There is no evidence that Rancière has engaged beyond the European metropolis with actual practice in the rough hinterlands of applied theatre, or that he would, indeed, recognise these experiments as theatre in the first place."[29]

Anhand dieser hier stark verkürzt dargestellten Diskussion soll nur deutlich werden, dass die eigene kulturelle und politische Position des Analysierenden in Debatten um applied theatre fast zwangsläufig an Bedeutung gewinnt. So sollte stets hinterfragt werden, in welchem Umfeld und aus welchen Traditionen heraus analytische Befunde und theoretische Überlegungen entstanden sind. Die eigene Position muss als Teil der Analyse reflektiert werden. Nicholson und Thompson haben einen wichtigen Schritt getan, indem sie in ihren Arbeiten ihre eigene Doppelrolle als Praktikerinnen und Theoretiker transparent machen. Nicht zuletzt aufgrund der postkolonialen Sensibilisierung ihrer international operierenden Theaterpraxis haben sie begonnen, unterschiedliche performative Konzepte und Vorstellungen von Theater auf ihre kulturellen Wurzeln und Strategien zu befragen. Allerdings kommen genaue Beschreibungen der Theaterform in ihren Texten oft zu kurz. Überhaupt ist auffällig, dass die hier vorgestellten britischen Ansätze wenig Neigung entwickeln, jene Bereiche, die gemeinhin dem Ästhetischen zugeschrieben werden, d. h. die Formen und Techniken des künstlerischen Schaffens, eingehender zu beschreiben und zu analysieren. Hier zeigen sich klare Vorteile der am Anfang des Kapitels vorgestellten aufführungsanalytischen Verfahren, die ein genaueres Bild konkreter Sprechakte und Handlungsformen vermitteln können.

### Methodologische Vorschläge

Wie kann eine Analyse von applied-theatre-Projekten auf der Basis der verschiedenen analytischen Traditionen der Theaterwissenschaft sinnvoll durchgeführt werden – oder anders gefragt: In welcher Weise müssen vorhandene Verfahren der Aufführungsanalyse erweitert werden, um den Blick für die vielfältigen Praktiken, Formen und Kontexte von applied theatre zu öffnen? Im Verlauf des Kapitels ist deutlich geworden, dass eine einzelne Methode der Vielseitigkeit der Projekte und ihrer komplexen Verweisebenen nicht gerecht werden kann. In dem Maße, in dem sich der Untersuchungsgegenstand auf Bereiche und Ebenen ausdehnt, die jenseits der Aufführung bzw. des performativen Akts liegen, müssen vertraute theaterwissenschaftliche Verfahren erweitert werden. An dieser Stelle sollen, nicht zuletzt angeregt durch die skizzierten britischen Fachdiskurse, einige Schritte vorgeschlagen werden, die für die theaterwissenschaftliche Analyse von applied theatre wichtig erscheinen.

1. Da sich applied theatre vom herkömmlichen Kunsttheater oft gerade durch explizit formulierte Intentionen und Wirkungsversprechen unterscheidet, sollten diese diskursiv konstituierten Absichten und Versprechungen zunächst benannt und hinterfragt werden. Auch gilt es zu klären, von wem die Intentionen eigentlich bestimmt und durchgesetzt werden. Hier muss sorgfältig zwischen den verschiedenen Akteuren differenziert werden. Eine NGO, die das Theaterprojekt finanziell unterstützt, kann das Wirkungsziel anders formulieren als die Spielleiterinnen oder Teilnehmer. Wichtige Materialien zur Analyse von Intentionen und Absichten sind schriftlich niedergelegte Förderrichtlinien und vertragliche Festlegungen der Geldgeber, Projektbeschreibungen der durchführenden Organisationen bzw. Firmen, aber auch qualitative Interviews mit Sponsoren und Auftragnehmern. Um die gesellschaftlichen, politischen und therapeutischen Zielsetzungen transparent zu machen, ist es sinnvoll, diese diskursanalytisch zu lokalisieren. Auf diese Weise kann auch die Wirksam-

keit hegemonialer Diskurse und politisch-ideologischer Prägungen, seien sie (neo)liberal, sozialistisch, (neo)marxistisch oder anders ausgerichtet, erörtert werden. Dieser Teil der Untersuchung bezieht sich also auf die politisch-ideologische Ebene, in deren Spannungsfeld sich das Wirkungsversprechen ansiedelt. Im simbabwischen Fallbeispiel wurde deutlich, wie stark das Theaterstück *Waiting for Constitution* in das unruhige Fahrwasser der politischen Bestrebungen Mugabes auf der einen Seite und der westlichen Welt auf der anderen Seite geriet. Ähnlich dichotom wirkende Kräfte – die israelische Grenzpolitik und das Wirken palästinensischer Aktivistinnen – schafften die Ausgangssituation von *World Heritage Without Walls: a Walk from Berlin to Battir*. Auch die Beispiele aus dem Unternehmenstheater und das Quelle-Stück in Fürth ließen deutliche vorgelagerte Interventionsabsichten erkennen, die in übergreifenden gesellschaftlichen Diskursen situiert werden können.

2. Zu den relevanten Rahmenbedingungen zählt ebenso die institutionelle Ebene, auf welcher diverse politische und administrative Instanzen, die Förderer und Geldgeberinnen, Spielleiter und Teilnehmerinnen, aber in anderer Hinsicht auch die Durchführenden der wissenschaftlichen Analyse operieren. Es sollte untersucht werden, wo Spannungen, Differenzen, aber auch komplementäre Strategien und Bündnisse hervortreten. Hier eignet sich eine Dispositivanalyse, die auf die Auswertung von Materialien der Organisationen und Institutionen, aber auch auf teilnehmende Beobachtung und qualitative Interviews rekurrieren kann. Es stellt sich die Frage, ob diese Ebene noch als eine bloße Verlängerung der politisch-ideologischen gesehen werden kann, oder ob hier bereits Widersprüche, Paradoxien, Gegensätze und Unterschiede sichtbar werden, die sich dann in den Projekten weiter verstärken können. Wie oben beschrieben gibt es die Möglichkeit, diskursive und institutionelle Ebenen als Texte zu verstehen, die in theatralen Praktiken und Aufführungen übersetzt, verfremdet oder transformiert werden. So lassen sich im simbabwischen Beispiel die politischen Forderungen der westlichen Welt als ein Text begreifen, der in der Aufführung inszeniert wird. Diskursive und institutionelle Einflüsse manifestieren sich aber zweifellos auch in dem Gestus, der der gesamten Intervention die Richtung gibt. So ist zum Beispiel ein therapeutischer Grundton in unserem Beispiel „Die Nabelschnur ins heute" schon dadurch gesetzt, dass die betreffende Intervention im institutionellen Rahmen eines gestalttherapeutischen Ausbildungsgangs stattfand.

3. Von den derzeit (vor allem an der Universität Hildesheim) voranschreitenden Forschungen zu Theorie und Geschichte der Theaterprobe können Untersuchungen über applied-theatre-Projekte nur profitieren, denn es steht außer Frage, dass die Beschäftigung mit Proben- und Pro-

duktionsprozessen, mit Rollenspiel, Improvisation, szenischer Arbeit und Stückentwicklung für ein Verständnis der Mechanismen des angewandten Theaters zentral ist. Wesentliche Wirkungsversprechen einschlägiger Projekte richten sich an aktiv Mitwirkende, sodass es unerlässlich erscheint, die kollaborative Praxis dieser Mitwirkenden in allen ihren Phasen genau zu untersuchen. Dies muss in der Regel durch teilnehmende Beobachtung geschehen. Die Theaterwissenschaft kann in der Reflexion über diese Methode an kritische Diskussionen in der Ethnologie anschließen, die vehement auf die Fallstricke und Illusionen von teilnehmender Beobachtung hingewiesen haben. Wenngleich methodologische Ausarbeitungen der Probenforschung gerade erst entstehen, können Theaterwissenschaftler meist auf eigene Erfahrungen in der Begleitung von Probenprozessen zurückgreifen. Sie wissen von daher, welche Vorsicht bei der Interpretation eines gruppendynamischen Geschehens geboten ist, und wie sehr es auf eine gründliche Reflexion der eigenen Haltung und Rolle im Prozess ankommt. Auch forschungsethische Fragen stellen sich mit größerer Dringlichkeit, wenn theaterwissenschaftliche Analysen sich auf die nicht-öffentlichen Seiten theatraler Prozesse beziehen.

4. Die Ebene der Aufführung bleibt für einen theaterwissenschaftlichen Zugang zum applied theatre unbedingt wichtig, sie sollte aber in enger Verbindung mit den anderen drei Ebenen analysiert werden. Weiterführend erscheinen hier strukturanalytische Herangehensweisen und Formanalysen. Welche theatralen Formen und Zeichenrepertoires kommen zum Einsatz? Inwiefern wird in Richtung und Akzentuierung der Aufführung ein bestimmter Gestus manifest? Dominieren bei den Akteuren der Aufführung bestimmte Haltungen und Handlungsmodi? Besondere Aufmerksamkeit sollte solchen Momenten in Aufführungen gelten, die Formen von Emergenz, ein plötzliches Sich-Öffnen von Erfahrungsräumen, ein unvorhersehbares Entstehen von Affekten etc. erkennen lassen – und in denen von daher besondere Spannungen zwischen Diskurs und Praxis, Plan und Durchführung, Konzept und Wirkung beschreibbar werden. In welche Richtung weisen die entstehenden Affekte? Es kann beobachtet werden, inwieweit durch ein Theaterdispositiv der Raum und seine hierarchische Struktur verändert wird, Darsteller ihre Haltung modifizieren oder neue Ausdrucksformen für eine (persönliche) Narration finden. Auf diese Weise können Aufführungsanalysen nach Antworten auf die Frage suchen, wie Interventionstexte, Gesten und Haltungen in Aufführungen verarbeitet, verfremdet und transformiert werden.

Die Diskussion von Bharucha, Rancière und Nicholson hat gezeigt, dass performative Phänomene wie auch die sie begleitenden Diskurse politisch, kulturell und ideologisch situiert werden müssen, um in ihrer

Kontextualität verstanden werden zu können. In kontextualisierenden Analysen können die Übergänge und Verknüpfungen künstlerischer und gesellschaftlicher Interventionen nachgezeichnet werden. Der entscheidende Akzent der hier vorgeschlagenen Methodologie liegt somit auf einer Erweiterung des analytischen Blickwinkels, der die gesellschaftlichen und politischen Rahmenbedingungen von Aufführungen und deren Produktionsprozessen verstärkt einbezieht.

1 Fischer-Lichte, Erika: *Semiotik des Theaters: Eine Einführung,* Tübingen 1983, S. 19.

2 Fischer-Lichte, Erika: „Die Zeichensprache des Theaters: Zum Problem theatralischer Bedeutungsgenerierung", in: Möhrmann, Renate (Hg.): *Theaterwissenschaft heute: Eine Einführung,* Berlin 1990, S. 235.

3 Balme, Christopher: *Theater im postkolonialen Zeitalter: Studien zum Theatersynkretismus im englischsprachigen Raum,* Tübingen 1995, S. 14-15.

4 Fischer-Lichte, Erika: *Ästhetik des Performativen,* Frankfurt am Main 2004, S. 100.

5 Roselt, Jens: *Phänomenologie des Theaters,* München 2008.

6 Ebd., S. 178.

7 Ebd., S. 184; Waldenfels, Bernhard: *Antwortregister,* Frankfurt a. M. 1994, S. 344–345.

8 Hiß, Guido: *Der theatralische Blick,* Berlin 1993, S. 301.

9 Matzke, Annemarie: *Arbeit am Theater: Eine Diskursgeschichte der Probe,* Bielefeld 2012, S. 114.

10 Thompson, James: *Applied Theatre: Bewilderment and Beyond,* Oxford 2003.

11 Nicholson, Helen: *Applied Drama: The Gift of Theatre,* Basingstoke/New York 2005, S. 87.

12 Ebd., S. 32.

13 Thompson: *Applied Theatre,* S. 43.

14 Nicholson: *Applied Drama,* S. 63.

15 Ebd., S. 74.

16 Ebd., S. 95.

17 Ebd., S. 95.

18 Ebd., S. 96.

19 Thompson, James: *Performance Affects: Applied Theatre and the End of Effect,* Basingstoke/New York 2009, S. 36–37.

20 Ebd., S. 29.

21 Ebd., S. 111.

22 Ebd., S. 178–180.

23 Ebd., S. 169.

24 Ebd., S. 177.

25 Ebd., S. 119.

26 Boal, Augusto: *The Aesthetics of the Oppressed,* New York 2006, S. 75.

27 Rancière, Jacques: *Der emanzipierte Zuschauer,* aus dem Franz. von Richard Steuer, Wien 2009.

28 Bharucha, Rustom: „Problematising Applied Theatre: A Search for Alternative Paradigms", in: *Research in Drama Education: The Journal of Applied Theatre and Performance* (2011), 16 (3), S. 368.

29 Ebd., S. 371.

# APORIEN

## Angewandte Aporie

Der Vorschlag, den dieses Buch zu unterbreiten versucht hat, geht davon aus, dass die ästhetische Intervention – auch und gerade im weiten und disparaten Feld des applied theatre – als eine dynamische Form zu betrachten ist. Im selben Zusammenhang wurde auch der Begriff des Generischen eingesetzt, um der Dynamik der Form eine erzeugende, produktive Kraft zuzuschreiben. Die ästhetische Intervention ist diesem Verständnis nach ein generativer Prozess, der die Hervorbringung des eigenen Kontextes betrifft und zur Manifestation spezifischer Formen zu gelangen vermag. Indem also Interventionen als prozesshafte Formen zu begreifen sind, wird ihr explizit labiler Charakter betont, der sich in der Bewegung gestaltet. Das heißt, dass sich eine ästhetische Intervention im applied-theatre-Kontext keineswegs als ein Produkt (sei es eine Aufführung, ein Event, eine Installation etc.) darstellt, das man in seiner Konkretheit und Begrenztheit beschreiben und analysieren könnte. Vielmehr handelt es sich um ein Ereignis, das sich zeitlich und räumlich erstreckt, das mehrere *agencies* verbindet, das sich verschiedener Medien und Instrumente bedient und sich unterschiedlich präsentiert. Diese Eigenschaften der ästhetischen Intervention, die in wechselseitiger Interaktion gedacht werden müssen, gestalten Letztere als ein Ereignis, das in seiner Gänze und Komplexität erfasst werden muss, um zu einer treffenden Aussage über ihren Gestus zu gelangen.

Die spezifische Form der ästhetischen Intervention führt insbesondere im applied-theatre-Kontext zu einer Reihe von Fragen und Problemen, die nicht ohne Weiteres geklärt werden können. Diese Fragen sind nicht bloß das Resultat des Versuchs einer Beschreibung und Analyse, und somit Defizite im Diskurs, sondern sie werden durch die ästhetische Intervention *als solche* hervorgebracht: Die Grenzen der Analyse bedingen die Grenzen des Gegenstands und *vice versa*. Die spezifische Form der ästhetischen Intervention im applied-theatre-Kontext fordert einen kritischen Gestus in der Annäherung, der deren Grenzen nicht nur herauszuarbeiten, sondern eventuell auch zu destabilisieren vermag. Ziel ist es hier, diese Fragen zu stellen und diese Grenzen sichtbar zu machen – nicht lediglich um die

Sackgassen im Prozess aufzuzeigen, sondern um die Möglichkeit eines anderen Weges lebendig zu halten.

Im Buch war des Öfteren davon die Rede, dass Interventionen als Praktiken des Dazwischentretens zu begreifen sind, die auf ästhetischer Ebene zur Manifestation spezifischer Formen zu gelangen vermögen. Sie wurden mithilfe von Begrifflichkeiten des Weges konzeptualisiert, indem von Reisen (welche beispielsweise Spielleiter antreten, um sich in das Milieu zu begeben, in dem eine Intervention stattfinden soll) bzw. von lang anhaltenden Prozessen (vom Finanzierungsantrag und Konzept über das längere Zusammensein mit der *community* und die Aufführung bis hin zur Nachbearbeitung) gesprochen wurde. Eine mögliche Sicht auf diese Praktiken besteht darin, sich den verschiedenen Hindernissen und Grenzen der Intervention, die aus diesem fortlaufenden Gestaltungsgeschehen resultieren, mit dem Begriff der Aporie anzunähern. Jacques Derrida beschreibt bestimmte Eigenschaften der Aporie bzw. des aporetischen Zugangs zur Welt, die auch für das Weiterdenken im hiesigen Zusammenhang von Interesse sind.[1]

Nach ihm wäre die Aporie „das Schwierige oder Nichtvollziehbare, hier das unmögliche, verweigerte, verneinte oder verbotene Überschreiten, ja sogar das, was noch etwas anderes sein kann, das Nicht-Überschreiten ..."[2] Die Aporie ist das (abrupte) Ende einer Bahn, die nicht mehr zu verfolgen ist; dieses Ende lässt sich nicht überwinden bzw. deutet auf keine Bewegung mehr hin, die eine Überwindung ermöglichen könnte. Derrida verbindet Aporie und Problem auf negative Weise (wo das eine ist, kann es das andere nicht sein):

> [...] an diesem aporetischen Ort, *gibt es kein Problem mehr;* leider oder glücklicherweise nicht [non pas], da Lösungen gegeben wären, sondern weil ein Problem sich nicht mehr als das stellen läßt, was man vor sich bewahren würde, ein präsentierbares Objekt oder Projekt, einen schützenden Repräsentanten oder einen prothesenhaften Ersatz, noch irgendeine Grenze, die es zu überqueren oder hinter der es Schutz zu suchen gilt.[3]

Die Aporie ist kein Resultat eines Problems, sondern sie emergiert dort, wo keine Probleme mehr artikuliert werden können; eine Aporie ist in diesem Sinne die Raumzeit der Ratlosigkeit, die keine Lösung – in Form einer Aufhebung – kennt. Daran schließt sich die dritte Eigenschaft an, die Derrida der Aporie zuschreibt, nämlich die, dass es sich um einen „nicht dialektisch auflösbaren Widerspruch"[4] handelt. Die Aporie lässt sich nicht dialektisch denken und deswegen nicht aufheben:

> Und wenn also die [...] Aporie gewissermaßen irreduzierbar bliebe, wobei sie dennoch ein Aushalten erforderte oder sagen wir eher eine (experimentelle) *Erfahrung* [...]. Was wäre eine solche *Erfahrung?* Das Wort bezeichnet auch Passage, Durchquerung, Aushalten, Versuch der Überschreitung, aber vielleicht eine Durchquerung ohne Linie und ohne unteilbare Grenze. Kann es sich jemals darum handeln, genau genommen [...] eine Aporie hinter sich zu lassen, eine entgegengesetzte Linie zu überschreiten *oder besser* die Erfahrung mit der Aporie anders zu erfassen, zu ertragen, auf die Probe zu stellen? [...] Kann man von einer *Erfahrung/Experiment mit der Aporie* überhaupt sprechen [...]? [...] Oder ungekehrt: Ist eine Erfahrung möglich, die nicht Erfahrung mit einer Aporie wäre?[5]

Die Aporie emergiert insofern als unüberwindbare Kluft von unaufhebbaren Ambivalenzen, die nicht als Herausforderungen fungieren, sondern vielmehr als blinde Flecken im Prozess verharren.

Die Aufgabe ist nun, die Aporien der ästhetischen Intervention im applied-theatre-Kontext aufzusuchen und zu benennen und darüber hinaus jeweils nach Gründen zu suchen, warum und wie es zu diesen aporetischen Situationen kommt. Entstehen diese unversöhnlichen Ambivalenzen im Prozess der Intervention aufgrund der speziellen Eigenschaften dieses Interventionstyps? Liegen sie im Gestus begründet, so wie er jeweils konturiert und kommuniziert wird? Oder ist es eine Frage der Individuen bzw. der Interessen, die jeweils involviert sind bzw. vertreten werden? Höchstwahrscheinlich lassen sich alle drei Fragen bejahen und sind in Hinblick auf jede Intervention erneut zu stellen und zu erforschen. Der in unserem Kontext wichtigste, fruchtbarste, aber auch kritischste Punkt betrifft dabei die erste Frage, die weniger situativ oder individuell ist und tatsächlich die Charakteristika der ästhetischen Intervention an sich angeht. Derrida sagt einigermaßen kryptisch, „die Aporie [ist] eine exoterische“[6]; diese Wendung ist hier als Aufforderung zu verstehen, die Aporie nicht im Individuellen, Persönlichen, Eigenartigen, sondern vielmehr in der Form der ästhetischen Intervention als solche zu suchen.

### Aporie #1: Die Pausen der Intervention – Die unmögliche Vereinbarung von Intention, Produktion und Rezeption

In den zurückliegenden Kapiteln wurde die These vertreten, dass ästhetische Interventionen im applied-theatre-Kontext nur zu verstehen und zu beschreiben sind, wenn sie als komplexe, in verschiedenen, ineinandergreifenden Stadien verlaufende Phänomene konzeptualisiert werden.

Man kann zugespitzt behaupten, dass die grundlegende Unterscheidung zwischen einem applied-theatre-Projekt und einer Veranstaltung, wie man sie üblicherweise aus dem ‚Kunsttheatermilieu' kennt, in der Tat die (öffentliche) Aufführung ist. Während in der (Kunst)Theaterszene die Darbietung in Form einer öffentlichen Aufführung nicht nur unumgänglich, sondern meistens auch der einzige Bezugspunkt theaterwissenschaftlicher Analysen ist, verlaufen applied-theatre-Projekte oft ohne (öffentliche) Aufführung. Das bedeutet, dass die theaterwissenschaftliche Betrachtung von applied-theatre-Projekten über die traditionelle Aufführungsanalyse hinausgehen bzw. diese durch weitere Aspekte der Produktionsanalyse ergänzen sollte.[7] Das Zusammendenken und die Zusammenführung der verschiedenen Phasen des Projekts sind erforderlich, wenn es darum geht, den jeweils spezifischen Gestus zu konkretisieren.

Es ist verständlich, dass es sich hier um komplexe Strukturen und Vernetzungen bzw. um ein kompliziertes Ineinandergreifen der unterschiedlichen Elemente handelt – dies wurde immer wieder und ganz besonders bei der Beispielbeschreibung deutlich. Dennoch erscheint es legitim, abstrahierend und aus heuristischen Gründen drei Projektphasen auseinanderzuhalten, um dem Projekt analytisch so nah wie möglich zu kommen. Zuerst wäre die Intentionsstufe zu nennen, in der es um die Formulierung und strukturierte Artikulation von Zielen und Wegen des Projekts geht, die von verschiedenen Instanzen vorgenommen werden sollen. Diese Stufe ist zentral für die weitere praktische Arbeit, denn im applied-theatre-Kontext wird sehr selten – wenn überhaupt – etwas ‚aus purem Spaß' gemacht; vielmehr gibt es immer einen konkreten Grund (Kommunikationsförderung, Selbsterkenntnis, Therapie, Optimierung, Instruktion, Lernen etc.), warum Theater im jeweils spezifischen Kontext unumgänglich ist. Nehmen wir hier als Beispiel[8] ein *community centre* im East End (London), wo der Migrantenanteil hoch ist und Armut dominiert. Ein *facilitator* (ein Theaterregisseur, der für das Thema Migration sensibilisiert ist und zugleich einen *practice-based* PhD absolviert) bespricht mit den *social workers* des Zentrums, dass es äußerst wichtig sei, ein *devised play* mit den Jugendlichen, die die Institution frequentieren, zu erarbeiten und aufzuführen. Einerseits sollen die Bedürfnisse und Wünsche der Jugendlichen zum Ausdruck gebracht werden, und andererseits gilt es, die Kommunikation unter den Jugendlichen sowie zwischen den Jugendlichen und den anderen *community members* zu fördern. Theater – sagt der *facilitator/PhD student* – sei bestens geeignet, ein solches Ziel zu erreichen, weil es die Jugendlichen auf der Bühne frei sprechen und kommunizieren lasse und weil es ein *emotional knowledge* ermögliche, das derart nur mittels der Theaterarbeit erreicht werden könne. Die *social workers* sind überzeugt.

Eine solche Artikulation von Intentionen, die durchaus üblich ist, setzt freilich verschiedene Hypothesen voraus: Benachteiligte Jugendliche aus dem Londoner East End können nicht korrekt kommunizieren; Theaterspiel sei als Medium zur Artikulation von Emotionen geeignet; die Artikulation von Emotionen sei ein geeignetes Medium für erfolgreiche Kommunikation etc. Diese Vorurteile und Voraussetzungen prägen die weitere Praxis. Das heißt, dass sich das Ziel und der Weg dorthin nicht aus der Arbeit mit den Jugendlichen ergeben, sondern bereits im Vorhinein als Desiderate etabliert werden.

Schon ist also die Schieflage entstanden: Das Stadium der Intention genügt sich selbst und kann als solches nicht mehr ohne Weiteres beeinflusst werden. Als in sich geschlossene Größe ist es insofern aporetisch, als dass es ein nicht mehr zu überwindendes Setting etabliert, das nur beschränkt Raum für eine tiefer gehende Problematisierung lässt, die eventuell die Vorannahmen subvertieren würde. Die Phase der Produktion, die zweite Phase des Projekts, ist im Rahmen dieses spezifischen Settings zu entwickeln. Hierbei handelt es sich konkret um die Ausarbeitung einer Art von Inszenierung, die in eine (öffentliche) Aufführung münden wird oder auch nicht. Es werden Texte herangezogen oder neu entwickelt und geschrieben, es wird diskutiert, improvisiert, in Szene gesetzt etc. Dabei gilt es immer, jenes Setting, das während der Intentionsphase etabliert wurde, als leitende Prämisse zu respektieren.

Die Produktionsphase erweist sich insofern als aporetisch, als sie sich von der ersten Phase in ihrer Materialität, Medialität und Methode explizit unterscheidet. Das Verhältnis zwischen erster und zweiter Phase lässt sich als Zuspitzung des Verhältnisses zwischen dramatischem Text und seiner Inszenierung bzw. Aufführung im Kontext des Kunsttheaters verstehen: Auf der einen Seite existiert ein Konstrukt aus Ideen, Wünschen, Texten, Erklärungen und Deutungen, auf der anderen Seite steht ein kollektives Ereignis, das ganz unterschiedliche Mittel und Wege der Darbietung kombiniert. Darüber hinaus implizieren die applied-theatre-Projekte stets auch ethische, politische und soziale Aspekte, welche die Projekte entscheidend prägen und jenseits der formulierten Intentionen und Hypothesen operieren. Zwischen Intention und Produktion öffnet sich ein aporetischer Spalt, der „eine Nicht-Passage [ist], da ihr elementarer Mittelpunkt nicht mehr für etwas Raum bietet, das man Passage, Schritt, Stufe, Gang, Verschiebung oder Ersetzung, allgemein Kinese nennen könnte. Es gibt keinen Weg mehr [*odos*, *methodos*, *Weg** oder *Holzweg**]“.[9]

Im oben aufgeführten Beispiel ging es letztlich darum, dass drei bis vier *kids* auf der Bühne saßen oder standen, Kopfhörer trugen und nachsprachen, was sie hörten. Man begriff schnell, dass es sich nicht um die eigene, sondern um die Geschichte eines Anderen aus der Gruppe der Mitspielenden handelte, die dadurch verfremdet wurde, dass sie von einer anderen Person gesprochen wurde. Die Produktionsphase von applied-theatre-Projekten oszilliert stets zwischen den Anforderungen, welche während der ersten Phase formuliert wurden, und einer Wirklichkeit, die diese erste Phase überschreitet. Ja, die *kids* sprachen über ihre Probleme im Leben; ja, sie etablierten eine Kommunikation, indem sie versuchten, die fremden Stimmen im Ohr zu verstehen. Das Theaterspiel ging aber entschieden über diese Verbalisierungs- und Verständnisversuche hinaus: Ein schwarzes Mädchen ‚repräsentierte' z. B. die Geschichte eines weißen Jungen und queerte so beide Präsenzen. Die *kids* auf der Bühne übermalten die Geschichten der Abwesenden durch ihre Stimme, ihre Haltung, ihre Präsenz; sie machten Fehler beim Wiedergeben der Texte, weil sie etwas nicht verstanden hatten; sie saßen gelangweilt herum oder gingen nervös hin und her etc. Die Kommunikation, auf welche ja das Spiel abzielte, entstand somit in den Intervallen und Pausen, in den Zwischenräumen des Ausdrucks, in denen das Sprechen und der Text vielleicht ‚scheiterten'.

Damit ist man nun in der dritten Phase angelangt, nämlich der Phase der Rezeption, die im Rahmen solcher Projekte als sehr bedeutend betrachtet wird und auf ganz verschiedenen Ebenen verlaufen kann. Im Fall einer Aufführung findet anschließend meist eine Diskussion statt, die sich zwischen Spielenden bzw. Produktionsteam und Publikum entwickelt. Dabei ist es grundsätzlich irrelevant, ob es sich um eine öffentliche Aufführung handelt, zu der sich das Publikum mehr oder weniger freiwillig einfindet, oder ob eine ‚geschlossene' Aufführung für ein direkt betroffenes Publikum vorliegt: Die Projekte gipfeln in sogenannte *feedback sessions*, in denen ein Austausch über Erfahrungen, Erlebnisse und Impressionen stattfindet. Generell scheint die Rezeptionsphase eine kritische zu sein, da es sich um den exegetischen Abschluss der Projekte handelt, wo alle Mitwirkenden in Verstehensmechanismen verstrickt werden, die vital für die Vollendung der Projekte sind.

## Aporie #2: Die evidente Intervention – Diskurs vs. Praxis

Wie konstituiert sich nun dieser Exegeseprozess in applied-theatre-Projekten? Es handelt sich um einen Prozess der Diskursivierung bzw. der Verbalisierung, der sich in Texten und Diskussionen manifestiert und der vor, parallel zu und nach der eigentlichen Praxis stattfindet. Die erste Phase der applied-theatre-Projekte, die hier als Phase der Intentionsartikulation definiert wurde, wurde als Phase der Diskursivierung identifiziert. Nun kann die dritte Phase, die Phase der Rezeption, auch als eine Phase der Diskursivierung gelten. Es gibt kaum ein Projekt im Therapiekontext, kaum ein Projekt mit traumatisierten oder benachteiligten Jugendlichen, kein pädagogisches Projekt, das nicht in die sogenannte *feedback session* münden würde. Dabei geht es primär um den Austausch der Teilnehmenden und Mitwirkenden über Erfahrungen und Erkenntnisse, die während der Zusammenarbeit im Projekt gemacht wurden. Die Diskussionen werden von den Spielleitern moderiert und, je nachdem, durch Psychologinnen, Sozialarbeiter, Lehrerinnen etc. begleitet. Darüber hinaus geht dieses Verfahren nicht selten in einen Theoretisierungsversuch in Form von Essays oder Dissertationen über, was durchaus eine Steigerung im Exegeseprozess bedeutet.

Ein nicht aufzuhebender Widerspruch wird hier evident: Der unvermeidliche Prozess der Exegese und Diskursivierung kann, je nach Gestus des Sprechens, das Bühnengeschehen als unzulänglich und defizitär abwerten. Er weist darauf hin, dass in der eigentlichen Theaterpraxis etwas verborgen bzw. unsichtbar und vor allem unverständlich bleibt, das durch den Diskurs offenbart und sichtbar gemacht werden muss. Er unterstreicht die Unumgänglichkeit von Interpretation und Erklärung als *conditio sine qua non* für die Vermittlung einer theatralen Praxis, die in der Sphäre der Kunst, der Mehrdeutigkeit und der Unschärfe verweilt: Es ist wichtig zu verstehen, worum es gerade – im Spiel – gegangen ist. Man schlägt nun den umgekehrten Weg ein: Von der Pluralität der Produktionsphase gelangt man zurück in die Eindimensionalität des Erklärungsversuchs, der notwendigerweise Eindeutigkeit und Klarheit favorisiert bzw. verschaffen soll. Das Primat der Exegese und der Theoretisierung über die disparate Medialität eines Theaterspiels im applied-theatre-Kontext deutet auf eine Haltung vonseiten der Initiatoren hin, welche die Theaterpraxis hier selbst als aporetisch offenbart: Was die Praxis nicht imstande ist, zu vermitteln und verständlich zu machen, sollen Verbalisierung und Diskussion konkretisieren und ‚rüberbringen'.

An diesem Punkt entstehen auch die aporetischen Verhältnisse zwischen der Praxis – jetzt als Ganzes in ihren drei Stadien betrachtet – und der Theoretisierung oder Kritik, die nicht von den direkt involvierten Praktikerinnen, sondern von nicht involvierten Dritten vorgenommen wird. Diese ‚Theoretisierung zweiten Grades' entwickelt sich häufig in markantem Gegensatz zur Praxis und es ergeben sich unversöhnliche Diskrepanzen. Diese können durchaus harmlos sein: Der Regisseur eines Projekts, das mit einem Theaterensemble aus Gewerkschaftlern erarbeitet wurde, führt beispielsweise ein Stück von Bertolt Brecht auf und gibt dabei an, sich ernsthaft mit der Brechtschen Methode auseinanderzusetzen und Entfremdung als Mittel zur Distanzierung vom Persönlichen einzusetzen. Die Theaterwissenschaftlerin wohnt Proben und einer Aufführung bei und kann überhaupt nichts von Brecht und Entfremdung entdecken. Stattdessen wird, ihrer Ansicht nach, auf pathetische Deklamation gebaut, die vermutlich doch eine psychologische Tiefe offenbaren soll. Sehr oft lassen sich allerdings gravierendere Diskrepanzen entdecken, die über eine Debatte ästhetischer Fragen hinausreichen: Viele Projekte aus dem Feld des sogenannten Theatre for Development, das seine größte Verbreitung in verschiedenen afrikanischen Ländern erlebt hat, werben für Agenden, die fragwürdig oder zwielichtig sind – hier wären zum Beispiel Projekte zu erwähnen, die eine bestimmte Migrationspolitik begünstigen und forcieren, die sich deutlich an westlichen Interessen orientiert. Tim Prentki, Professor für Theatre for Development (University of Winchester), führt in das Werk von Kees Epskamp *Theatre for Development – An Introduction to Context, Applications and Training*[10] ein und beschreibt die Überwindung des anfänglichen Konflikts zwischen ‚Entwicklungsagenturen', die in afrikanischen Ländern tätig waren, und Theatermachern, die vergleichbar unterstützend arbeiten wollten, folgendermaßen:

> [...] agencies engaged in the process of development have come increasingly to appreciate the importance of *communication* and *creativity* in achieving *sustainable human development goals*, while those practising theatre oriented to social change have understood the importance of connecting community theatre work to other grassroots initiatives and *to global economic realities* if any discernible, *lasting impact* is to follow from these activities.[11]

Es ergibt sich der Eindruck, dass der Widerspruch in diesem Fall zu Gunsten der Entwicklungsagenturen aufgehoben wurde – die Theaterprojekte haben sich den Zielsetzungen der Agenturen angepasst. Es bleibt wohl nur der Versuch, diskursiv die Ambivalenzen einzuebnen, was nicht zu gelingen vermag, solange Letztere irreduzible ethische und politische Fragen aufkommen lassen, welche jeglichen Aufhebungsversuch als aporetisch herausstellen.

Die Sucht nach Diskursivierung und Exegese, die hier beschrieben wurde, offenbart auch eine andere, allgemeinere Dimension der applied-theatre-Praxis, die abschließend diskutiert werden muss. Kehren wir noch einmal zurück zum oben aufgeführten Beispiel, dem Projekt mit den Londoner East-End-Jugendlichen: Nach der kurzen Aufführung erscheint der Regisseur samt Produktionsteam auf der Bühne und wendet sich dem Publikum zu. Er sagt: „Ich hoffe, es hat Ihnen gefallen und die Aufführung konnte Ihr Interesse erwecken; wir wären sehr froh, wenn Sie uns mitteilen würden, was Sie am spannendsten und interessantesten fanden." Die Theaterwissenschaftlerin meldet sich und sagt, dass sie die verschiedenen Distanzierungsstrategien der Inszenierung (zum Beispiel die Disparität der Stimmen und die Art und Weise, wie sie zusammengebracht wurden, oder das Queeren der Präsenzen) am spannendsten fand. Der Regisseur bedankt sich und sagt: „Ja, gut – aber die Themen, die besprochen wurden, was hat Sie an den Themen am meisten interessiert?"

Diese Frage, die die falsche Dichotomie zwischen Inhalt und Form in der Kunst reproduziert und das Primat des ersten über die zweite (re)etabliert, weist auf eine Betrachtung des Theaterspiels als Vehikel und Medium für die Vermittlung von Botschaften hin – keine Ausnahme, sondern wohl die vorherrschende Sicht im Feld. Was auf der Bühne passiert, welche Dynamiken das Spiel entwickelt und wie sie performativ dargeboten werden, ist von untergeordneter Bedeutung. Viel wichtiger zu sein scheinen die Geschichten, die erzählt, die Probleme und die Themen, die angesprochen werden.

Dies ist nun der Punkt, an dem die drei Stadien solcher Projekte, wie sie hier diskutiert wurden, zu konvergieren scheinen: Die Intention in Form einer Zielartikulation geht in den ‚Inhalt' der Produktion über, um in der Diskussion der Rezeptionsphase ihren Abschluss zu finden. Es handelt sich somit letztlich um einen langen Diskursivierungsprozess, der in verschiedenen Phasen verläuft und unterschiedliche Medien benutzt. Man fragt sich freilich in so einem Zusammenhang „Wozu dann Theater?" – eine wohl aporetische Frage, die man stellen und (nach Derrida) „aushalten"[12] muss.

### Aporie #3: Intervenieren und Etablieren – Paternalismus und Wissen

In den vorangegangenen Abschnitten war die Rede von Ideen und Texten, mit denen sich Initiatorinnen von applied-theatre-Projekten vor und nach der eigentlichen Praxis beschäftigen, von Verbalisierungs- und Diskursivierungsversuchen, die oft wichtiger als die eigentliche Praxis zu sein scheinen, und schließlich von Narrationen und Problemdarstellungen, welche die Wichtigkeit der ‚inhaltlichen' gegenüber der ‚formalen' Ebene explizit unterstreichen. Eine Vorrangigkeit der Aussage bzw. der verbalen Expression zeichnet sich in diesem Zusammenhang ab, welche überwunden geglaubte Dualismen aufleben lässt.

Ein besonders heikler Dualismus, der in den hier untersuchten Kontexten auf prominente Art und Weise in den Vordergrund rückt, betrifft das dichotome Verhältnis von ‚Subjekt' und ‚Objekt'. Damit ist hier vorerst Folgendes gemeint: Es existiert *immer* eine Instanz, die als ‚Subjekt' agiert und die Initiatoren, Organisatorinnen, NGOs, Therapeuten, Sozialarbeiter, Produktionsteams etc. beinhaltet, und in der Regel ein Kollektiv, das die Rolle des ‚Objekts' übernimmt – hier sind gemeint: Schülerinnen, Gefangene, Patienten, Migrantinnen, benachteiligte Jugendliche, Drogenabhängige, Traumatisierte, Überlebende, Arme, Ignorante und so viele mehr, die ‚das Subjekt' und dessen Aktionen benötigen. ‚Das Subjekt' entscheidet, behauptet, benennt die Probleme und überblickt den Prozess der Implementierung über ‚das Objekt'. ‚Das Subjekt' hat oft gute Absichten: Es möchte helfen, heilen, aufklären, Möglichkeiten eröffnen, unterstützen u. ä.; ‚das Objekt' erfährt die Hilfe, die Aufklärung, die Unterstützung und die Heilung, die ihm ‚das Subjekt' anbietet. ‚Das Subjekt' offeriert, ‚das Objekt' nimmt an. Das Verhältnis Subjekt-Objekt ist hier eine nicht dialektisch zu denkende Opposition, die sich aporetisch perpetuiert.

Im Rahmen dieses aporetischen Verhältnisses sind wohl auch die Schemata der Partizipation und der Autorschaft zu denken und auszulegen. Der Begriff der Partizipation stellt einen mehr als zentralen Terminus im Diskurs dar, wie er sich sowohl im applied-theatre-Kontext als auch generell im Kontext der sozial oder politisch ausgerichteten interventionistischen Performance entwickelt. Es scheint wohl auszureichen, dass es sich um ein kollektives Projekt handelt, damit es als partizipatorisch gilt. Es liegt in diesem Sinne auf der Hand, dass jegliches Theaterprojekt, ist es doch immer an kollektive Prozesse gebunden, als partizipatorisch betrachtet wird. Hinzu kommen freilich der Wunsch und der (illusorische) Versuch, die Dichotomie Subjekt-Objekt zu überwinden – zumal die hier untersuchten Projekte als ‚demokratisch' tituliert werden und notwendigerweise mit ‚flachen Hierarchien' arbeiten oder ‚horizontal' strukturiert sein müssen.

Es ist tatsächlich wohl sehr oft so, dass während der Produktionsphase bzw. während der Entwicklung der *devised performance*[13] ‚das Objekt' aktiv an der Gestaltung partizipiert: Es werden die eigenen Geschichten zugrunde gelegt, die eigenen Wünsche artikuliert, es wird der eigene Gestus respektiert. Hierin verbirgt sich ein unkontrollierbares Moment, das sich jederzeit zu offenbaren und einen eigenen Weg zu gehen droht. Nichtsdestotrotz entsteht parallel ein engmaschiges Netz, das jedes Risiko im Zaum halten und minimieren soll. Partizipation verkommt somit zu einer (verborgenen) Orchestrierung des Kollektiven, geleitet von der Obsession, nicht zu scheitern.

Was ist dieses engmaschige Netz, das Partizipation in seine Falle lockt und entsprechend dirigiert, und wie konstituiert es sich? Es ist ein Resultat der Struktur dieser Projekte, die keine Aufhebung der Subjekt-Objekt-Dichotomie erlauben, sondern vielmehr die Trennung markant unterstreichen. Was bis jetzt über den langen Diskursivierungsprozess gesagt wurde, kann – nach Michel Foucault – unter der Frage „nach dem Sinn und nach dem, was den Sinn konstituieren mag"[14] resümiert werden. Es ist eine Frage nach der Definitionshoheit und der Herrschaft über Sinn und Bedeutung. Foucault sagt weiter: „[...] der Sinn [konstituiert sich] dank Zwangssystemen der Signifikanten-Maschinerie [...]"[15]. Die „Signifikanten-Maschinerie" ist hier das engmaschige Netz, das Hypothesen und Vorannahmen etabliert, Definitionen formuliert, Not aufdeckt und artikuliert und Lösungen bestimmt und implementiert: ‚das Subjekt'. Dieses ‚Subjekt' ist in den „Nexus von Macht-Wissen"[16] verwoben, den es – ob bewusst oder unbewusst ist hier nicht von Belang – entsprechend praktiziert und appliziert. Es existiert entsprechend diese Trias von Subjekt (Initiatoren, Institutionen, Spielleiterinnen etc.), Wissen bzw. Wahrheit (Definitionshoheit, Hypothesen etc.) und Macht (meist Geld und eventuell Prestige), die sich selbst genügt und die ihre Gegenstände in ihrem Bereich unter diesen Prämissen organisiert und regiert.[17]

So etwas wie ‚partizipatorische Kunst' und viel mehr noch ‚demokratische Kunst'[18] sind im applied-theatre-Kontext eigentlich nicht möglich, weil die Dichotomie zwischen der Trias der Herrschenden (Subjekt-Wissen-Macht) und der Trias der Teilnehmenden (Objekt-Ignoranz-Machtlosigkeit) immer in ihrer aporetischen Konstitution verbleiben muss, damit solche Projekte überhaupt Sinn machen können: Es muss Defizit entdeckt – konstruiert, definiert, deklariert – werden, damit eine helfende Hand dies aufheben kann. Auch das ‚Scheitern', von dem ja Initiatorinnen nicht selten am Ende vieler Projekte sprechen, ist eine Frage der Definition – und diese ist immer in den Händen ‚des Subjekts'. Mit ‚Erfolg' verhält es sich übrigens ähnlich.

Die illusorische Partizipation und die Herrschaft ‚des Subjekts' bringen indirekt noch eine Begrifflichkeit hervor, die zumindest im Feld der Performance als höchst problematisch gilt: nämlich den Begriff der Autorschaft, wie er sich in solchen Projekten artikuliert. Es ist schließlich wenig verwunderlich, dass Claire Bishop, obwohl sie in ihrem Buch nur Projekte bespricht, die Partizipation als *conditio sine qua non* voraussetzen, doch nicht umhin kommt, sich primär mit den Künstlern zu befassen, die diese Projekte initiieren und inszenieren. Damit spricht sie ihnen den Status eines ‚Autors' zu, auch wenn er mit poststrukturalistischen Charakteristika versehen ist.[19] Auch ihre verharrende These, solche Projekte vorerst und vor allem *als Kunst* zu betrachten,[20] offenbart einen Aspekt der Problematik der Autorschaft, nämlich jenen, der den künstlerischen Anspruch auf das ‚Werk' oder das ‚Projekt' betrifft, der auch hier nicht zu beseitigen ist, sondern vielmehr noch eine aporetische Komponente hinzufügt. Als Abschluss dieses Abschnitts ein Beispiel, das den Sachverhalt zu verdeutlichen vermag: Im Februar 2014 wurde im größten griechischen Gefängnis, in Athen, zum ersten Mal ein Theaterstück – Titel: *K* – erarbeitet und aufgeführt. Die HIV-positiven Gefangenen des Gefängniskrankenhauses hatten mithilfe eines Autors (Tsimaras Tzanatos) ihre Geschichten niedergeschrieben und zu einem Theaterstück verarbeitet. Anschließend hatte Anna Chatzichrtistou dieses Stück mit den Gefangenen inszeniert, geprobt und vor einem begeisterten Publikum aufgeführt. Ein Jahr später, im Februar 2015, wurde das gleiche Stück, *K*, von professionellen Schauspielern in der prestigeträchtigen, zur Institution mutierenden Onassis Foundation in Athen im Rahmen eines Symposions zum Theater im Gefängnis gezeigt. Am Abend dieser Aufführung demonstrierte auf der anderen Straßenseite eine Gruppe entlassener Ex-Häftlinge: Sie beklagten die Tatsache, dass *ihr* Stück drinnen gespielt und ihnen der Zutritt zu bzw. die *Partizipation* an der Aufführung verweigert wurde…

### Aporie #4: Die herrschende Intervention – Das ‚Schweigen' des Kontexts

Was in den vorangegangenen Abschnitten zutage befördert wurde, ist im Grunde ein dominierender Gestus der Intervention, wie sie im Rahmen der applied-theatre-Projekte stattfindet: Es handelt sich um einen radikalen Konstruktivismus, der durch mehrere Agenten der Intervention praktiziert wird. Bevor die heikle Beschaffenheit dieses Konstruktivismus, der eine komplexe aporetische Textur darstellt, analysiert wird, verweilen wir einen Moment im Kern dieses Gestus, wo ‚das Subjekt' residiert.

Es wurde schon gezeigt, wie ‚das Subjekt' ein Netz von Realien webt, um dann in die eigentliche Praxis übergehen zu können. Diese sind konkrete Definitionen von Sachverhalten und Defiziten wie: ‚Unter den Insassen eines Gefängnisses fehlt es an körperlicher Nähe'; ‚Was den Gewinnzuwachs eines Konzerns hindert, ist die mangelnde interne Kommunikation seiner Angestellten'; ‚Eine Depression resultiert aus dem Mangel an Selbstverwirklichung, den der Patient nicht einmal erkennen kann.' Diese derart konturierten Desiderate sollen dann durch das jeweils spezifische Theaterspiel geheilt werden: Im Gefängnis arbeitet man folglich intensiv mit *contact improvisation*; im Konzern täuscht man ‚theatrale Situationen' vor, um die Angestellten dazu zu bringen, ihre *communication skills* zu verbessern; in der Therapie entwickelt man ein Rollenspiel, um durch Distanzierung zum Selbst zu gelangen. Was hier evident wird, ist die Tatsache, dass es sich um durch und durch willkürliche Setzungen handelt, die durch Selektion und Anpassung ein spezifisches Bild (das dann korrigiert werden kann) vermitteln sollen. Damit ist keineswegs gemeint, dass die Problematiken, die die applied-theatre-Projekte hervorheben, nicht von Belang sind; allerdings werden sie aus größeren Kontexten herausgerissen, damit sie *als solche* – in ihrer konkreten Artikulation und Definition – Sinn ergeben und aufgehoben werden können. Es liegt die Vermutung nahe, dass der Kontext manches Mal gar vollständig ignoriert wird, damit das Problem mittels der gewählten Methode tatsächlich aufgehoben werden kann. Diesen Sachverhalt kann man freilich auch anders formulieren: Die Methode (i. e. die Lösung) generiert das Problem.[21]

In vorangegangenen Kapiteln war vom Potential des Theaters die Rede, ein Unkontrolliertes zu bergen, das eventuell zu einer nicht zu regulierenden Kontingenz mit Folgen führen kann. Diese Eigenschaft ist auch in diesem Zusammenhang interessant, wird hier doch davon ausgegangen, dass die Intervention im applied theatre durch und durch performativ die eigene Wirklichkeit hervorbringt und etabliert. Diese potentielle Kontingenz, die allem Theater innewohnt, birgt eine gewisse Emanzipationskraft in sich, die dauernd droht, sich zu manifestieren. Sie verhält sich den Reglementierungsversuchen gegenüber insofern aporetisch, als dass sie *als Potentialität* im Verborgenen lauert.

Was sich letzten Endes zeigt, ist freilich die Artikulation des Nexus Wissen-Wahrheit-Macht durch ‚das Subjekt'. Die Trias gewinnt vermutlich an Potenz, da ihre vorgängige Setzung sich durch die Performance transformieren und immer wieder reetablieren kann. Diese Performance ist die Konstruktion des jeweiligen, passenden Sachverhalts durch ‚das Subjekt'. Nun befindet sich aber ‚das Subjekt' in ein weiteres Netz eingebettet, das sich aus institutionellen Restriktionen und Reglementierungen, etablierten Interessen, Dispositiven[22] etc. zusammensetzt und das mit ‚dem Subjekt' eine ambivalente – und daher auch aporetische – Beziehung unterhält: Selbstverständlich existiert ‚das Subjekt' nicht außerhalb dieses größeren Netzes, in dessen Rahmen es ‚seinen eigenen Raum' zu etablieren sucht: So wird beispielsweise im Gefängnis ein Raum geschaffen, in dem die Gefangenen die Freiheit genießen, *contact improvisation* zu praktizieren und somit eine andere Art der Kommunikation zu erproben. Dieser Raum bleibt freilich immer ein Raum des Gefängnisses, das viel mehr Macht als ‚das Subjekt' besitzt, jegliche den Regelungen bzw. dem Dispositiv nicht konformen Attitüden zu eliminieren. Deswegen sagt Rafanell i Orra:

> En réalité, il n'y aura pas d'extraterritorialité sans un affrontement des espaces diagrammatiques de la reproduction du contrôle. C'est ainsi qu'il n'y a pas de pratiques de soin possibles *dans* la prison mais seulement contre la prison. Construire une relation en prison, c'est deconstruire cette dernière; […] C'est ici qu'il sera indispensable au soignant ou au travailleur social de créer des alliances avec des groupes extraterritoriaux et hostiles au dispositif institutionnel.[23]

Solange ,das Subjekt' innerhalb des Dispositivs agiert – und das muss ja das Subjekt der applied-theatre-Praxis tun –, gelingen eventuell und punktuell Situationen, die als Brüche und Rupturen bezeichnet werden könnten. Allerdings scheint in diesem Fall zu greifen, was Derrida als jenen aporetischen Typus identifiziert, der dort entsteht, wo keine Grenzen mehr wahrnehmbar sind bzw. wo sie als porös und durchlässig erscheinen.[24] Der institutionelle Rahmen verfügt über die Macht, seine Grenzen und seinen Kontrollraum unsichtbar zu machen, sodass die Illusion entstehen kann, trotz der Verortung *innerhalb* des Gefüges, grenzenlos oder grenzüberschreitend agieren zu können.

Was Josep Rafanell i Orra als Gegenbewegung zum allherrschenden Dispositiv vorschlägt, ist eine Art Konterkonstruktivismus, den er folgendermaßen definiert:

> Les thérapeutiques constructivistes posent, à leur manière, la question de la rencontre entre des mondes, la fabrique des médiations, le moment éphèmere de la consolidation de nouvelles constructions. Mais elles doivent le faire sur un mode qui se passe de toute idée de neutralité. [...] On ne peut partir du „constructible" de la relation sans déconstruire simultanément les dispositifs qui essentialisent ou „naturalisent" des identités assignées. Il s'agit de revendiquer un constructivisme de combat qui s'oriente dans les réseaux des relations de pouvoir.[25]

Diese dezidierte Gegenbewegung, die zugleich eine der Destruktion und der Konstruktion ist und die jenseits der Neutralität operiert, soll sich dem „effacement du réel"[26] entgegenstemmen. Es ist hier nicht der Platz, um eine ausführliche Debatte über das ,Reale' zu entfachen, deswegen sei nur auf einige Aspekte hingewiesen, welche noch einmal die Komplexität dessen, was hier Kontext genannt wurde, unterstreichen und das Aporetische der einzelnen Verhältnisse zu offenbaren vermögen.

Was in diesem spezifischen Zusammenhang mit dem ,Realen' gemeint ist, betrifft den allumfassenden Kontext, innerhalb dessen sich die Orte befinden, in welche die applied-theatre-Praxis interveniert. Was in der folgenden schematischen Darstellung deutlich werden soll, sind die sich ganz unterschiedlich manifestierenden aporetischen Verhältnisse zwischen den hier heuristisch getrennten Bereichen: ,Das Subjekt' agiert innerhalb des institutionellen Rahmens und glaubt dabei, ,frei' zu agieren; dass dies aus verschiedenen Gründen nicht möglich ist, wurde schon gezeigt. Die Institution agiert als herrschendes Dispositiv, das durch ein diffuses Netzwerk von Regularien bestimmt wird und das die Potenz besitzt, seine Räume zu dominieren. Zwischen Subjekt und Institution existieren die aporetischen unsichtbaren Grenzen, die Derrida beschrieben hat. Nun gibt es aber auch eine dritte Ebene, deren ambivalente Beschaffenheit nicht zu überbieten ist: Es ist die Ebene des ‚Realen', das hier schlicht die materiellen Verhältnisse *und* den diskursiven Überbau meint, welche das (soziale) Leben organisieren bzw. die Bedingung der Möglichkeit aller Organisation darstellen:

> In der gesellschaftlichen Produktion ihres Lebens gehen die Menschen bestimmte, notwendige, von ihrem Willen unabhängige Verhältnisse ein, Produktionsverhältnisse, die einer bestimmten Entwicklungsstufe ihrer materiellen Produktivkräfte entsprechen. Die Gesamtheit dieser Produktionsverhältnisse bildet die ökonomische Struktur der Gesellschaft, die reale Basis, worauf sich ein juristischer und politischer Überbau erhebt, und welcher bestimmte gesellschaftliche Bewußtseinsformen entsprechen. Die Produktionsweise des materiellen Lebens bedingt den sozialen, politischen und geistigen Lebensprozeß überhaupt. Es ist nicht das Bewußtsein der Menschen, das ihr Sein, sondern umgekehrt ihr gesellschaftliches Sein, das ihr Bewußtsein bestimmt.[27]

Damit die Intervention Sinn haben bzw. effektiv sein kann, muss sie das ‚Reale' ignorieren; sie muss die eigenen Bilder, Narrative, Texturen entwerfen und performativ hervorbringen; sie muss Verhältnisse und Relationen nach ihren Prämissen zurichten, sie muss das ‚Reale' auslöschen und an dessen Stelle ihre ‚mächtige Wahrheit' exponieren.

Das ‚Reale' ist hier, wie auch im Denken von Rafanell i Orra – obwohl darin doch etwas verschoben – ein im Endeffekt hoffnungsvolles, wenn auch eigentlich schmerzhaftes *Außerhalb*, dessen aporetischer Widerstand die einzige Möglichkeit zur Transgression bietet:

> Le soin, il faut le sortir des institutions, certes, mais, même quand on y reste, le soin doit être pensé dans son extraterritorialité *réelle* par rapport à l'institution comme machine abstraite. Dans tous les cas il s'agit de retrouver quelque chose comme les agencements évoqués par Deleuze et Guattari à propos de l'entreprise romanesque de Kafka: „La question devient: comment fonctionne l'agencement puisqu'il fonctionne *réellement dans le réel.*" Le réel fuit les institutions. Nous devons diagnostiquer ses lignes de fuite et les rendre operationelles *contre* les dispositifs de contrôle que sont les dispositifs de production de la santé et leur pouvoir de faire vivre les individus dans le système.[28]

## Aporie #5: Intervention und Konflikt

Der vorangegangene Abschnitt wurde mit einem Vorschlag von Josep Rafanell i Orra abgeschlossen, der im Wesentlichen Chantal Mouffes Analyse des agonistischen Modells von Politik, so wie sie im zweiten Kapitel vorgestellt wurde,[29] folgt. In beiden Fällen geht es letztlich darum, die konfligierenden Kräfte bzw. das Konfliktpotential im System, das die hegemoniale Ordnung infrage zu stellen und eventuell zu subvertieren vermag, zu exponieren und auszuloten. Die Interventionen des applied theatre erweisen sich allerdings nach der Analyse, die hier vorgenommen wurde, generell nur sehr selten imstande, ein Konflikt- und Subversionspotential zu entwickeln und zu artikulieren. Anstatt von Konflikt wäre es hier angemessener, von unterschiedlichen Interessen zu sprechen, die in der applied-theatre-Praxis ihren Ausdruck finden und eine aporetische, weil gerade nicht a(nta)gonistische Beziehung zueinander unterhalten. Vielmehr bedingen sich diese Interessen wechselseitig – die einen haben die anderen nötig, um überhaupt artikuliert werden zu können: So benutzt ‚das Subjekt' den institutionellen Rahmen, um seine Heilmethoden zu applizieren; umgekehrt gestaltet und verwirklicht sich dieser Rahmen in der Exekution der Heilmethoden ‚des Subjekts'. Und das ‚Reale'? Das ‚Reale' ist auf nichts angewiesen, weil es derart alles Vorhandene infiltriert hat, dass es sich als unmöglich darstellt, seine Zwänge und Korsette zu überkommen.

Und dennoch, sagen Mouffe und Rafanell i Orra, ist ‚man' – auch und gerade im Namen des machtlosen ‚Objekts' – verpflichtet, einen Fluchtweg zu entdecken, der diesen Komplex destabilisieren könnte. Auf diese Art und Weise ist man verpflichtet, zur Performance zurückzukehren, zu jener Phase dieser Projekte, die hier als Produktionsphase ausgewiesen wurde und welche eventuell das Potential eines Fluchtweges anbieten könnte. Dieses Buch ist weit davon entfernt, Performance zu romantisieren, zu idealisieren und als quasi messianische Kraft zu loben – keine Performance existiert in einem autonomen Vakuum, wo keine Machtrelationen wirken würden, erst recht nicht die Performances in den Beispielen, die hier besprochen wurden. Was dennoch noch einmal betont werden sollte, betrifft jene Eigenschaft des Theaterspiels, sich eine gewisse Kontingenz und Unverfügbarkeit zu bewahren. Diese Eigenschaft verdankt das Theaterspiel der simplen Tatsache, dass seine Produktion und Rezeption durch und durch *kollektive* Prozesse sind, bei denen wenigstens die Möglichkeit besteht, dass vielleicht etwas ‚nicht nach Plan läuft', dass etwas seine eigene Dynamik entfaltet und dass diese Tatsache Konsequenzen für das gesamte System haben könnte. Kollektivität wird hier in der Tat als nicht endgültig kalkulierbares Risiko verstanden. Sie drückt, wenn man so will, in ihrer Potenz eine (aporetische) ‚Ethik des Objekts' aus, zu der man wohl – auch und gerade nachdem dieses letzte Kapitel so viel über ‚das Subjekt' gesprochen hat – verpflichtet ist.

## Fluchtwege

Dieses Kapitel hat versucht, auf die Aporien, die, als verharrende, unaufhebbare Widersprüche verstanden, den Interventionen des applied theatre innewohnen, hinzuweisen. Dabei ist von der These ausgegangen worden, dass Aporien hier nicht etwa zufällige, verschiedenen peripheren Faktoren geschuldete Wucherungen sind, sondern dass sie den Formen und der Beschaffenheit von Interventionen des applied theatre inhärent sind. Die Findung und Benennung der Aporien der Interventionen von applied theatre scheinen der anfangs postulierten These, nach welcher diese Interventionen als generische Formen[30], im Sinne permanent produzierender und (auto)generativer Dynamiken, zu verstehen sind, auf den ersten Blick entgegenzustehen, weisen doch Aporien auf ein Ende des Weges hin, nach welchem nichts mehr zu kommen scheint. Das antinomische Verhältnis zwischen generischer Form und Aporie betrifft jedoch eine oberflächliche Betrachtung, die so nicht zu halten ist. Die Aufdeckung der Aporien besteht auf der Möglichkeit eines alternativen Weges, der eventuell noch zu suchen und zu finden ist.

Am Ende des vorangegangenen Abschnitts wurde noch einmal auf Mouffe und Rafenell i Orra Bezug genommen, um die Aporien explizit mit einem Möglichkeitsraum zu konfrontieren. Beide schlagen Strategien des Widerstands vor, welche das Potential eines Fluchtweges – wohin auch immer – darin sehen, dem Widersprüchlichen standzuhalten. Indem Mouffe und Rafanell i Orra das Verbleiben im System entweder als Voraussetzung oder aber als Unumgänglichkeit etablieren, ähneln ihre Vorschläge dem, was Derrida „die Notwendigkeit der [...] Erfahrung mit der Aporie [...] als Aushalten oder als Passion, als endloser Wider- oder Rückstand"[31] nennt. Es geht tatsächlich um die Entwicklung eines Bewusstseins für das Aporetische, das nicht mehr darauf pocht, auf dem beschrittenen Weg zu verharren und lediglich einen Durchgang zu suchen. Derrida sagt zu dem, was nach der Aporie zu kommen vermag: „Das Kommen oder das Zukünftige des Ereignisses hätte keinen Bezug auf die Passage dessen, was vorübergeht oder passiert."[32] Das Ereignis, das der Aporie folgt, ist eins, das sich vom bisherigen Weg löst. Vielleicht – und das ist nur ein Vorschlag – ist das kommende Ereignis somit eine mühsame Rückkehr, die darauf zielt, einen anderen Weg zu finden und eine andere Bahn einzuschlagen.

Das heißt, dass die Aporie – auch und gerade im Verständnis Derridas – viel mehr als ein Aufgeben darstellt, eine Notwendigkeit nämlich, die ein Ereignis bedingt. Tatsächlich sagt er:

> In bezug auf eine *gleiche Pflicht*, die, auf rückläufige Weise, sich endlos verdoppelt, aufspaltet, widerspricht, ohne aufzuhören, dieselbe zu bleiben, das heißt der „doppelte, widersprüchliche Imperativ", und dabei keiner dialektischen Lösung nachgibt, habe ich mich [...] des Wortes Aporie bedient und eine Art von nicht passivem Aushalten der Aporie als Bedingung der Verantwortung und der Entscheidung vorgeschlagen. [...] [Die Aporie als unbeendbare Erfahrung] muß so bleiben, wenn man denken will, irgendein Ereignis der Entscheidung oder der Verantwortung ankommen oder eintreten lassen will.[33]

Viel mehr als ein Endpunkt ist die Aporie also die Bedingung der Möglichkeit eines anderen Weges, der als Weg der Entscheidung und Verantwortung gelten kann. Was zum Schluss des vorangegangenen Abschnitts als (aporetische) ‚Ethik des Objekts' bezeichnet wurde, verlangt nach einem möglichen alternativen Weg, der die Entscheidung für die Verantwortung zu eröffnen vermag. Es scheint nun zwar wieder einmal auf eine Entscheidung ‚des Subjekts' hinauszulaufen; aber diese Entscheidung müsste – auch und gerade angesichts der Aporie – nun getroffen werden.

1 Derrida, Jacques: *Aporien. Sterben – Auf die ‚Grenzen der Wahrheit' gefaßt sein*, aus dem Franz. von Michael Wetzel, München 1998. Derridas Studie betrifft eine grundsätzliche, existentielle Aporie, nämlich die Erfahrung angesichts des ‚eigenen Todes'. Nichtsdestotrotz stellt die Einleitung des ersten Teils der Studie (S. 13–45) eine Begriffsanalyse dar, die verschiedene Aspekte anspricht und die in diesem Sinne auch hier von Belang ist, sofern der Begriff auch als Instrument der Beschreibung von diversen Sachverhalten eingesetzt werden kann. Im Folgenden wird auf diesen ersten Teil der Studie Bezug genommen.

2 Ebd., S. 23.

3 Ebd., S. 29.

4 Ebd., S. 34.

5 Ebd., S. 32–33.

6 Ebd., S. 31.

7 Vgl. hierzu Kapitel Methoden.

8 Keins der Beispiele, die hier erwähnt werden, ist erfunden.

9 Derrida: *Aporien,* S. 44. *Im Original auf Deutsch.

10 London/New York 2006.

11 Ebd. Foreword S. XV (Herv. d. Verf.).

12 Ebd., S. 32–33, 39–40.

13 Nicht alle Projekte im applied-theatre-Kontext arbeiten mit eigenen Texten und Narrationen, aber doch sehr viele – gerade darin soll ja auch deren Befreiungspotential liegen.

14 Foucault, Michel: *Was ist Kritik?*, aus dem Franz. von Walter Seitter, Berlin 1992, S. 23.

15 Ebd.

16 Ebd., S. 34.

17 Vgl. hier auch Butler, Judith: „What is Critique? An Essay on Foucault's Virtue" (05.2001), http://eipcp.net/transversal/0806/butler/en, Zugriff: 16. August 2015, zu diesem Punkt zum Beispiel: „The politics of truth pertains to those relations of power that circumscribe

in advance what will and will not count as truth, which order the world in certain regular and regulatable ways, and which we come to accept as the given field of knowledge."

18 Wie sie z. B. Claire Bishop in: *Artificial Hells: Participatory Art and the Politics of Spectatorship*, London/New York 2012, beschreibt und trotzdem immer wieder – wenn auch implizit – in Frage stellt.

19 Vgl. zum Beispiel hierzu Foucault, Michel: „Was ist ein Autor?", in: Ders.: *Schriften zur Literatur*, Frankfurt a. M. 1988, S. 7–31.

20 Siehe Bishop: *Artificial Hells,* bes. S. 1–10.

21 Vgl. hier: Rafanell i Orra, Josep: *En finir avec le capitalisme thérapeutique – Soin, politique et communauté*, Paris 2011, z. B. S. 261 (Alle Übersetzungen von den Verfasser_innen).

22 Vgl. ebd., S. 257–267.

23 Ebd., S. 261: In der Wirklichkeit wird es keine Extraterritorialität ohne eine Konfrontation mit den diagrammatischen Räumen der Reproduktion von Kontrolle geben. Deswegen gibt es keine Praktiken der Sorge *innerhalb* des Gefängnisses, sondern nur gegen das Gefängnis. Der Aufbau einer Beziehung im Gefängnis heißt, Letzteres zu dekonstruieren; [...] Hier wird es unvermeidlich für den Pfleger oder den Sozialarbeiter, Allianzen mit Gruppen aufzubauen, die außerhalb stehen und dem institutionellen Dispositiv feindlich sind (Herv. i. O.).

24 Derrida: *Aporien,* S. 41.

25 Rafanell i Orra: *En finir,* S. 255–256, 263: Die Therapeutinnen, die konstruktivistisch arbeiten, stellen von ihrer Seite die Frage nach der Begegnung der Welten, der Fabrikation von Vermittlung, des ephemeren Moments der Konsolidierung der neuen Konstruktionen. Dies darf allerdings nur auf eine Weise geschehen, die jegliche Idee von Neutralität negiert. [...] Es hat keinen Sinn von der konstruktiven Beziehung auszugehen, ohne zugleich die Dispositive zu dekonstruieren, welche vorgefertigte Identitäten als essentielle oder ‚natürliche' begreifen. Man muss einen Konstruktivismus des Kampfes wiederentdecken, der sich an den Netzwerken der Macht orientieren soll.

26 „Das Auslöschen des Realen", ebd., S. 272–276.

27 Marx, Karl: *Zur Kritik der Politischen Ökonomie*, Vorwort, Berlin 1859 – z. B.: http://www.mlwerke.de/me/me13/me13_007.htm, Zugriff: 17. August 2015.

28 Rafenell i Orra: *En finir,* S. 316: Die Betreuung muss man von den Institutionen entfernen, keine Frage, aber, auch wenn man drin bleibt, muss die Betreuung als *reales* Außerhalb im Verhältnis zur Institution als abstrakte Maschine gedacht werden. Auf jeden Fall muss man so etwas wie die kollektiven Gefüge [agencements; assemblages, BdV] wiederfinden, wie sie bei Deleuze und Guattari analysiert werden am Beispiel der Romane von Kafka: „Die Frage ist: wie funktioniert das Gefüge, da es *real im Realen* funktioniert." Das Reale entflieht den Institutionen. Wir müssen diese Fluchtlinien erkennen und ihnen zur Operation verhelfen *gegen* die Dispositive der Kontrolle, welche Dispositive von Gesundheitsproduktion sind, und gegen deren Macht, die Individuen zu zwingen, im System zu leben. (Herv. i. O.).

29 Siehe hierzu Kapitel 2: Interventionen.

30 Siehe hierzu Kapitel 1: Applied theatre: Theater der Intervention.

31 Derrida: *Aporien,* S. 39-40.

32 Ebd., S. 44.

33 Ebd., S. 34-35.

# EPILOG

**Interventionismus**

Wie interventionistische Theater- und Kunstpraktiken gesehen und bewertet werden, hängt nicht zuletzt von der eigenen Grundhaltung zu interventionistischen Handlungsformen in Politik und Gesellschaft ab. Es gibt wohl keine Form des Interventionismus, die nicht mit gewissen paternalistischen und autoritativen Zügen verbunden wäre. Zu intervenieren bedeutet immer, sich einer bestimmten Angelegenheit, die zuvor nicht die eigene war, aktiv zuzuwenden und deren weiteren Verlauf mitbestimmen zu wollen. Interventionen sind damit verbunden, anderen Menschen etwas nahezulegen, ihr Verhalten ändern oder ihr Denken beeinflussen zu wollen. Interventionismus beschreibt insofern eine Politik des aktiven Eingreifens. Solche Ansätze werfen die Frage auf, wer sich aufgrund welcher Legitimation zu solchem Eingreifen berufen fühlt. Einen schweren Stand haben interventionistische Ansätze heute, jenseits von Kunst- und Theaterdiskursen im engeren Sinne, aufgrund jüngerer außen- und wirtschaftspolitischer Erfahrungen. So ist eine massiv von außen auf die betreffenden Ländern einwirkende ‚Entwicklungspolitik' seit den achtziger Jahren vielfach kritisiert worden. In diesem Zusammenhang geriet auch das im Grunde auf ‚Entwicklungshilfe' ausgerichtete ‚theatre for development' in Misskredit. Die in Europa konzeptionell vor allem von Tony Blair, aber auch von den konservativen französischen Regierungen (Chirac, Sarkozy) propagierte interventionistische Außenpolitik, die in letzter Konsequenz auf militärische Mittel setzt, hat durch die entmutigenden Entwicklungen in Afghanistan, Irak und Libyen nach den jeweiligen militärischen Interventionen erheblich an Überzeugungskraft verloren. In einem so geprägten diskursiven Umfeld ist es nicht leicht, interventionistische Praktiken in Kunst und Theater überhaupt unvoreingenommen zu betrachten. Aber umgekehrt besteht weder in politischen noch in therapeutischen oder pädagogischen Zusammenhängen immer die Möglichkeit, sich aus scheinbar fernliegenden Konflikten und Problemen einfach herauszuhalten. Anstatt Interventionen rundheraus abzulehnen, erscheint es wichtig, den Gestus einer Intervention genauer zu verstehen und zu bewerten. Viel hängt davon ab, ob Interventionen in einem vorsichtigen, aufmerksamen, die Selbstbestimmung des anderen nicht gefährdenden Gestus denkbar sind.

## Das Gegenhegemoniale

Im Hintergrund einiger der im mittleren Teil des Buches präsentierten Fallbeispiele stand die Frage nach Möglichkeiten des Gegenhegemonialen und nach Chancen einer Subversion dominanter Ordnungen und Machtverhältnisse. Auch diese Frage schließt an grundsätzliche Überlegungen zum Interventionsbegriff an, wie sie im zweiten Kapitel, u. a. im Rekurs auf Thesen von Chantal Mouffe, erörtert wurden. Werden Interventionen als ein Dazwischentreten (*inter-venire*) definiert, d. h. als eine Unterbrechung und Infragestellung laufender Prozesse, dann sind im Prinzip zwei verschiedene Richtungen dieser Unterbrechung möglich: Die Intervention kann entweder laufende gesellschaftliche Prozesse bestätigen und verstärken – oder versuchen, die Richtung laufender Prozesse umzukehren, um auf diese Weise gesellschaftlich wirksame Machtverhältnisse zumindest zu irritieren. Neben diesen beiden Varianten einer hegemonialen oder gegenhegemonialen Intervention steht noch eine dritte Variante, die als paradoxal zu charakterisieren wäre: Dabei wird versucht, ein bestimmtes Ziel durch bewusst gegenläufig gesetzte Impulse zu erreichen. So könnten zum Beispiel die Interaktionen in einem kapitalistischen Unternehmen gerade dadurch irritiert werden, dass man Teile der Belegschaft zu einer theatralischen Übererfüllung kapitalistischer Prinzipien animiert: viel Gewinn in kurzer Zeit, strikte Verfolgung der eigenen unmittelbaren Interessen, keine Rücksichtnahme auf andere. Jeder würde nur noch aggressiv in die eigene Tasche wirtschaften – und auf diese Weise den Gesamtbetrieb binnen Kurzem aus dem Gleichgewicht bringen.

Als Gesamteindruck aus den Fallbeispielen des dritten Kapitels ergibt sich, dass originär gegenhegemoniale Praktiken im Feld von applied theatre eher die Ausnahme sind. Wie kommt das, und warum fällt es uns auf? Eine Diskrepanz zwischen Anspruch und Wirklichkeit ergibt sich nicht zuletzt daraus, dass sich viele Praktikerinnen des applied theatre in ihrem Selbstverständnis explizit auf politisches Theater und radikale Performancekunst der sechziger und siebziger Jahre beziehen. Wenn Aktivisten des applied theatre nach historischen Wurzeln und Vorbildern für die eigene Praxis suchen, werden sie zumeist bei politisch konturierten Avantgarde-Positionen aus dem 20. Jahrhundert fündig. Ein Beispiel hierfür ist die ausgeprägte Boal-Rezeption. Übernommen wurden von Boal zwar in erster Linie konkrete Techniken und Übungen aus Forumtheater und Unsichtbarem Theater. Es war nicht gleichermaßen üblich, sich auch zu den politischen Zielen von Boal zu bekennen, zumal diese von dem recht speziellen Hintergrund der brasilianischen Militärdiktatur und des südamerikanischen Befreiungskampfes geprägt waren. Gleichwohl lag und liegt es nahe, Theatergruppen, die sich auf Boal berufen, an dessen (zumindest zeitweiliger) gegenhegemonialer Radikalität zu messen. In diesem Vergleich wirken heutige Gruppen eher angepasst und systemkonform. Anders gesagt: Würden die Gruppen nicht ständig von sich aus Bezüge zur politischen Avantgarde-Kunst der Achtundsechziger- und Nach-Achtundsechziger-Zeit herstellen, wären die Maßstäbe womöglich andere und würde man die Kraft des Gegenhegemonialen weniger vermissen.

### Institutionen

Gegenhegemoniale Arbeitsweisen scheitern oft schon an der unleugbaren Abhängigkeit der Praktiker von unterstützenden Institutionen, die ihrerseits Träger oder Agenten hegemonialer Diskurse sind: Wer von einem Unternehmen dafür bezahlt wird, mittels theatraler Praktiken die Unternehmenskommunikation zu optimieren, wird mit der Belegschaft kaum für Arbeitsniederlegungen oder Sabotageakte proben. Wer dazu beauftragt ist, als Seminarschauspielerin im Assessment Center die Qualifikation von Mitarbeitern für eine bestimmte Position zu testen, wird nicht absichtsvoll ungeeignete Kandidatinnen auswählen, um dem eigenen Auftraggeber zu schaden. Auch wenn Dramatherapie und Gestalttherapie innerhalb des Behandlungsspektrums psychiatrischer und psychosomatischer Kliniken nach wie vor eher zu den alternativen Ansätzen zählen, kann eine Praxis kaum als gegenhegemonial gelten, die sich am Ende doch in den Klinikalltag einfügt und die dort geltenden institutionellen Regeln respektiert. Am ehesten sind gegenhegemoniale Effekte offenbar dort zu erwarten, wo eine Theaterpraxis im Spannungsfeld einander widersprechender hegemonialer Ansprüche operiert – wie etwa im gegenwärtigen Simbabwe, wo ein autoritäres Staatsoberhaupt in seinen Verfügungsansprüchen über Kultur und Kunst mit der forschen Einflussnahme westlicher Regierungen und NGOs konkurriert. Dieses wie auch andere im dritten Kapitel behandelte Fallbeispiele zeigen allerdings auch, dass eine dualistische Einteilung theatraler Praktiken in hegemonial vs. gegenhegemonial die politischen Verhältnisse zu simplifizieren droht. Selbst dort, wo es leicht fällt, hegemoniale Diskurse oder Instanzen zu identifizieren, wie etwa im Gefängnis oder im kapitalistischen Unternehmen, können unterhalb dieser Instanzen komplex divergierende politische Kräfte wirksam sein, innerhalb derer sich die künstlerischen Praktiken situieren müssen. Oft hängt es vom Maßstab der Betrachtung ab, welche Diskurse, Akteure oder Instanzen als hegemonial ins Auge fallen. Die politischen Fragen und Herausforderungen, mit denen die Akteure konfrontiert sind, erschöpfen sich nicht in der Frage, ob eine Hegemonie reproduziert oder konterkariert wird. Vielmehr müssen sich die Akteure zu verschiedenen, miteinander konfligierenden politischen Kräften ins Verhältnis setzen. Gerade politische Situationen in postkolonialen Gesellschaften sind selten durch ein schlichtes Gegenüber von Hegemonie und gegenhegemonialer Aktion geprägt.

### Theatergeschichte

Die Anwendung künstlerischer Formen und Techniken zur Erreichung politischer, sozialer, therapeutischer oder pädagogischer Ziele ist kein neues Phänomen. Aus einer auf längerfristige historische Veränderungen gerichteten Perspektive muss man umgekehrt feststellen: Dass die Künste sich ganz auf sich selbst besinnen und sich jeglicher gesellschaftlichen Intervention enthalten, ist ein historischer Sonderfall – vielleicht noch am markantesten beansprucht und realisiert durch die L'art-pour-l'art-Bewegung in Frankreich, England und Deutschland im Vorfeld der historischen Avantgarden. Im 20. Jahrhundert hat aber selbst ein Kunsttheoretiker wie Adorno, der in seiner *Ästhetischen Theorie* entschieden für die Autonomie des Kunstwerks eintrat, vielfältige gesellschaftliche Einbettungen und Funktionalisierungen der Künste herausgearbeitet. Für das Theater tritt die bewusste Funktionalisierung noch klarer hervor als für die bildende Kunst: Einflussreiche Programmatiker des modernen und zeitgenössischen Theaters, darunter Meyerhold, Piscator, Brecht und Boal, engagierten sich in aller Klarheit für ein interventionistisches Theater und waren weit davon entfernt, die Bühne gegen gesellschaftliche Instrumentalisierungen in Schutz zu nehmen. Nicht ganz zu Unrecht wähnen sich deshalb applied-theatre-Aktivisten mit ihrer Bereitschaft, sich für gesellschaftliche und politische Ziele vereinnahmen zu lassen, in guter Gesellschaft.

### Legitimationszwänge

Warum wirken die in diesem Buch beschriebenen Entwicklungen auf dem Feld des applied theatre dennoch so ambivalent und problematisch? Was ist dagegen einzuwenden, wenn Theater politische Diskussionen unter repressiven politischen Rahmenbedingungen ermöglicht, wenn es zur Optimierung von Kommunikation in Unternehmen herangezogen wird, oder vielfach ignorierten psychischen Erkrankungen zu öffentlicher Aufmerksamkeit verhilft? Wer möchte sich ernsthaft daran stören, dass Stadt- und Staatstheater theaterpädagogische Projekte entwerfen, um mit bestimmten Gruppen innerhalb der Stadt deren Erfahrungen, Sorgen und Ängste szenisch zu bearbeiten? Das grundsätzliche Unbehagen, das aus kritischen Äußerungen zu interventionistischer Kunst immer wieder herausklingt, ist wohl nicht zuletzt darauf zurückzuführen, dass die Künste heute insgesamt einem gesteigerten Legitimationszwang unterliegen. Es scheint beinahe zur Notwendigkeit geworden zu sein, neben künstlerischen Zielen immer auch die gesellschaftliche Relevanz eines Kunst- und Theaterprojekts zu betonen, wenn es um die Einwerbung von Fördermitteln geht. War es in den sechziger und siebziger Jahren linken, kritischen Theatermacherinnen vorbehalten, soziale Zielsetzungen für sich zu reklamieren, finden sich solche Ansprüche heute auch in Selbstäußerungen schwerreicher, marktgängiger bildender Künstler von internationalem Rang. Im letzten Jahrzehnt hat es weltweit beachtete Kunstausstellungen gegeben, die ganz vorwiegend politisch oder sozial engagierte Projekte vorgestellt haben, darunter Carolyn Christov-Bakargievs dem Motiv *Collapse and Recovery* folgende *dOKUMENTA (13)* von 2012 oder Daniel Birnbaums 53. Biennale von Venedig mit dem Titel *Making Worlds* (2009). Nicht nur in Deutschland wird die Theaterlandschaft mit neuen Förderformaten umgestaltet (man denke an den „Heimspiel"-Fonds der Bundeskulturstiftung), die gesellschaftliches Engagement quasi zur Bedingung für staatliche Subventionen machen.

**Relevanzverlust**

Dass Künstlerinnen und Theaterleute heute so viel Wert darauf legen (müssen), die gesellschaftliche Relevanz ihrer Arbeit zu beweisen und zu steigern, lässt im Umkehrschluss befürchten, dass ein gesellschaftlicher Relevanzverlust der Künste und des Theaters in großem Stil im Gange ist. Es muss einen Grund haben, warum in den Künsten fast niemand mehr ohne explizite soziale Ambitionen und politische Verheißungen auszukommen glaubt. Für das Theater drängt sich dieser Befund noch stärker auf als für andere Künste: War es noch in den sechziger Jahren für die neuen sozialen Bewegungen selbstverständlich, sich gesellschaftliche Erneuerung gerade auch vom Theater als wichtigem Forum einer kritischen Öffentlichkeit zu erwarten, würde heute kaum noch jemand eine Politisierung der Öffentlichkeit vorrangig über das Theater in Angriff nehmen. Mit größter Entschiedenheit verlagern politische Parteien, NGOs, außerparlamentarische Oppositionsgruppen und andere Aktivistinnen ihre Aktionen in die sozialen Netzwerke des Internets. Große Protestkampagnen konzentrieren sich auf Internetkommunikation, die allenfalls noch um einige strategisch platzierte Live-Events ergänzt wird. Auch weltweit distribuierten Dokumentarfilmen – man denke in jüngerer Zeit an die Arbeiten von Michael Moore oder Laura Poitras – wird erhebliches Mobilisierungspotenzial zugetraut. Dagegen gilt das Theater vielen Aktivisten als langsames, unhandliches Medium mit geringer Reichweite. Die Praktiker des applied theatre stemmen sich mit ihren wirkungsoptimistischen, strategisch kalkulierten Aktionen insofern gegen einen anderslaufenden Trend, der bisweilen als triste, entmutigende Rückseite des emsigen Workshop- und Theaterprojektbetriebs von applied theatre aufscheint.

## Die Akteure

Die Akteure, die sich auf die eine oder andere Weise für ein Theater der Intervention engagieren und deren Praxis wir in diesem Buch beleuchten wollten, lassen sich aufgrund der Heterogenität ihrer Wünsche, Vorgehensweisen, Handlungsspielräume und Selbstdeutungen nur schwer verallgemeinernd charakterisieren. Überhaupt findet sich ein theaterwissenschaftlicher Zugang zu den Menschen, die applied theatre tagtäglich planen und gestalten, nicht leicht. Die Schwierigkeit der Annäherung ergibt sich u. a. daraus, dass die meisten dieser Akteurinnen in der eigenen Arbeit nicht einfach oktroyierten Vorgaben oder vorgestanzten Konzepten folgen, sondern selbst nach theoretischen Begründungen und Legitimationen für ihr Tun suchen. Die Praktiker sind also in gewisser Weise selbst auch Theoretikerinnen: Sie theoretisieren sich selbst und ihre eigene Praxis – und warten verständlicherweise nicht darauf, dass ihnen Theaterwissenschaftler eine Theorie oder gar eine Kritik zu ihrer Arbeit schreiben. Wenn aus der Praxis des applied theatre heraus überhaupt Erwartungen an ‚die Wissenschaft' artikuliert werden, dann dominiert ein Interesse an Evaluation und Legitimation: So fragen sich zum Beispiel die Anbieterinnen von Gefängnistheater, ob und wie der Erfolg oder Misserfolg ihrer Arbeit auf gesicherter wissenschaftlicher Grundlage beurteilt werden könnte. Sie fragen sich das nicht zuletzt deshalb, weil sie von ihren Auftraggebern (den Gefängnisdirektionen) immer mal wieder darauf angesprochen werden, ob die positiven Wirkungen von Gefängnistheater auf den Haftverlauf eigentlich bereits wissenschaftlich belegt und abgesichert seien. Von theaterwissenschaftlicher Seite gilt es in aller Klarheit herauszustellen, dass unsere Fachdisziplin Absicherungen dieser Art weder bieten kann noch leisten möchte. Als einem geisteswissenschaftlich geprägten Fach, das sich für lange Zeit nahezu ausschließlich der Beschreibung, Historisierung und Kritik künstlerischer Phänomene gewidmet hatte, fehlen der Theaterwissenschaft schlicht die geeigneten Methoden, die erforderlich wären, um etwa Wirkungen gruppendynamischer Prozesse zu prognostizieren oder die Effekte ästhetischer Formen exakt zu diagnostizieren. Aus dieser Perspektive kann man behaupten, dass die an Kunst und Theater immer aufdringlicher herangetragenen Forderungen nach Impact, einem eindeutigen Wirken mit sofortiger Wirksamkeit, auf den Forscherinnen genauso lasten wie auf den Praktikern: Theater ist – darin besteht sein Reiz – mit vielen Unwägbarkeiten verbunden. Diese Unwägbarkeiten sorgen dafür, dass Praktikerinnen nicht guten Gewissens exakte Effekte versprechen können. Sie erinnern aber auch die Theaterwissenschaft immer wieder daran, dass ein genaues Wissen um theatrale Wirkungen letztlich nicht zu gewinnen ist.

### Emergenz – Gestus

Was eine abschließende Beurteilung der Wirkungschancen und Potenziale von applied theatre erschwert, ist jener sich in der Beobachtung von Fallbeispielen oft ergebende Eindruck von Emergenz, der an die Aufführung als kulturelle Form grundsätzlich gekoppelt zu sein scheint: Aufführungen sind kollektive und zugleich dynamische Interaktionen, deren Ausgang nie vollständig planbar ist. Wer sich in Aufführungen begibt, muss mit Überraschungen rechnen. Allerdings kann die Hoffnung auf ungeahnte Wirkungen und plötzliche Richtungswechsel auch zum Mythos werden. Es gibt nämlich umgekehrt nicht wenige Aufführungen, die genau das erreichen, was ihre Macher vorab geplant hatten. Auch dies ist ein Eindruck aus unseren Fallstudien, den es zu konstatieren gilt: Relativ häufig funktioniert applied theatre ganz einfach: wie geplant. Würde dieses Theater nicht in vielen Fällen die in es gesetzten Erwartungen erfüllen, so würden einschlägige Therapieangebote, Workshops und Auftritte wohl kaum immer wieder bestellt und von interessierter Seite finanziert werden. Wo Theater in festgefahrenen Konflikten trotz aller affektiven Verhärtungen und politischen Differenzen dennoch initiiert werden kann, wirkt es dynamisierend und eröffnet (zumindest im Rahmen der Aufführung) neue Handlungsmöglichkeiten. Diese mögen bereits in der Form angelegt sein, vielfach gar von dieser vorgegeben oder im Rahmen nachbereitender Diskursivierungen umgedeutet werden. Trotzdem bleibt das Potential einer unvorhersehbaren Entwicklung. Aus der szenischen Arbeit lassen sich komplexe situative Konstellationen entwickeln, die auf andere Art, etwa im rein sprachlichen Austausch, nicht ohne Weiteres herstellbar wären. ‚Gestus' hat sich, neben der Idee der Emergenz, als Begriff bewährt, der es erlaubt, in sich komplex, heterogen und multimedial strukturierte Interventionen in ihrer Gesamtheit zu begreifen. Denn obwohl die viel beschworene Kontingenz und partielle Unplanbarkeit von Aufführungen auch auf dem Feld des applied theatre anzutreffen ist, bleibt es Aufgabe einer theaterwissenschaftlichen Analyse, die Intervention als ganze in ihren gesellschaftlichen und ästhetischen Bezügen transparent zu machen. Der Gestus einer Intervention bestimmt letztlich nicht über deren Verlauf, aber nur am Gestus lässt sich erkennen, welches Theater in den jeweiligen gesellschaftlichen Feldern operiert.

### Differenz und Differenzen

Auffällig im Feld der Politiken ästhetischer Praxis ist nicht nur die Betonung von Differenzen in der thematischen Vorbereitung, sondern auch die Schaffung dieser im ästhetischen Prozess. Der Wunsch nach Veränderung gesellschaftlicher, politischer oder therapeutischer Art scheint in vielen Fällen in erster Linie über Differenzsetzungen formulierbar, die meist dichotom ausgerichtet sind. Aggression versus Kuscheln, Zufriedenheit mit der Arbeit versus Trauer über die Arbeitslosigkeit, Gefühl der Enge im Hals versus Gefühl der Weite im Hals, Ernst versus Spiel, afrikanisch versus europäisch, gefangen versus frei, Mauer versus Himmel, gesund versus krank (...). Dies sind nur einige polare Paarungen, die in den Fallbeispielen zutage treten und insbesondere innerhalb des performativen Akts inszeniert werden: Während der theatral ausgerichteten Intervention der Gestalttherapie soll sich die Enge im Hals lösen, der Theaterabend in Fürth soll Raum für kollektive Trauer und Wut geben, im politischen Theater in Simbabwe werden europäische und afrikanische Theatertechniken als Repräsentanten unterschiedlicher Traditionen verhandelt, im Gefängnistheater in Mexiko wird Körperkontakt geschaffen, in New York wird die Grenze zwischen gespieltem Theater und realer Therapie ausgelotet und in Battir fliegen die Luftballons über die israelisch-palästinensische Mauer hinweg.

Trotz poststrukturalistischer Erkenntnisse setzen sich Philosophen, Kultur- und Geisteswissenschaftlerinnen mit dieser heutzutage immer noch wirkungsmächtigen Polarisierung auseinander, die in ihrer Entgegensetzung extrem pauschalisiert und komplexe Gefüge radikal vereinfacht, was am deutlichsten in der Unkenntnis und Falschinterpretation der Kolonialmächte und ihrer Nachfolgestaaten beispielsweise afrikanischer Kulturen und Kosmologien stets noch zutage tritt. Die Theaterwissenschaft tut sich schwer, Rituale in ihrer Gesamtheit zu fassen, da diese sich ihren Kategorien schlichtweg entziehen. Dank der postkolonialen Kritik wird dieses Manko der Wissenschaft zwar immer wieder thematisiert, doch zufriedenstellende Methoden, das Feld sinnvoll jenseits dieses (neo)kolonialen Gestus zu untersuchen, sind rar. So ist es nicht verwunderlich, dass die Praxis des applied theatre, die ihren Ursprung in der abendländischen Kultur hat, häufig nach dichotomen Kategorien handelt und diese gleichsam reproduziert. Gleichwohl fordern wir an einigen Stellen dieses Buches Praktikerinnen und Wissenschaftlerinnen auf – wieder einmal eine oft dichotom gedachte Paarung –, sich dieses Dichotomisierungsdrangs bewusst zu werden und diesem entgegenzusteuern.

Dass dies gewiss kein leichtes Unterfangen ist, haben wir in unserem Forschungsprojekt und beim gemeinsamen Schreiben dieses Buches selbst erlebt. Der Großteil der Autoren stand zu Projektbeginn dem applied theatre insofern kritisch oder verhalten gegenüber, als es dem Kunsttheater, dem gängigen Objekt unseres Forschungsbegehrens, vermeintlich konträr gegenübersteht. So haben wir zunächst ganz unbedenklich Kunsttheater und applied theatre voneinander differenziert. Nach längerer Beschäftigung und Forschung im Feld fällt es jedoch einigen von uns zunehmend schwer, diese Differenzen weiterhin so eindeutig zu zeichnen, denn die Projekte sind komplex, Erfahrungen widersprechen sich und lassen sich nicht mehr so einfach einordnen. Andere dagegen halten an der Differenz fest, womit sich die Differenzen, die innerhalb dieses Buches zutage treten, ein wenig erklären lassen.

## Grenzen angewandter Repräsentation

Eine zentrale Gegenüberstellung, an der wir in dieser Publikation als heuristisches Instrument festgehalten haben, war jene von Repräsentation und Präsenz, die im applied theatre besonders auffällig in Form von ausformulierter Zielsetzung und der Kontingenz des Aufführungsgeschehens bzw. in der Emergenz der theatralen Aktion und auf diese folgende Diskursivierungen in Erscheinung tritt. Dabei hat die Praxisbeobachtung ergeben, dass aufgrund ambivalenter und kritisch zu betrachtender Ideologien, die viele der Projekte bestimmen, ein differenzierterer Blick auf das Verhältnis von Repräsentation und deren performativer Unterwanderung notwendig ist, als ihn theaterwissenschaftliche Forschungen im Kontext des Kunsttheaters nahelegen. Zudem hat sich in prägnanter Weise gezeigt, dass unsere eigene Einschätzung dieses Verhältnisses nicht nur die Beurteilung, sondern bereits die Analyse der Beispiele beeinflusst.

Der Ausgangspunkt, Interventionen von applied theatre als generische Formen zu betrachten, hat in diesem Sinne zum einen ergeben, dass das, was als Unverfügbarkeit in Erscheinung tritt, häufig aufgrund des Gestus der gesamten Intervention einer Narrativierung nicht entkommen kann: Die dominanten Mechanismen nachgelagerter Diskursivierungen in Form von angeleiteten Diskussionen und Gesprächen belegen die Aufführungsprozesse regelmäßig mit einer Deutung, die jede Kontingenz im Rahmen der anvisierten Zielsetzung zu zähmen und in die Schranken der Repräsentation zu weisen sucht. Zum anderen ergibt sich daraus, dass sich auch unsere Auseinandersetzung mit und Beurteilung von den Potentialen der Interventionen im applied theatre im Rahmen dieser Publikation insofern als konstitutiv erweist, als dass sie offensichtlich an jener Diskursivierungspraxis, die nachträglich in das Aufführungsgeschehen eingreift, teilhat.

So stehen in dem hegemonial strukturierten Feld des applied theatre ohne Zweifel auch unsere forschenden Subjektivierungsmechanismen auf dem Prüfstand. Daraus resultiert nicht zuletzt, dass unsere Einstellungen gegenüber den jeweils spezifischen interventionistischen Praktiken von einer Dimension der Verantwortung geprägt sind, die unsere Fort- und Umschreibungen der Repräsentationen dieser komplexen Sachverhalte informiert. Dabei gilt es, die Einflussnahme des eigenen Gestus auf das Generieren von Narrationen um Krise und Heilung, Konflikt und Lösung als Teil des zu betrachtenden Machtgefüges zu berücksichtigen. In Zeiten zunehmender Impact-Forderungen an die Künste könnte diese Herangehensweise die Theaterwissenschaft auch über den Kontext des applied theatre hinaus bereichern.

# Bibliographie


Argyropoulou, Gigi: „Embros. Twelve thoughts on the rise and fall of performance practice on the periphery of Europe", in: *Performance Research* (2012), Bd. 17, H. 6, S. 56–62.

Balme, Christopher: *Theater im postkolonialen Zeitalter: Studien zum Theatersynkretismus im englischsprachigen Raum*, Tübingen 1995.

Ders.: *The Cambridge Introduction to Theatre Studies*, Cambridge 2008.

Bateson, Gregory: *Ökologie des Geistes*, Frankfurt a. M. 1985.

Baumbach, Gerda (Hg.): *Theaterkunst & Heilkunst. Studien zu Theater und Anthropologie*, Köln/Weimar/Wien 2002.

Beisser, Arnold R.: „Gestalttherapie und das Paradox der Veränderung", in: *Gestaltkritik* (1998), H. 1, aus dem Amerik. von Frank-M. Staemmler, http://www.gestalt.de/beisser_paradox.html.

Bharucha, Rustom: „Problematising Applied Theatre: A Search for Alternative Paradigms", in: *Research in Drama Education: The Journal of Applied Theatre and Performance* (2011), Bd. 16, H. 3, S. 365–384.

Biehl-Missal, Brigitte: *Wirtschaftsästhetik. Wie Unternehmen die Kunst als Inspiration und Werkzeug nutzen*, Wiesbaden 2011.

Bishop, Claire: *Artificial Hells: Participatory Art and the Politics of Spectatorship*, London/New York 2012.

Boal, Augusto: *The Aesthetics of the Oppressed*, New York 2006.

Brandstetter, Gabriele: *Bild-Sprung. TanzTheaterBewegung im Wechsel der Medien*, Berlin 2005.

Brecht, Bertolt: [*Geschichten vom Herrn Keuner: Weise am Weisen ist die Haltung*], in: Ders.: *Werke. Große kommentierte Berliner und Frankfurter Ausgabe*, Bd. 18, Hecht, Werner/Knopf, Jan/ Mittenzwei, Werner/Müller, Klaus-Detlef (Hg.): Berlin/Frankfurt a. M. 1989–1998, S. 13.

Ders.: [*Gestik*], in: Ders.: *Werke. Große kommentierte Berliner und Frankfurter Ausgabe*, Bd. 23, Hecht, Werner/Knopf, Jan/ Mittenzwei, Werner/Müller, Klaus-Detlef (Hg.): Berlin/Frankfurt a. M. 1989–1998, S. 187–188.

Bröckling, Ulrich: *Das unternehmerische Selbst. Soziologie einer Subjektivierungsform*, Frankfurt a. M. 2007.

Butler, Judith: „What is Critique? An Essay on Foucault's Virtue" (05.2001), http://eipcp.net/transversal/0806/butler/en.

Butollo, Willi/Karl, Regina: *Dialogische Traumatherapie. Manual zur Behandlung der Posttraumatischen Belastungsstörung*, Stuttgart 2012.

Derrida, Jacques: *Aporien. Sterben – Auf die ‚Grenzen der Wahrheit' gefaßt sein*, aus dem Franz. von Michael Wetzel, München 1998.

Deutsche, Rosalyn: „Uneven Development: Public Art in New York City", in: *October* 47 (Winter 1988), S. 3–52.

Dornaus, Christina: „Humor als Förderfaktor für Innovation?!", in: Schültz, Benjamin/Strothmann, Philipp/Schmitt, Claudia T./Laux, Lothar (Hg.): *Innovationsorientierte Personalentwicklung. Konzepte, Methoden und Fallbeispiele für die Praxis*, Wiesbaden 2014, S. 161–174.

Dotzler, Bernhard J.: „Simulation", in: Barck, Karlheinz u. a. (Hg.): *Ästhetische Grundbegriffe*, Stuttgart/Weimar 2000, S. 509–534.

Epskamp, Kees: *Theatre for Development – An Introduction to Context, Applications and Training*, London/New York 2006.

Fischer-Lichte, Erika: *Ästhetik des Performativen*, Frankfurt a. M. 2004.

Dies.: „Die Zeichensprache des Theaters: Zum Problem theatralischer Bedeutungsgenerierung", in: Möhrmann, Renate (Hg.): *Theaterwissenschaft heute: Eine Einführung*, Berlin 1990, S. 233–260.

Dies.: *Semiotik des Theaters: Eine Einführung*, Tübingen 1983.

Foucault, Michel: „Was ist ein Autor?", in: Ders.: *Schriften zur Literatur*, aus dem Franz. von Karin von Hofer und Anneliese Bottond, Frankfurt a. M. 1988, S. 7–31.

Ders.: *Was ist Kritik?*, aus dem Franz. von Walter Seitter, Berlin 1992.

Fraser, Andrea: „From the Critique of an Institution to an Institution of Critique" [2005], in: Alberro, Alexander/Stimson, Blake (Hg.): *Institutional Critique: An Anthology of Artists' Writings*, Cambridge, Mass. 2009, S. 408–417.

Fried, Michael: „Art and Objecthood" [1967], in: Battcock, Gregory (Hg.): *Minimal Art: A Critical Anthology*, Berkeley/Los Angeles/London 1995, S. 116–147.

Goetsch, Monika: „Quelle – Bühne der Abschiede", in: *Der Tagesspiegel*, 1. Februar 2010.

Graevenitz, Antje: „Heilen", in: Szeemann, Harald (Hg.): *Beuysnobiscum*, Dresden 1997, S. 185–189.

Heinicke, Julius: *How to cook a Country: Theatre in Zimbabwe im politisch-ästhetischen Spannungsfeld*, Trier 2013.

Hennig, Christoph: *Die Entfesselung der Seele. Romantischer Individualismus in den deutschen Alternativkulturen*, Frankfurt a. M. 1989.

Hiß, Guido: *Der theatralische Blick*, Berlin 1993.

Holmes, Janet: „Making Humour Work: Creativity on the Job", in: *Applied Linguistics* (2007), Bd. 28, H. 4, S. 518–537.

Hüfner, Agnes (Hg.): *Straßentheater*, Frankfurt a. M. 1970.

Hüttler, Michael: *Unternehmenstheater – vom Theater der Unterdrückten zum Theater der Unternehmer? Eine theaterwissenschaftliche Betrachtung*, Stuttgart 2005.

Jackson, Shannon: *Social Works. Performing Art, Supporting Publics*, London/New York 2011.

Jones, Phil: *Drama as Therapy: Theatre as Living*, London/New York 1996.

Kilgannon, Corey: „Therapist and Patient Share a Theater of Hurt", *The New York Times*, 5. November 2013, S. A27.

Klepacki, Leopold/Zirfas, Jörg: *Theatrale Didaktik. Ein pädagogischer Grundriss des schulischen Theaterunterrichts*, Weinheim/Basel 2013.

Kraus, Dorothea: „Straßentheater als politische Protestform", in: Klimke, Martin/Scharloth, Joachim (Hg.): *1968. Handbuch zur Kultur- und Mediengeschichte der Studentenbewegung*, Bonn 2008, S. 89–100.

Kreuder, Friedemann/Bachmann, Michael (Hg.): *Politik mit dem Körper. Performative Praktiken in Theater, Medien und Alltagskultur seit 1968*, Bielefeld 2009.

Küpper, Joachim/Menke, Christoph (Hg.): *Dimensionen ästhetischer Erfahrung*, Frankfurt a. M. 2003.

Laclau, Ernesto/Mouffe, Chantal: *Hegemonie und radikale Demokratie. Zur Dekonstruktion des Marxismus*, aus dem Engl. von Michael Hintz und Gerd Vorwallner, Wien 1991.

Ders.: *Emanzipation und Differenz*, aus dem Engl. von Oliver Marchart, Wien 2002.

Lacy, Suzanne: „Introduction: Cultural Pilgrimages and Metaphoric Journeys", in: Dies. (Hg.): *Mapping the Terrain: New Genre Public Art*, Seattle/Washington 1995, S. 19–30.

La Lleca: *Afectos, cuerpos y educación feminista*, México D.F. 2013.

Ders.: *Cómo hacemos lo que hacemos*, México D.F. 2008.

Ders.: *Hacía un orden anti-patriarcal: Adolescencias y Masculinidades*, México D.F. 2013.

Landy, Robert J./Montgomery, David T.: *Theatre for Change. Education, Social Action and Therapy*, Basingstoke/New York 2012.

Latour, Bruno: *Eine neue Soziologie für eine neue Gesellschaft*, aus dem Franz. von Gustav Roßler, Frankfurt a. M. 2010.

Ders.: *Existenzweisen. Eine Anthropologie der Modernen*, aus dem Franz. von Gustav Roßler, Berlin 2014.

Lehmann, Hans-Thies: *Das Politische Schreiben. Essays zu Theatertexten*, Berlin 2002.

Lempa, Fabian/Evers, Florian: „Zu Besuch beim Hamburger Unternehmenstheater Scharlatan", in: www.applied-theatre.org/de/blog/zu-besuch-beim-hamburger-unternehmens-theater-scharlatan.

Lewin, Kurt: „Group decision and social change“, in: Maccoby, Eleanor E./Newcomb, Theodore M./Hartley, Eugene L. (Hg.): *Readings in Social Psychology*, New York 1958, S. 197–211.

Lewitzky, Uwe: *Kunst für alle? Kunst im öffentlichen Raum zwischen Partizipation, Intervention und Neuer Urbanität*, Bielefeld 2005.

Liebau, Eckart/Klepacki, Leopold/Zirfas, Jörg: *Theatrale Bildung. Theaterpädagogische Grundlagen und kulturpädagogische Perspektiven für die Schule*, Weinheim/München 2009.

Luhmann, Niklas: „Die Paradoxie der Form“, in: Baecker, Dirk (Hg.): *Kalkül der Form*, Frankfurt a. M. 1993, S. 197–212.

Maasen, Sabine/Elberfeld, Jens/Eitler, Pascal/Tändler, Maik (Hg.): *Das beratene Selbst. Zur Genealogie der Therapeutisierung in den „langen“ Siebzigern*, Bielefeld 2011.

Marchart, Oliver: *Das unmögliche Objekt. Eine postfundamentalistische Theorie der Gesellschaft*, Berlin 2013.

Marx, Karl: *Zur Kritik der Politischen Ökonomie*, Vorwort, Berlin 1859.

Matzke, Annemarie: *Arbeit am Theater: Eine Diskursgeschichte der Probe*, Bielefeld 2012.

Dies./Weiler, Christel/Wortelkamp, Isa (Hg.): *Das Buch von der Angewandten Theaterwissenschaft*, Berlin 2012.

Méndez, Lorena: „Comunicar poniendo el cuerpo. La cámara de video entre nosotros“, in: *Educación Social 39* (2008), S. 51–58.

Menke, Christoph/Rebentisch, Juliane (Hg.): *Kreation und Depression. Freiheit im gegenwärtigen Kapitalismus*, Berlin 2010.

Mersch, Dieter: *Medientheorien*, Hamburg 2006.

Mouffe, Chantal: *Agonistik: Die Welt politisch denken*, aus dem Engl. von Richard Barth, Berlin 2014.

Müller, Wolfgang: *Subkultur Westberlin 1979–1989. Freizeit*, 4. überarbeitete Auflage, Hamburg 2014.

Ngũgĩ wa Mĩriĩ/Ngũgĩ wa Thiong’o: *I Will Marry When I Want*, London 1982.

Nicholson, Helen: *Applied Drama: The Gift of Theatre*, Basingstoke/New York 2005.

Nietzsche, Friedrich: *Morgenröthe: Gedanken über die moralischen Vorurtheile*, Leipzig 1887.

o. A.: „Fürth – Niedergang von Quelle. Beeindruckendes Stück im Fürther Stadttheater“, in: *Main-Post* (Würzburg), 4. Februar 2010.

Okagbue, Osita: *African Theatres and Performances*, London/New York 2007.

Perls, Laura: *Leben an der Grenze. Essays und Anmerkungen zur Gestalttherapie*, Köln 1989.

Pfaller, Robert: „Against Participation“, in: Ders.: *Ästhetik der Interpassivität*, Hamburg 2008, S. 308–322.

Pundt, Alexander/Herrmann, Felicia: „Affiliative and aggressive humour in leadership and their relationship to leader-member exchange“, in: *Journal of Occupational and Organizational Psychology* (2015), Bd. 88, H. 1, S. 108–125.

Putnam, Frank W.: *Diagnose und Behandlung der Dissoziativen Identitätsstörung*, aus dem Amerik. von Theo Kierdorf, Paderborn 2003.

Rafanell i Orra, Josep: *En finir avec le capitalisme thérapeutique – Soin, politique et communauté*, Paris 2011.

Rancière, Jacques: *Der emanzipierte Zuschauer*, aus dem Franz. von Richard Steuer, Wien 2009.

Reckwitz, Andreas: *Die Erfindung der Kreativität. Zum Prozess gesellschaftlicher Ästhetisierung*, Frankfurt a. M. 2012.

Reichardt, Sven: *Authentizität und Gemeinschaft. Linksalternatives Leben in den siebziger und frühen achtziger Jahren*, Berlin 2014.

Rogoff, Irit: „Looking Away: Participations in Visual Culture“, in: Butt, Gavin (Hg.): *After Criticism. New Responses to Art and Performance*, Malden/Oxford 2005, S. 117–134.

Roselt, Jens: *Phänomenologie des Theaters*, München 2008.

Schininà, Guglielmo: „Here We Are. Social Theatre and Some Open Questions about Its Developments“, in: *The Drama Review* (2004), Bd. 48, H. 3, S. 17–31.

Schreyögg, Georg: „Unternehmenstheater in organisatorischen Veränderungsprozessen“, in: Ders./Dabitz, Robert (Hg.): *Unternehmenstheater. Formen – Erfahrungen – Erfolgreicher Einsatz*, Wiesbaden 1999, S. 23–36.

Serra, Richard: „Rigging“, in: Ders./Weyergraf-Serra, Clara (Hg.): *Interviews, Etc. 1970-1980*, Yonkers 1980, S. 119–132.

Siouzouli, Natascha: „Precarious Presence in Contemporary Theatre“, in: Homan, Sidney R. (Hg.): *The Audience as Player: Interactive Theatre over the Years – Comparative Drama Special Issue* (2014), Bd. 48, H. 1, S. 93–102.

Suderburg, Erika: „Introduction: On Installation and Site Specifity“, in: Dies. (Hg.): *Space, Site, Intervention: Situating Installation Art*, Minneapolis/London 2000, S. 1–22.

Surmann, Frauke: *Ästhetische In(ter)ventionen im öffentlichen Raum: Grundzüge einer politischen Ästhetik*, Bielefeld 2014.

Tändler, Maik: „‚Psychoboom‘. Therapeutisierungsprozesse in Westdeutschland in den späten 1960er und 1970er Jahren“, in: Maasen, Sabine/Elberfeld, Jens/Eitler, Pascal/Tändler, Maik (Hg.): *Das beratene Selbst. Zur Genealogie der Therapeutisierung in den „langen“ Siebzigern*, Bielefeld 2011, S. 59–94.

Taylor, Philip: *Applied Theatre: Creating Transformative Encounters in the Community*, Portsmouth, NH 2003.

Taylor, Steven S.: „Theatrical Performance as Unfreezing. Ties That Bind at the Academy of Management“, in: *Journal of Management Inquiry* (2008), Bd. 17, H. 4, S. 398–406.

Thompson, James: *Applied Theatre: Bewilderment and Beyond*, Oxford 2003.

Ders.: *Digging up stories. Applied theatre, performance and war*, Manchester 2006.

Ders.: *Performance Affects: Applied Theatre and the End of Effect*, Hampshire 2011.

Thorau, Henry: *Unsichtbares Theater*, Berlin 2013.

Tissot, Oliver: *Gewinnbringendes Lachen. Humor als Humanfaktor zur Erreichung von Unternehmenszielen*, Univ. Diss., Erlangen-Nürnberg 2009.

Tönnies, Ferdinand: *Gemeinschaft und Gesellschaft. Abhandlung des Communismus und des Socialismus als empirischer Culturformen*, Leipzig 1887.

Urry, John: *Sociology beyond Societies. Mobilities for the twenty-first century*, London/New York 2000.

Waldenfels, Bernhard: *Antwortregister*, Frankfurt a. M. 1994.

Warstat, Matthias: *Krise und Heilung. Wirkungsästhetiken des Theaters*, München 2011.

White, Gareth (Hg.): *Applied Theatre: Aesthetics*, London u. a. 2015.

Wiegand, Helmut: *Die Entwicklung des Theaters der Unterdrückten seit Beginn der achtziger Jahre*, Stuttgart 1999.

## Internetressourcen


www.business-kabarett.de

http://elyon1.court.gov.il/files/12/120/076/m40/12076120.m40.pdf

http://field-journal.com/about

www.good-vibrations-theater.de/ut/unsere-philosophie.php

https://greenparkathens.wordpress.com

„Höhepunkte. 25 Jahre Mauerfall", www.berlin.de/mauerfall2014/hoehepunkte/

„Israeli high court freezes plan to build Separation Wall through West Bank village of Battir", Sarah Levy, Mondoweiss, http://mondoweiss.net/2015/01/separation-through-village

http://lallecacolectiva.espora.org/?page_id=6

„Legal Consequence of the Construction of a Wall in the Occupied Palestinian Territories (Request for Advisory Opinion). Summary of the Advisory Opinion of 9 July 2004", Internationaler Gerichtshof, 2004, www.icj-cij.org/docket/index.php?p1=3&p2=4&case=131&p3=4

http://kinisimavili.blogspot.de/p/blog-page_7879.html

https://mavilicollective.wordpress.com/

„Palestine is in crisis", OneWorld Freedom for Palestine, http://www.freedomoneworld.org

www.ochaopt.org/documents/opt_arij_villageprofile_battir.pdf

„The Landscape of Battir vs. The State of Israel", Forensic Architecture, Field/Investigations http://archive.forensic-architecture.org/investigations/the-landscape-of-battir-vs-the-state-of-israel-2/

www.therapie.de/psyche/info/index/therapie/verhaltenstherapie

„*Waiting for Constitution* more popular than COPAC", http://www.rooftoppromotions.org/index.php?limitstart=32

„Waiting for Constitution Proves a Hit", http://www.thezimbabwean.co.uk/articles/32528/waitingfor-the-constitution-proves-a-hit.html

http://www.walkerart.org/magazine/2012/krzysztof-wodiczkos-homeless-vehicle-project

http://whc.unesco.org/en/list/1492/

www.who.int/classifications/icd/en

http://winterreise.gefaengnistheater.de

*World Heritage Without Walls: a Walk from Berlin to Battir*, Rayuela, 2014, http://vimeo.com/111546412

## Das Projekt

Das vom Europäischen Forschungsrat geförderte Projekt *The Aesthetics of Applied Theatre* an der Freien Universität Berlin widmet sich seit 2012 Fragen und neuen Phänomenbereichen angewandten Theaters. In theoretischen Reflexionen und unterschiedlichen Fallstudien in Afrika, Europa, den USA, dem Mittleren Osten und Lateinamerika werden aktuelle Funktionalisierungen des Ästhetischen in den Fokus der theaterwissenschaftlichen Betrachtung gerückt.

Weitere Informationen: www.applied-theatre.org

## Die Autorinnen und Autoren

**Matthias Warstat** ist seit 2012 Professor für Theaterwissenschaft an der Freien Universität Berlin und Projektleiter von *The Aesthetics of Applied Theatre*. 2008 bis 2012 war er Inhaber des Lehrstuhls für Theater- und Medienwissenschaft an der Universität Erlangen-Nürnberg. Seine Forschungsschwerpunkte sind Theater- und Kulturgeschichte der Moderne, politisches Theater, Theatralität der Gesellschaft.

**Julius Heinicke,** Kultur- und Theaterwissenschaftler, promovierte an der Humboldt-Universität zu Berlin über *Theater in Zimbabwe*. Neben seiner Lehre und Forschung in Europa und im südlichen Afrika arbeitet er im Bereich Theatre and Arts in Education und in internationalen Kulturprojekten.

**Joy Kristin Kalu,** Theaterwissenschaftlerin und Amerikanistin, promovierte mit einer Arbeit zur *Ästhetik der Wiederholung*. Neben ihrer aktuellen Forschung über Inszenierungen des Therapeutischen in psychologischer und künstlerischer Praxis ist sie als Kuratorin tätig.

**Janina Möbius,** Theaterwissenschaftlerin und Romanistin, forscht nach ihrer Promotion zum mexikanischen Wrestling Lucha Libre zu kulturellen Phänomenen in Lateinamerika und Europa. Als Dokumentarfilmerin führt sie medienpädagogische Projekte im In- und Ausland durch und arbeitet als Autorin, Regisseurin und Produzentin.

**Natascha Siouzouli** promovierte bei Prof. Dr. Dr. h.c. Erika Fischer-Lichte und ist Mitbegründerin des Institute for Live Arts Research (Athen). Derzeit arbeitet sie im Teilprojekt *Theatre in Conflict Zones* zu Theater in Zeiten der Krise in Griechenland.

## Die Autorinnen und Autoren der Gastbeiträge

**Florian Evers**, Theater- und Filmwissenschaftler, arbeitet nach seinem Magisterabschluss als Autor, Game Designer und Dozent in Berlin. Als Doktorand von Prof. Dr. Matthias Warstat verfasst er in seiner aktuellen Forschung eine Studie über die Verflechtung von Arbeit, Theater und Spiel.

**Kristin Flade** ist Theaterwissenschaftlerin und arbeitet derzeit zu angewandtem Theater und politisch engagierter künstlerischer Produktion in Palästina. Die Repräsentation von Gewalt und Fragen des Rechts prägen auch ihre Arbeit als Autorin und Fotografin.

**Fabian Lempa**, Theater- und Medienwissenschaftler sowie Germanist, forscht und lehrt derzeit am Institut für Theaterwissenschaft der Freien Universität Berlin zum zweckorientierten Einsatz theatraler und theaterbasierter Methoden in Wirtschaftsunternehmen. Neben seiner wissenschaftlichen Tätigkeit arbeitet er als freier Journalist für verschiedene regionale und überregionale Printmedien (z. B. *Süddeutsche Zeitung, Nürnberger Nachrichten,* u. a.).

**Lilian Katharina Seuberling**, angewandte Theater- und Medienwissenschaftlerin, Pädagogin und Gestalttherapeutin i. A. arbeitet derzeit im Teilprojekt *Theatre as Therapy*. Dort forscht sie zur relationalen Bedeutung von Körper und Bewegung in theaternahen Therapieformen.

# RECHERCHEN

120 **Vorwärts zu Goethe? . Faust-Aufführungen im DDR-Theater**
119 **Infame Perspektiven . Grenzen und Möglichkeiten von Performativität**
118 **Italienisches Theater . Geschichte und Gattungen von 1480 bis 1890**
117 **Momentaufnahme Theaterwissenschaft .** Leipziger Vorlesungen
116 **Kathrin Röggla . Die falsche Frage .** Vorlesungen über Dramatik
115 **Auftreten . Wege auf die Bühne**
114 **FIEBACH . Theater. Wissen. Machen**
113 **Die Zukunft der Oper zwischen Hermeneutik und Performativität**
112 **Parallele Leben .** Ein Dokumentartheaterprojekt
110 **Dokument, Fälschung, Wirklichkeit .** Dokumentarisches Theater
109 **Reenacting History: Theater & Geschichte**
108 **Horst Hawemann . Leben üben –** Improvisationen und Notate
107 **Roland Schimmelpfennig . Ja und Nein .** Vorlesungen über Dramatik
106 **Theater in Afrika – Zwischen Kunst und Entwicklungszusammenarbeit**
105 **Wie? Wofür? Wie weiter? Ausbildung für das Theater von morgen**
104 **Theater im arabischen Sprachraum**
103 **Ernst Schumacher . Tagebücher 1992 – 2011**
102 **Lorenz Aggermann . Der offene Mund**
101 **Rainer Simon . Labor oder Fließband?**
100 **Rimini Protokoll . ABCD**
99 **Dirk Baecker . Wozu Theater?**
98 **Das Melodram . Ein Medienbastard**
97 **Magic Fonds – Berichte über die magische Kraft des Kapitals**
96 **Heiner Goebbels . Ästhetik der Abwesenheit** Texte zum Theater
95 **Wolfgang Engler . Verspielt** Essays und Gespräche
94 **Ästhetik versus Authentizität? Reflexionen über die Darstellung von und mit Behinderung**
93 **Adolf Dresen . Der Einzelne und das Ganze** Dokumentation
92 **Performing Politics . Politisch Kunst machen nach dem 20. Jh.** Vorträge
91 **Die andere Szene . Theaterarbeit und Theaterproben im Dokumentarfilm**
90 **Einfachheit & Lust & Freiheit** Essays
89 **Hold it! . Zur Pose zwischen Bild und Performance** Essays
88 **Populärkultur im Gegenwartstheater** Essays
87 **Macht Ohnmacht Zufall** Essays
86 **Wolf-Dieter Ernst . Der affektive Schauspieler**
85 **Skadi Jennicke . Theater als soziale Praxis**
84 **B. K. Tragelehn . Der fröhliche Sisyphos**
83 **Die neue Freiheit . Perspektiven des bulgarischen Theaters** Essays
82 **Working for Paradise . Der Lohndrücker. Heiner Müller Werkbuch**
81 **Die Kunst der Bühne – Positionen des zeitgenössischen Theaters** Essays
80 **Katharina Wild . Schönheit . Die Schauspieltheorie Edward Gordon Craigs**
79 **Woodstock of Political Thinking . Zwischen Kunst und Wissenschaft** Essays
78 **Fühlt weniger! – Dialoge über Emotionen** (inkl. DVD) Essays
76 **Falk Richter . TRUST** Inszenierungsdokumentation
75 **Müller Brecht Theater . Brecht-Tage 2009** Diskussionen
74 **Frank Raddatz . Der Demetriusplan** Essay
72 **Radikal weiblich? Theaterautorinnen heute** Aufsätze
71 **per.SPICE! . Wirklichkeit und Relativität des Ästhetischen** Essays
70 **Reality Strikes Back II – Tod der Repräsentation** Aufsätze und Diskussionen
69 **Heiner Müller sprechen** (inkl. Bierbichler-CD) Vorträge, Aufsätze und Diskussionen
67 **Go West . Theater in Flandern und den Niederlanden** Aufsätze
66 **Das Angesicht der Erde . Brechts Ästhetik der Natur Brecht-Tage 2008**

**Theater der Zeit**